Contraideologia da mestiçagem

Eduardo de Oliveira e Oliveira

Contraideologia da mestiçagem

Organização:
Rafael Petry Trapp

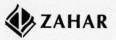

Copyright © 2025 by herdeira de Eduardo de Oliveira e Oliveira

*Grafia atualizada segundo o Acordo Ortográfico da Língua Portuguesa de 1990,
que entrou em vigor no Brasil em 2009.*

Capa
Alceu Chiesorin Nunes

Foto de capa
Acervo Eduardo de Oliveira e Oliveira da Unidade Especial
de Informação e Memória — UFSCar

Preparação
Mauro Gaspar
Clarice Zahar

Checagem
Érico Melo

Índice remissivo
Probo Poletti

Revisão
Julian F. Guimarães
Jane Pessoa

Dados Internacionais de Catalogação na Publicação (CIP)
(Câmara Brasileira do Livro, SP, Brasil)

Oliveira, Eduardo de Oliveira e, 1924-1980
    Contraideologia da mestiçagem / Eduardo de Oliveira e Oliveira ; organi-
zação Rafael Petry Trapp. — 1ª ed. — Rio de Janeiro : Zahar, 2025.

    ISBN 978-65-5979-197-2

    1. Etnologia – Brasil 2. Negros – Brasil 3. Racismo – Brasil 4. Relações
raciais – Brasil I. Trapp, Rafael Petry. II. Título.

25-250868   CDD-305.8

Índice para catálogo sistemático:
1. Negros : Identidade social   305.8
Cibele Maria Dias — Bibliotecária — CRB-8/9427

Todos os direitos desta edição reservados à
EDITORA SCHWARCZ S.A.
Praça Floriano, 19, sala 3001 — Cinelândia
20031-050 — Rio de Janeiro — RJ
Telefone: (21) 3993-7510
www.companhiadasletras.com.br
www.blogdacompanhia.com.br
facebook.com/editorazahar
instagram.com/editorazahar
x.com/editorazahar

Sumário

Nota sobre a edição 7

Prefácio: A sociologia negra de Eduardo de Oliveira e Oliveira,
por Flavia Rios 9

PARTE I **Ensaios**

O mulato, um obstáculo epistemológico 21

Gilberto Freyre por ele mesmo 38

Roger Bastide, um aliado 47

Blues para Mr. Charlie 51

Da não aceitação de um Egito negro 57

Movimentos políticos negros no início do século XX
no Brasil e nos Estados Unidos 64

PARTE II **Estudos**

Ideologia racial: Estudo de relações raciais 75

Relatório para renovação de bolsa da Fundação de Amparo
à Pesquisa do Estado de São Paulo, seguido de Relatório
intermediário 94

História e consciência de raça (plano da tese) 130

História e consciência de raça (capítulo da tese)   136

O poder branco   149

Sobre a democracia racial no Brasil   173

A substantivação da negritude   181

PARTE III **Intervenções**

De uma ciência para e não tanto sobre o negro   193

Quinzena do Negro da USP: Notas de planejamento   208

Da negritude   216

Brasil, abolição, noventa anos... Noves fora?   229

Alternativas do negro na recuperação de sua memória:
Crítica da razão bruta   247

Da natureza de um centro para o estudo da história,
da vida e da cultura do negro   255

Etnia e compromisso intelectual   261

*Posfácio: O pensamento negro radical de Eduardo de Oliveira
e Oliveira*, por Rafael Petry Trapp   275

Notas   297

Índice remissivo   325

Nota *sobre a edição*

A presente coletânea de Eduardo de Oliveira e Oliveira foi organizada a partir de sua coleção documental depositada na Unidade Especial de Informação e Memória da UFScar, em São Carlos. Em sua maioria, são textos não publicados. O conjunto é representativo das várias esferas nas quais o autor atuou como intelectual público ao longo dos anos 1960 e 1970. A parte dedicada à sua produção acadêmica abrange relatórios e capítulos de seu doutorado — não finalizado — em sociologia. São escritos marcados por incompletudes, rasuras e repetições, o que demandou um cuidadoso trabalho de estabelecimento de texto. Não interferimos, por exemplo, em citações que aparecem em mais de um capítulo e grafadas de forma diferente ou nos casos em que o autor reutiliza trechos de lavra própria em textos distintos, quase sempre com variações na redação. Sempre que possível completamos as referências bibliográficas e indicamos as fontes das citações que faltavam. Salvo indicação em contrário, todas as notas devem ser consideradas de Eduardo de Oliveira e Oliveira. Nos poucos casos em que isso pareceu relevante, mantivemos as rasuras do autor, em vez de apenas omitir o trecho como pretendido por ele. No que diz respeito a passagens em língua estrangeira, revisamos o conteúdo das traduzidas pelo autor e vertemos para o português as que ele deixou no idioma original.

Prefácio
A sociologia negra de
Eduardo de Oliveira e Oliveira

Nos ANOS 1970, tempo de ditadura militar, o Brasil se apresentava orgulhosamente como uma democracia racial. Em prosa e verso, para as cinco partes da nação e aos quatro cantos do mundo, os generais do poder e a opinião pública — incluindo boa parte das esquerdas — projetavam a mestiçagem como forma de convivência sem racismo.

Eduardo de Oliveira e Oliveira (1923-80) era voz dissonante: num país ideologicamente enredado no que ficou conhecido como "mito da democracia racial", sua escrita fazia ecoar uma verdadeira "contraideologia da mestiçagem". Por sua radicalidade, ele próprio tornou-se alvo da sociologia comprometida com a ideologia nacional, sendo arrolado entre os intelectuais potencialmente subversivos que ameaçavam a ordem dominante do Estado-nação.[1] Daí o acertado título do presente livro, que traz a público a produção intelectual desse que foi um dos sociólogos mais brilhantes e versáteis (era também músico e publicitário) da cena intelectual brasileira da década de 1970.

Embora tenha escrito bastante e publicado alguns textos esparsos, Oliveira e Oliveira não conseguiu finalizar sua tese de doutoramento nem publicar nenhum livro em vida. Não teve a oportunidade de ver a qualidade e a robustez de seu pensamento reconhecidas e discutidas na esfera pública mais ampla. Difícil resistir à tentação de imaginar o que sentiria ao ter em mãos este livro, uma contribuição que pode começar a corrigir o curso dos acontecimentos e fazer justiça ao legado intelectual deixado por ele.

A primeira marca do pensamento de Eduardo de Oliveira e Oliveira é precisamente sua denúncia da mestiçagem como ideologia não apenas nacional, mas também latino-americana. Esse ponto é central para a compreensão do conjunto dos escritos do autor. Em solo acadêmico, diferentemente do pensamento da maior parte dos intelectuais brasileiros com projeção nacional — excetuando-se a chamada Escola Sociológica Paulista e intelectuais negros como Guerreiro Ramos, Lélia Gonzalez, Abdias do Nascimento, Clóvis Moura, entre outros —, Eduardo de Oliveira e Oliveira via a mestiçagem como paradigma epistemológico da dominação colonial, e não como projeto de superação desta.

A área que o autor escolheu para desenvolver seu projeto intelectual foi a sociologia, pois, se a via como uma ciência positivista e até conservadora, por um lado, também enxergava nessa área do conhecimento, por outro, a teoria e os métodos que poderiam corresponder aos anseios de compreensão de uma realidade não fácil de ser interpretada. Mais do que uma ciência para desbravar o desconhecido, Oliveira entendia a sociologia como instrumento de leitura da realidade. Entendia ainda que era a ciência para explicar o padrão das relações entre negros e brancos no Brasil. Leiam novamente. Não é um estudo sobre o negro, mas das relações raciais.

Prefácio

É nesse sentido que Eduardo dialoga com diversos estudiosos da temática étnico-racial no Brasil que se esforçaram para desenvolver abordagens que não recaíssem nas malhas do exotismo ou do essencialismo fáceis. Em vez disso, analisaram os grupos raciais como produto efetivo e simultâneo de estruturas de dominação, de ideologias políticas e nacionais e das interações entre sujeitos.

Visceralmente empenhado em compreender o Brasil profundo e transformá-lo, durante seu doutorado Eduardo de Oliveira e Oliveira entrevistou importantes militantes políticos que foram responsáveis por colocar na cena pública a temática do preconceito e das discriminações raciais nas décadas pós-abolição, a exemplo de Francisco Lucrécio, Aristides Barbosa, Henrique Antunes Cunha e José Correia Leite. Além dos testemunhos das mobilizações da primeira metade do século xx, ele também reuniu centenas de documentos e jornais de época que lhe permitiram ter uma visão profunda dos problemas que afligiam a população negra brasileira. E essa investigação não se restringiu ao território nacional. Em viagens aos Estados Unidos, pôde conhecer mais detidamente a realidade local, em particular seus modos de fazer política e ciência. Não raro, portanto, Eduardo comparava a realidade daqui, ao sul do equador, com a experiência social e política de lá, o norte do Atlântico negro.

Quando se trata de pensar as relações raciais, esse exercício comparativo — ora explícito, ora implícito — entre o Sul e o Norte das Américas é muito comum na literatura acadêmica e na esfera pública tanto brasileira como norte-americana. Vários autores de peso no campo estudado por Eduardo de Oliveira e Oliveira, tais como, do lado de cá, Florestan Fernandes, Oracy Nogueira, Octavio Ianni e Fernando Henrique Cardoso, fomentaram debates sobre esse contraste. Do lado de lá, não deixaram barato. A lista é grande, e vou citar apenas alguns: Melville Herskovits, Donald Pierson, Carl Degler, Franklin Frazier, Thomas Skidmore, Michael Mitchell.

No conjunto desses intelectuais, um aspecto distintivo do pensamento de Eduardo de Oliveira e Oliveira — e que está no cerne do que ele preconizava como contraideologia da mestiçagem — é seu entendimento de que a categoria negro é fruto de uma estratégia política. Política essa que se desdobra na ideia de um compromisso social cujo traço fundante seria a necessidade de descolonização das mentes como pressuposto para a transformação do mundo.

Não à toa, vislumbramos em seu projeto intelectual uma pesquisa acadêmica rigorosa, solidamente desenhada e referenciada, mas também uma viva preocupação em pensar o conhecimento fora dos muros universitários. Exemplo disso é, dentre outras iniciativas, a curadoria de uma exposição sobre a imprensa negra em São Paulo e a produção da peça teatral *E agora... falamos nós*, escrita em coautoria com Thereza Santos e encenada em 1971 no Masp. A obra foi particularmente inovadora porque levava a performance e a dramaturgia negras ao centro do palco. Dividida em dois atos — "Do cativeiro à liberdade" e "Da liberdade ao reconhecimento" —, tinha elenco composto de jovens negros amadores que haviam trabalhado com Eduardo no Coral Crioulo, criado por ele e por seu amigo angolano K. Massangu para uma apresentação na Feira Internacional da Indústria Têxtil (Fenit), em 1969, na cidade de São Paulo. A combinação entre

Prefácio 13

arte, ciência e política se fez presente no projeto de Thereza Santos e Eduardo de Oliveira.

Ao organizar e divulgar a memória social antirracista produzida por homens e mulheres negros da cidade tida como o motor do capitalismo brasileiro — e, consequentemente, marco zero de nossa modernidade —, Oliveira marcava posição e se contrapunha à ideia bastante difundida, ou melhor, à falácia de que tal modernização fosse obra e graça exclusiva de imigrantes europeus e seus descendentes. Ele compartilhava esse esforço com contemporâneos importantes como Clóvis Moura, Florestan Fernandes, Roger Bastide e tantos outros pesquisadores e interlocutores seus que se dedicaram ao estudo das lutas e das formas organizacionais negras no Brasil.

Eduardo de Oliveira e Oliveira era um espírito atento ao tempo vivo da história em movimento. Por isso, sua obra é profundamente enredada no conjunto de temas e debates do contexto nacional e global daquele período. Apesar de estar inserido num ambiente acadêmico que valorizava o pensamento clássico e que se reivindicava como instituição tradicional, nosso autor lia, estudava e criticava os clássicos sem se sentir intimidado. Nas suas palavras: "É preciso que desenvolvamos o espírito crítico, sem nos intimidarmos nem confundirmos a franqueza ideológica".[2] Duas de suas contribuições mais valiosas vão nessa direção.

Um de seus artigos mais conhecidos e citados é a crítica ao historiador Carl Degler. Eduardo de Oliveira reagiu fortemente ao livro *Nem preto nem branco: Escravidão e relações raciais no Brasil e nos Estados Unidos* (1971), cujo impacto no país de lançamento deu a Degler o prêmio mais cobiçado da academia norte-

-americana: o Pulitzer. A reação de Oliveira enfatizava em especial a dificuldade de a academia estrangeira compreender as formas de manifestação do racismo latino-americano por meio da ideologia da mestiçagem. A figura do não branco e sua ambiguidade na construção das classificações pardo, mulato ou mestiço dificultavam a compreensão das lógicas de hierarquias e de dominação raciais no Brasil, onde a mestiçagem era a burla ao racismo, enquanto nos Estados Unidos era o paradigma oposto — o palco de um confinamento racial. Mobilizando a base da sociologia estruturalista francesa e a sociologia nacional, Oliveira mostra a força coercitiva do racismo em sociedades que vivem sob a ideologia da mestiçagem.

O gigante intelectual norte-americano não permaneceu alvo único; um brasileiro de mesma estatura e influência ainda maior também foi objeto do escrutínio crítico de Eduardo: Gilberto Freyre. É certo que a essa altura muitas já tinham sido as críticas feitas ao autor de *Casa-grande & senzala*. O argumento de Eduardo de Oliveira e Oliveira, porém, tinha um traço distintivo: era expressão singular da crítica negra ao pensamento do ensaísta que por décadas foi o mais importante intelectual brasileiro, no país e fora dele.

Contra Freyre, Oliveira recusava as ideias de que o iberismo traria relações mais flexíveis para a escravidão brasileira e o catolicismo — como religião cristã, diferente do protestantismo anglo-americano — daria maior possibilidade ao negro como homem, e não só como escravo. Não há dúvidas de que existem formações nacionais e raciais distintas nas Américas, mas o componente valorativo da crítica freyriana abrandava equivocadamente o fenômeno racial nos trópicos, defendia o autor de *Contraideologia da mestiçagem*.

Prefácio

Ademais, quando Eduardo confronta Freyre, este já tinha se tornado um lusotropicalista, isto é, colocado sua produção e prestígio intelectual a serviço do império português em sua reação contra as lutas de libertação colonial na África. Não se tratava, portanto, apenas de uma crítica ao teórico da mestiçagem, mas também de um ataque ao pensador-ativista do lusotropicalismo. Como tal, Freyre era especialmente refratário à recepção negra nacional de pensadores como Aimé Césaire, da Martinica, e Léopold Sédar Senghor, do Senegal, importantes expoentes da Négritude, pensamento político e artístico cujo caráter diaspórico acabava por evidenciar que a ideologia da mestiçagem não passava de uma ficção nacionalista.

Eduardo de Oliveira e Oliveira recusava a ideia de que olhar para o Brasil a partir dessa perspectiva da Négritude implicava a incorporação de estrangeirismos ao éthos brasileiro. Pelo contrário, para ele a produção de autores como Césaire e Senghor era referência importante para pensar o anticolonialismo e a experiência negra na modernidade. As lutas dos países africanos pela libertação do jugo colonialista europeu trouxeram para Oliveira o sentido de urgência da descolonização do saber acadêmico na América Latina.

Essa capacidade crítica de olhar para além dos limites da nação — ou a crítica ao nacionalismo metodológico — era uma característica indelével do pensamento de Oliveira. E ele levava para os contextos transnacionais a mesma versatilidade que demonstrava ter em seu trânsito por diferentes campos do saber na cena intelectual brasileira, buscando sempre contrapontos e reflexões produzidos em diferentes áreas. Por exemplo, acompanhou com atenção os debates travados no Congresso Internacional de Escritores e Artistas Negros, que aconteceu em Paris em setembro de 1956. O evento reuniu intelectuais de diferentes partes do globo, dentre os quais se destacavam influentes pensadores do século xx, como Frantz Fanon e Cheikh Anta Diop, além dos já mencionados Aimé Césaire e Léopold Senghor.

Fanon, diga-se, foi um dos pensadores mais influentes para a geração de intelectuais negros da década de 1970. Em sua conferência "Racismo e cultura",[3] proferida no anfiteatro Descartes da Universidade Sorbonne, conceitos como acomodação e assimilação foram reavaliados a partir de um novo ponto de vista. A aculturação, em Fanon, aparece como instrumento de dominação econômica e até biológica. Esse debate colaborou muito para o desenvolvimento do pensamento de Eduardo de Oliveira.

Numa outra frente, o sociólogo brasileiro foi também fortemente influenciado pelos movimentos políticos antirracistas e de liberação sexual que proliferavam ao redor do mundo e foram uma marca da geração intelectual dos anos 1970, em especial aquela mais inclinada a ler e interpretar tradições literárias de cunho libertário tanto do ponto de vista racial como do de gênero. Não por acaso, referências para o autor são James Baldwin, com *O quarto de Giovanni*, e Richard Wright, com *Filho nativo*, ambos romances decisivos para a construção da subjetividade engajada e irreverente própria daquela década. Ao lado dessas referências férteis, também se encontram outros autores negros norte-americanos e caribenhos, como Langston Hughes, James Weldon Johnson, W. E. B. Du Bois e Marcus Garvey.

Com essa gama diversa de influências, com interlocuções próprias da sociologia brasileira e em diálogo profundo com

Prefácio

a produção norte-americana, Eduardo de Oliveira e Oliveira nos legou um conjunto de reflexões que, até a segunda década do século XXI, estavam alojadas exclusivamente na biblioteca da Universidade Federal de São Carlos. A reunião desses textos nesta coletânea memorável se deu pelas mãos do jovem historiador Rafael Petry Trapp, autor de uma tese de doutorado, pela Universidade Federal Fluminense, totalmente dedicada à trajetória de Oliveira.

O livro está dividido em três partes: Ensaios, Estudos e Intervenções. Na primeira, há os ensaios críticos nos quais o autor enfrenta temas e pensadores importantes que interpretam o Brasil e que influenciaram a opinião pública de dentro e de fora do país. São autores que em sua época já eram canônicos e, portanto, referências não apenas nos estudos acadêmicos, mas também nas conversas e produções fora dos círculos universitários — autores nacionais e estrangeiros que estiveram na base da formação da intelectualidade brasileira do século XX. É junto e contra eles que Eduardo de Oliveira e Oliveira move a sua produção.

Na segunda parte do livro encontram-se os textos investigativos que fazem parte do plano de trabalho desenvolvido por Eduardo para sua pesquisa de doutoramento, que, conforme comentado, ele não chegou a concluir. São, portanto, e por assim dizer, estudos inacabados. Como pesquisador na Universidade de São Paulo, Eduardo de Oliveira dedicou-se a levantar fontes documentais e orais sobre organizações e ativistas negros brasileiros e norte-americanos com o objetivo de mostrar as dimensões históricas e sociológicas da vivência negra no norte e no sul do Atlântico pela perspectiva dos movimentos e lutas pela transformação social.

A terceira e última parte do livro traz os textos políticos do autor, produzidos enquanto militante antirracista e base intelectual do movimento negro dos anos 1970. Em particular, nota-se sua preocupação em intervir no debate público e universitário acerca dos noventa anos da abolição da escravidão no Brasil. Empenhado em desfazer mitos que endossavam ideologias da mestiçagem, Oliveira revisita importantes processos, como o abolicionismo, além de se fartar em dados sobre a composição demográfica brasileira com base nos censos nacionais. Com isso, traz para a cena a importância de um compromisso com a produção sobre a vida da população negra.

Para além das conclusões que venham a tirar sobre a contribuição intelectual de Eduardo de Oliveira e Oliveira, espero que fiquem tão tocados como eu ao ler seus ensaios, sua pesquisa e suas intervenções públicas. Que fiquem felizes como fiquei ao ver nascer este seu primeiro livro. E que ele desperte a alegria e quiçá certa comoção que talvez acometesse o autor, caso pudesse ter tido a felicidade de celebrar sua preciosa obra.

FLAVIA RIOS
Baía da Guanabara, 30 de novembro de 2023

FLAVIA RIOS é socióloga. Professora do Programa de Pós-Graduação da UFF e pesquisadora do Núcleo Afro/Cebrap, integra o conselho da Brazilian Studies Association (Brasa) e é a atual diretora do Instituto de Ciências Humanas e Filosofia da UFF. É coorganizadora de *Por um feminismo afro-latino-americano*, de Lélia Gonzalez, publicado pela Zahar, e de *Negros nas cidades brasileiras*, entre outros, além de autora da biografia *Lélia Gonzalez* (com Alex Ratts).

PARTE I

Ensaios

O mulato, um obstáculo epistemológico*[1]

O BOM CONVÍVIO ENTRE AS RAÇAS, assim como a índole pacífica do povo brasileiro, era tido como fato social no Brasil quando, por volta de 1950,[2] a Unesco resolveu comprová-lo.

A princípio acreditou-se que a escravidão na América Latina fora mais suave do que nas colônias inglesas, holandesas ou dinamarquesas. Atualmente, tudo leva a crer numa total inversão de perspectiva, que muito deve ao vasto material de pesquisa surgido no campo das relações raciais, principalmente nos Estados Unidos.

É com base em que tanto o Brasil como os Estados Unidos têm uma grande população negra (a maior fora do continente africano), e que em ambas as nações os negros foram introduzidos como escravos, que o sr. Carl N. Degler, historiador norte-americano, numa tentativa de fazer história comparada, propõe-se a conhecer a presente realidade brasileira. Os resultados de suas investigações encontram-se em *Neither Black nor White: Slavery and Race Relations in Brazil and the United States*. No geral, o livro pode ser descrito como uma tentativa de captar a natureza das relações entre brancos e negros nos

---

* Resenha publicada originalmente no jornal do Diretório Acadêmico Pe. José Narciso Vieira Ehrenberg, do Instituto de Ciências Humanas da PUC de Campinas, em 1973. Republicado na revista *Argumento* (São Paulo, ano I, n. 3, pp. 65-73, jan. 1974), cujo texto seguimos. (N. O.)

Estados Unidos vendo como elas se configuram num outro contexto nacional e social, o brasileiro. O propósito primário é ajudar os norte-americanos a entender tanto as dificuldades como as facilidades de se desenvolver uma sociedade birracial igualitária com preponderância numérica dos brancos.

Na verdade, estamos diante de um trabalho altamente controverso, e por vezes não sabemos se o autor é movido pela paixão ou pela razão.

Tomando a expressão "minha nega" como o começo da diferença, já que o brasileiro branco se dirige assim tanto à sua mulher como à sua amante branca, coisa totalmente impensável nos Estados Unidos, ficamos sabendo que lá a dominação branca pautou-se sempre por uma segregação costumeira, cuja elaboração legal data principalmente do século xix. No Brasil, em contraste, jamais se deu uma sistemática separação das raças, apesar de as leis coloniais discriminarem os pretos. Entretanto, o Brasil sempre foi, e ainda é, consciente da dramática diferença entre suas atitudes e práticas, comparadas com as existentes nos Estados Unidos. Adianta o sr. Degler que, enquanto lá somente agora o papel do negro vem sendo reconhecido, no Brasil já vinha sendo cantado por literatos, teatrólogos e historiadores. Exemplificando, cita João Dornas Filho, para quem as contribuições do negro são tão grandes que seria difícil enumerá-las, pois vão "desde a arte culinária à maneira de amar e de sofrer" (sic).[3] Como se vê, estamos diante do eterno binômio cozinha/cama. As figuras de "pretos ilustres" mencionadas fazem parte da eterna galeria de exceções: Machado de Assis, Aleijadinho, Rebouças etc.

Acentua a seguir que, embora a escravidão tenha uma longa história tanto no Brasil como nos Estados Unidos, a

O mulato, um obstáculo epistemológico 23

base de sua comparação será a escravidão em sua maturidade nos dois países, isto é, durante o século xix. Individualmente, aqui está o início dos muitos desencontros.

O sr. Degler admite que tanto no Brasil como nos Estados Unidos a expressão mais comum da inquietação dos escravos era antes a fuga do que a insurreição, o que leva a confundir quilombos com revoltas, razão suficiente para duvidar-se da tradicional reputação de rebeliões brasileiras de escravos. Conclui que, no que concerne aos quilombos e suas manifestações, provavelmente a melhor explicação para seus frequentes surgimentos esteja simplesmente na diferença de clima. Outra diferença decorre do fato de se armarem soldados negros entre nós, recurso esse que, embora empregado de maneira relutante pelos portugueses, não deixaria de ser significativo para a integração do negro na sociedade, mesmo sendo um produto mais de circunstâncias que da ideologia. Mas o trecho de uma carta de Henrique Dias a El-Rei, citado no próprio livro, contraria a ideia de uma "dignificação" do negro-soldado. Escreve ele: "Sou tratado com pouco respeito, com palavras que nem podem ser repetidas, e ninguém me reconhece como soldado".[4] Mais adiante, o sr. Degler reconhece que há pouca discussão sobre a situação racial ou de cor no Brasil, existindo como que um entendimento implícito entre todos os elementos da população nesse sentido. Acrescenta, porém, apoiando Florestan Fernandes, que tolerância não é igualdade. E vai encontrar como o elemento central na diferenciação entre os Estados Unidos e o Brasil, no que diz respeito às relações raciais, o papel atribuído ao mulato. Como os descendentes mestiços entre nós não são brancos nem pretos, esse fato por si encoraja o "branqueamento" pela mistura racial. Isso, é verdade, não seria uma solução, já que a mistura pode ser encontrada nos Estados Unidos, onde os descendentes de negros são considerados também negros.[5] A aceitação do branqueamento entre os brasileiros, que é uma maneira de dizer que eles reservam um lugar para o mulato, tem ainda outra consequência: reduz o descontentamento entre as raças. Assim, o negro no Brasil pode esperar que seus filhos sejam capazes de furar as barreiras que o mantiveram para trás, caso ele se case com gente mais clara. Tal possibilidade real atua como uma válvula de segurança sobre o descontentamento e a frustração entre negros e mulatos, razão pela qual os negros no Brasil não foram levados a formar organizações de protesto, como nos Estados Unidos.

A maneira mais acurada de descrever o preconceito de cor entre os brasileiros é compará-lo com a atitude dos norte-americanos em relação à invalidez física. É alguma coisa que deve ser levada em consideração ou mesmo notada, mas não publicamente.

A presença do mulato, por exemplo, torna mais difícil, se não impossível, o tipo de segregação que foi tão característica nos Estados Unidos. "Com tantas gradações de cor, segregar as pessoas na base da cor implicaria não só grandes gastos, como também grandes inconvenientes" (sic).[6] Mas como se origina o nosso tipo de mulato? Tomando a teoria da miscigenação de Gilberto Freyre — que, se não endossa totalmente, ao menos leva em consideração —, o sr. Degler conclui que as consequências das relações sexuais entre os portugueses e as mulheres negras não se reduzem apenas à prole, mas a mudanças nas relações e atitudes sociais:

O mulato, um obstáculo epistemológico 25

Quando um homem branco se casa com uma mulher negra, como alguns fizeram no Brasil, ou quando estabelecem ligações menos formais porém menos afetivas, o homem branco começa a ver o negro como menos diferente e estranho, percepção essa que, incidentalmente, não ficará confinada apenas ao homem que se casa ou se junta com a mulher negra. Outros brancos não poderão senão ser influenciados pelo que é visto e pelo conhecimento de que mulheres negras podem ser esposas ou amantes de outro homem branco. Na evolução das atitudes raciais no Brasil, a difundida miscigenação contribui mais do que a simples descendência.[7]

Por que nos Estados Unidos os homens não se comportaram da mesma maneira?

Além da diferença dos padrões culturais trazidos do Velho Mundo, os ingleses chegaram não só em família, mas com mulheres inglesas.

Neste ponto, o autor estende-se em considerações sobre diferenças culturais para estabelecer o fator responsável pelo maior intercurso sexual entre brancos e negras no Brasil. À parte o fato de as poucas mulheres brancas que havia estarem sujeitas, por sua herança mourisca, a viver entre grades e a tudo aceitar do marido, acrescenta que a disparidade chegava a tal ponto que o adultério, por exemplo, era (e é) legalmente definido de maneiras diferentes para o homem e para a mulher. Diz ele: "Em tal atmosfera de machismo as mulheres não esperavam fidelidade de seus maridos; a procriação e o suporte financeiro adequado eram sua aspiração máxima".[8] Em contraposição, a mulher inglesa gozava de grande liberdade. Em vista de sua relativa força social e familiar, estava apta a impedir ligações entre o marido e as escravas, chegando mesmo a recorrer às cortes. Nos Estados Unidos, o fato de não se ter desenvolvido o *mulatto escape hatch* deveu-se à definição genética ou biológica do negro. A ideologia do século xvii, herança inglesa, tinha como traço principal a liberdade, definida em termos absolutos e não relativos. Traçando uma linha entre liberdade e escravidão, a ideologia social foi facilmente conduzida para uma outra interpretação tanto do homem como do seu status. Não havia mais lugar para uma pessoa intermediária do esquema biológico, nem com um status intermediário. Ou bem um homem era negro ou branco, livre ou escravo. Uma vez dada essa polarização, deu-se início a uma defesa racional da escravidão, com base na inferioridade racial do negro, livre ou escravo. Diz o autor que no Brasil não houve compulsão ideológica para uma clara divisão entre escravidão e liberdade. À ideologia política brasileira faltaram a ênfase sobre o individual e a definição de liberdade absoluta. Em tal esquema havia lugar para o branco, o preto e o pardo; para o livre, o meio-livre e o escravo.

Já hoje em dia, a comparação não é sempre favorável ao Brasil. Desde a Segunda Guerra Mundial, as relações raciais nos Estados Unidos se alteraram. Cada vez mais os negros têm acesso à educação, ao trabalho etc., as leis discriminatórias foram repelidas. O Brasil, no entanto, só precisa ainda reconhecer que os negros sofrem desigualdade e que há limitação de oportunidade para eles. Havendo lugar para o mulato, não parece haver necessidade de ajuda para os negros como grupo. A histórica e profunda virulência do racismo norte-americano soldou os negros em uma força social efetiva, enquanto a ambiguidade da linha cor/classe no Brasil

O mulato, um obstáculo epistemológico

deixou os negros sem coesão ou líderes. Mesmo que abram oportunidades na economia brasileira em expansão, o mais provável é que os mulatos em ascensão e os negros educados sejam arrancados da massa. A "genialidade" individual, abrindo caminho para possíveis líderes negros, esvazia as possibilidades de ascensão grupal.[9]

O sr. Degler profetiza que na história das relações raciais nos Estados Unidos possivelmente estará o futuro das relações raciais no Brasil, à medida que nos aproximarmos do modelo competitivo daquela nação. Acredita que, na ausência de uma ajuda positiva aos negros, recentemente saídos da escravidão, uma integração social e econômica completa na sociedade brasileira é difícil, se não impossível.

Na falta dessa ajuda, o padrão de relações raciais não melhorará e provavelmente piorará, à medida que a competição se alastrar pela economia e pela sociedade.[10] A decisão tanto no Brasil como nos Estados Unidos cabe aos brancos. Eles é que criaram a situação. O sr. Degler chega, por fim, à conclusão de que a miscigenação não oferece soluções, sobretudo nos Estados Unidos — dada a definição de negro —, pois os casamentos inter-raciais só aumentariam o seu número, para o que seria necessário então mudar aquela definição.

Partindo da premissa — aliás a conclusão dos últimos trabalhos na historiografia do negro — de que é um falso problema indagar se a escravidão negra foi melhor ou pior nas colônias saxônicas ou ibéricas, o sr. Degler toma a escravidão negra como, no dizer de David Brion Davis, "um fenômeno único ou Gestalt, cujas variações foram menos significativas do que os padrões subjacentes de unidade".[11] Logo adiante, porém, acrescenta que "uma comparação entre relações raciais e escravidão no Brasil e nos Estados Unidos não é uma questão de oposições polares" (*polar opposites*),[12] como muitas vezes se pensa, mas que, em vez de ser uma questão de branco ou negro, é de alguma coisa que fica no meio — o mulato.

"A partir dessa diferença *aparentemente* pequena", diz ele (o grifo é nosso), "a divergência entre os dois países em termos de relações raciais cresceu".[13]

Servindo-se de um estereótipo de Antonil ("O Brasil é Inferno dos negros, Purgatório dos brancos, e o Paraíso dos mulatos e mulatas"),[14] o sr. Degler procura, e aí está o ponto--chave do livro, encontrar a pista das diferenças significativas nas relações entre os dois povos através das origens do mulato como um tipo socialmente aceito.

A nosso ver, nada no texto de Antonil (de 1711) comprova a caracterização de que o Brasil era ou poderia vir a ser um tal paraíso. O sr. Degler sabe disso tanto quanto nós. Mas é sua hipótese, e ele espera comprová-la no decorrer de sua tese; na tentativa de revelar-se e revelar-nos o lugar paradisíaco concedido aos mulatos em nossa sociedade, porém, muito mais nos desvenda o limbo em que eles se encontram.

Identificando o mulato com o que denomina de *escape hatch* (válvula de escape, saída de emergência), e vendo nele o elemento de escape, mediador, não conflitante entre os polos negro e branco (o "meia-raça", no dizer de Gilberto Freyre), incorpora ainda a seu universo teórico um outro fator tido também como diferenciador, e mais uma de nossas muitas mitologias: a máxima segundo a qual "No Brasil, quem tem um pouco de sangue branco é branco", ao passo que "nos Estados Unidos, quem tem um pouco de sangue negro é negro".

O mulato, um obstáculo epistemológico

De nossa parte, propomos que as relações raciais são por definição relações de coerção, podendo ou não ser antagônicas. Mas são sempre oposições polares, preponderantemente entre negros e brancos, substituindo uma epiderme social que as regulamenta; e isso por mais amplo que seja o *spectrum* das cores, como pode ser o caso do Brasil. Frantz Fanon exemplifica isso muito bem quando diz: "Eu sou o escravo não da ideia que os outros têm de mim, mas de minha própria aparência. [...] Quando gostam de mim, eles dizem que gostam apesar da minha cor. Quando não gostam, dizem que não é por causa da minha cor. De um jeito ou de outro, estou fechado num círculo infernal".[15]

Também no Brasil, para nós, as relações raciais são *oposições polares*, não sendo, porém, *polares antagônicas*.

Quanto à escapatória mulato (o *mulatto escape hatch*), o próprio autor ilustra nosso ponto de vista, quando diz: "Aos negros no Brasil faltaram mesmo as vantagens iniciais e negativas [...] da discriminação aberta, que os teria levado a reconhecer sua comunidade".[16]

Aqui gostaríamos de fazer um apelo à semântica e sugerir um outro ângulo de visão possível para o *mulatto escape hatch*. Sua tradução em português seria alçapão, palavra que comporta diferentes significados: tanto pode ser saída de emergência, como armadilha preparada.[17]

Deixamos ao leitor sua própria opção. Quanto a nós, acreditamos que não se pode esperar que um afro-brasileiro pense como um branco europeu — questão de estilo. Como não se pode esperar que um condutor de massas se exprima como um esteta. Questão de método, diria Jean-Paul Sartre.[18]

Inúmeras vezes, o autor, ao se referir ao Brasil e a seus colegas que por aqui passaram, observa que eles daqui saíram com uma falsa impressão das relações raciais, na medida em que, ao verem negros ou mulatos em determinados lugares ou situações, confundiram um caso particular com a situação dos pretos em geral, o que os leva a ter uma visão deturpada do problema. Acreditamos que, ao atribuir ao mulato *um lugar reservado* em nossa sociedade, o autor também sofra, quem sabe involuntariamente, daquele daltonismo de que somos acusados por Roy Nash, para quem somos "o mais daltônico dos povos, a ponto de olhar na cara de um homem negro e não ver mais do que um homem",[19] sem enxergarmos o problema que ele representa.

O *mulatto escape hatch* não é mais do que uma deformação da percepção.

Sua etimologia de híbrido, pelo cruzamento de espécies supostamente diferentes, possui, segundo alguns, uma conotação pejorativa. Comentando a morte de Machado de Assis, assim escreve Joaquim Nabuco a José Veríssimo:

> Seu artigo no *Jornal* [*do Commercio*] está belíssimo, mas esta frase causou-me um arrepio: "Mulato, foi de fato um grego da melhor época". Eu não teria chamado o Machado mulato e penso que nada lhe doeria mais do que essa síntese. Rogo-lhe que tire isso, quando reduzir os artigos a páginas permanentes. A palavra não é literária e é pejorativa, basta ver-lhe a etimologia. [...] O Machado para mim era um branco, e creio que por tal se tomava; quando houvesse sangue estranho, isto em nada afetava a sua perfeita caracterização caucásica.[20]

O mulato, um obstáculo epistemológico 31

Na busca das origens do mulato como um tipo socialmente aceito no Brasil, o que possibilitaria alcançar o cerne das diferenças significativas nas relações racionais aqui e nos Estados Unidos, o autor recorre à interpretação que vê no português um elemento capaz de maior atração pelas negras, dado o seu convívio secular com os mouros. Cai assim na combatida teoria de Gilberto Freyre do lusotropicalismo, do desequilíbrio do *sexo ratio* e de um maior contingente de mulheres negras que de brancas. Ora, de nosso ponto de vista a inclinação dos portugueses para a miscigenação não indica forçosamente tolerância, muito pelo contrário, já que a miscigenação aponta necessariamente para uma forma extrema de exploração e degradação da mulher negra. Esse é um assunto que tem sido amplamente debatido e, nesse aspecto, concordamos com Marvin Harris quando diz:

> Já é tempo de os homens adultos pararem de falar sobre o preconceito racial em termos de sexualidade. Em geral, quando os seres humanos têm o poder, a oportunidade e a necessidade, se unem com os membros do sexo oposto sem considerar a cor ou a identidade do avô. [...] O processo de miscigenação era parte da escravatura, não apenas no Brasil.[21]

Depois de haver construído habilmente o mulato como uma categoria abstrata operacional, o sr. Degler nos assegura não estar afirmando que "o *mulatto escape hatch* em si mesmo evitou o desenvolvimento do pensamento racista, de leis segregacionistas, ou que de alguma maneira tenha originado um sistema de relações raciais que resulta ser mais dócil do que num sistema em que o *mulatto escape hatch* não tenha surgido". E continua:

> Tal argumento reificaria uma abstração social e a tornaria um assim chamado "fator" histórico. [...] Ainda assim, aquela afirmação, verdadeira como é, precisa de qualificação. Não deveria ser construída para indicar que o *mulatto escape hatch* foi um ato consciente ou intencional do homem. Não foi isso também. Foi o resultado de muitas ações, nenhuma das quais foi intencional para criá-lo.[22]

Mesmo assim, parece-nos que o autor de certa maneira incorre numa reificação, quando confunde a categoria social com a categoria racial de mulato. O mulato racial existiu e existe tanto no Brasil como nos Estados Unidos. Mas o mulato social, apenas no Brasil. Não é a tão alegada propensão do brasileiro pela miscigenação, não muito distante da do americano — como atestam as cifras populacionais que constituem a verdadeira distinção entre as duas culturas —, mas sim o lugar social que se atribui a essa mistura, e é aqui que se deve buscar a razão dessa classificação.

A reificação ou não do mulato como instrumento de análise levaria a uma polêmica que extrapola nossos propósitos neste contexto. Preferimos deixar o assunto em aberto, não sem antes transcrevermos trecho de Francisco Soares Franco, de seu *Ensaio sobre os melhoramentos de Portugal e do Brasil*, de 1821, no qual reconhece que "a casta preta é hoje a dominante no Brasil". Comenta Gilberto Freyre:

O mulato, um obstáculo epistemológico 33

Dominante pelo número. Daí sua sugestão [de Soares Franco] para que se estimulasse a mestiçagem e se favorecesse o mestiço, desenvolvendo-se a emigração de europeus e proibindo-se a importação de negros. [...] Apelava para o legislador no sentido de que os mestiços não pudessem legalmente casar senão com indivíduos de "casta branca ou índia", promovendo-se assim o "baldeamento" dos mestiços na "raça branca".[23]

Aqui parece que chegamos de fato a um aspecto marcadamente diferenciado na regulamentação das relações raciais nos dois países, o que requer uma análise socioeconômica para aquilatar

de que maneira as circunstâncias particulares das camadas baixas e seu tratamento (em cada sentido particular de tratamento), pelos indivíduos e classes no poder, condicionam suas consciências e a percepção da realidade, condicionando o alcance e a forma de submissão na opressão, e a extensão e a forma de seu desejo/ímpeto revolucionário.[24]

Enfim, se o autor encontra uma solução para a compreensão do problema (usando o mulato como categoria analítica), nós antes vemos um obstáculo. Um "obstáculo epistemológico", segundo a concepção de Gaston Bachelard.

Octavio Ianni situa bem o problema quando diz que o "negro ou mulato" — este uma manifestação da contradição do sistema — "é ou foi gerado pelo escravo, em tudo o que a categoria significa [...]. Entram em jogo os padrões de avaliações recíprocas elaborados no universo escravocrata".[25]

Surge, é verdade, uma nova ideologia, a do branqueamento, sempre valorizando, como vimos, a branquidade em
detrimento da negritude.

Comentando Lima Barreto, diz Gilberto Freyre:

> Pobre e obrigado, pela sua condição econômica, a ser, em grande
> parte, sociologicamente homem de cor: sem oportunidade de
> transformar-se em mulato sociologicamente branco como, na
> sua mesma época, o igualmente negroide evidente — embora
> bem mais claro de pele do que Barreto — Machado de Assis.[26]

Da mesma forma que nos Estados Unidos se constata o
passing, entre nós encontramos o "trânsfuga", racial e social.

Degler se equivoca ao dizer que, "durante 1920, por exemplo, os negros norte-americanos montaram uma vitoriosa
campanha para ter a palavra *Negro* escrita com inicial maiús-
cula, como símbolo de aceitação, por analogia com *Indian* e
outros grupos de nacionalidade. Uma tal campanha não aconteceu em nenhum lugar do Brasil".[27] Afinal, o que foram os
movimentos sociais dos meios negros iniciados em São Paulo
na década de 1920 senão um movimento de congregação de
todos os negros do Brasil em busca de uma consciência histórica, tendo à frente José Correia Leite (mulato), Arlindo Vieira
dos Santos (mulato), Francisco Lucrécio (mulato), Raul Joviano do Amaral (mulato), Henrique Cunha (mulato), Jayme
de Aguiar, Vicente Ferreira?

> Visava consolidar e difundir uma consciência própria e autô-
> noma da situação racial brasileira; desenvolver na "população de
> cor" tendências que a organizassem como uma "minoria racial

O mulato, um obstáculo epistemológico 35

integrada"; e desencadear comportamentos que acelerassem a integração do negro à sociedade de classe. [...] Subsidiariamente, fazia um esforço consciente no sentido de estimular a imagem histórica que o "negro" construíra de si próprio, levando-o a compreender o papel que a "raça negra" tivera como "o fator mais preponderante na estabilidade da vida nacional durante quase quatrocentos anos".[28]

O *Clarim d'Alvorada*, jornal dos meios negros, propõe em seu número de março de 1929 o 1 Congresso da Mocidade Negra. Informa ainda José Correia Leite, grande batalhador dos meios negros, que foi "Vicente Ferreira (militante negro e magnífico tribuno) quem introduziu o termo 'negro' para substituir o então usado e vazio 'homem de cor'. Homem de cor, dizia ele, é também o amarelo e o índio; ele acabou com essa baboseira de homem de cor, que não quer dizer nada".[29]

Foi precisamente através da palavra "negro" que se buscou congregar os descendentes de africanos, numa tentativa de arregimentação que os afastasse do esvaziamento fenotípico — o mulato — socialmente e mais predisposto a beneficiar-se das manifestações de hierarquização econômico-social dos grupos; o que mais tarde levaria à criação de uma entidade como a Frente Negra Brasileira, que chegou a contar em seus quadros, provenientes de todo o Brasil, com cerca de 200 mil filiados.

Inferindo que "a histórica e profunda virulência do racismo norte-americano uniu os negros em uma força social efetiva, enquanto a ambiguidade da linha cor/classe no Brasil deixou os negros sem coesão ou líderes", [30] Degler a identifica à não eventualidade do aparecimento entre nós de um "poder negro", seja ele econômico ou político.

Num campo onde tudo ainda está por fazer, qual seja, o das relações raciais no Brasil, e particularmente ao nível da história comparada, concordamos plenamente com o autor apenas num ponto: quando diz que "é a similaridade na história do homem negro nos dois países que define o problema — *mas complica a explicação*".[31]

Marvin Harris, também norte-americano, tem um outro ponto de vista. Tem para a ambiguidade cor/classe das relações raciais brasileiras (portanto não polares antagônicas) outra tese, totalmente oposta à do sr. Degler:

> Objetivamente existe uma correspondência entre a classe e a raça no Brasil [...]; quanto mais negroide o fenótipo, mais baixa a classe. A prevenção contra o desenvolvimento de uma ideologia racial pode muito bem ser um reflexo das condições que controlam o desenvolvimento das confrontações de classe. Nos Estados Unidos, o racismo e as divisões raciais de casta romperam e fragmentaram as classes baixas. O Poder Negro nos Estados Unidos carece do potencial revolucionário da massa preponderante; o Poder Negro no Brasil contém esse potencial. A ambiguidade construída no cálculo brasileiro de identidade racial é, pois, de maneira especulativa, pelo menos, tão inteligível como a relativa precisão com a qual negros e brancos se identificam nos Estados Unidos.[32]

Como vemos, as opiniões divergem substancialmente.

Mas, afinal, "o que todos os homens negros têm realmente em comum, além do fato de, em um momento ou outro terem deixado a África (ou terem ficado lá)?", perguntava-se

O mulato, um obstáculo epistemológico 37

James Baldwin, em 1956, no Congresso de Escritores e Artistas Negros, em Paris.

A resposta foi: todo homem negro (e aqui pensamos no amplo *spectrum* em que ele pode colocar-se, ou ser colocado) tem em comum sua precária, sua inexprimível relação com o mundo branco.[33] Fanon acrescenta: "Sentimento de inferioridade? Não. Sentimento de inexistência".[34]

Gilberto Freyre por ele mesmo*

DE GILBERTO FREYRE SABEMOS que nasceu em Pernambuco em 1900. Por informações suas, através de entrevistas e pronunciamentos, sabemos que foi discípulo de Boas, porém esse fato não é até hoje convenientemente comprovado. Como filiação intelectual, não nos parece que sua obra (do que conhecemos) descenda daquele cientista norte-americano, tido como o pai da antropologia norte-americana. Um fato que nos parece digno de nota, e que já foi levantado aqui, é que Gilberto Freyre não tenha feito escola.

Franz Boas nasceu na Alemanha em 1858 e morreu nos Estados Unidos em 1942. Sua obra desenvolveu-se do pressuposto de que

> as diferenças ou similaridades culturais foram explicadas por diferenças ou similaridades em fatores raciais, ou em estágios de uma evolução progressiva (ortogenética). O trabalho de Boas estabeleceu a autonomia relativa dos fenômenos culturais. [...] Boas viu o objetivo histórico (ideográfico) da ciência em vez da generalização (nomotética) como o objetivo da etnologia.

---

* Texto não publicado, localizado no acervo de manuscritos da Coleção Eduardo de Oliveira e Oliveira, na Unidade Especial de Informação e Memória da Universidade Federal de São Carlos (SP). Escrito em meados da década de 1970. (N. O.)

Gilberto Freyre por ele mesmo   39

O estabelecimento de leis abstratas gerais, como na física, em que fenômenos particulares são significativos apenas como dados de pesquisa, não pode satisfazer o interesse humano por fenômenos humanos. Apenas a compreensão completa de fenômenos culturais individuais, como encontrada na história, será suficiente. Para essa compreensão, generalizações, quando passíveis de descoberta, não são o fim da pesquisa, e sim têm funções instrumentais e heurísticas.[1]

Já aqui teríamos uma contradição entre o mestre e o discípulo, se nos atemos a uma informação de Eugene Genovese sobre o próprio Freyre, o qual

escrevendo sobre a sociedade patriarcal brasileira, e sobre a interação da cultura do índio, do negro e do europeu, estava "tentando levar adiante uma pálida equivalência do que Picasso magistralmente tinha conseguido nas artes plásticas, a incorporação da abordagem analítica e orgânica ao homem: no que um de seus críticos chamou de 'imagem criativa'"; Gilberto Freyre procura usar métodos e dados das ciências físicas, biológicas e sociais para dar suporte ao que é essencialmente um projeto artístico, pois somente através da imagem artística pode a totalidade do homem e de seu mundo ser apanhada. Admite o grande papel da intuição no seu trabalho.[2]

Voltando a Boas, para vermos o quanto de sua formação pode ter sido aproveitado por Gilberto Freyre em seus trabalhos, sabemos ser ele o introdutor, nas ciências sociais americanas, do trabalho de campo, e, entre suas grandes contribuições, destacam-se as preocupações com linguagem e pensamento; contribuiu muito para o desenvolvimento da linguística.

Entre os alunos de Boas que fizeram escola destaca-se Ruth Benedict, pelo desenvolvimento que deu às ideias dele, tendo como continuadora de seu trabalho, sua *star pupil*, como lhe chama John J. Honigmann: Margaret Mead — de quem sabemos que, com 23 anos, em 1925, parte para Ta'u, uma ilha do grupo Manu'a, em Samoa, onde ficará por nove meses estudando os efeitos da adolescência nas jovens polinesianas, do que deve provavelmente ter saído seu livro *Coming of Age in Samoa*.[3]

A primeira obra de vulto de Gilberto Freyre, *Casa-grande & senzala*, aparece em 1933, tendo, portanto, o autor 33 anos.

Antes de passarmos aos comentaristas de Gilberto Freyre, vejamos o que o autor tem a dizer no prefácio da edição, quiçá a primeira, de *Sobrados e mucambos*, datada de 1936: trata-se de uma *"tentativa"*, os grifos são nossos, de

> história social da família brasileira, iniciada em trabalho anterior [*Casa-grande & senzala*], [...] dentro do mesmo critério e da mesma técnica [jamais ele se refere a método] de estudo [...]. Procura-se principalmente estudar os processos de subordinação e, ao mesmo tempo, os de acomodação, de uma raça a outra, de várias religiões e tradições de cultura a uma só, que caracterizaram a formação do nosso patriarcado rural e, a partir dos fins do século XVIII, o seu declínio e o desenvolvimento das cidades; a formação do Império; *ia quase dizendo, a formação do povo brasileiro*.[4]

Aqui gostaríamos de traçar um breve comentário com fonte em algo que foi discutido no Congresso Internacional

Gilberto Freyre por ele mesmo

de Escritores e Artistas Negros, em setembro de 1956, em Paris, no qual certos conceitos, como acomodação, assimilação, foram reavaliados do ponto de vista do negro. Por exemplo:

> A assimilação foi frequentemente apenas mais um nome para um tipo muito especial de relações entre seres humanos que foi imposta pelo colonialismo. Essas relações exigiam que o indivíduo, arrancado do contexto ao qual devia sua identidade, substituísse seus hábitos de sentir, pensar e agir por outro conjunto de hábitos que pertenciam aos estrangeiros que o dominavam.[5]

Ocorre-nos, para ilustrar o que vem dito acima, uma poesia de Ascenso Ferreira, poeta nordestino, contador dos fatos e feitos dos potentados senhores de engenho, ele mesmo filho de um deles, que deixou registrado em versos, um material de indiscutível relevância sociológica:

> *Um dos meus ascendentes mais notáveis,*
> *senhor de muitas terras e escravos,*
> *no Brejo da Madre Deus*
> *depois do sacrifício da missa*
> *quando o capelão santamente rezava,*
> *tomava uma lapada boa de "branquinha",*
> *dava garra de uma espada*
> *que pesava bem dez quilos*
> *e gritava, entusiasmado,*
> *para os negros e para os bois:*
> *"Quem não acreditar em Nosso Senhor Jesus Cristo, apareça!"*[6]

Por aí tem-se um exemplo típico do que se entende por aculturação; algo imposto pela força. Um outro detalhe que nos chama a atenção é o fato de que o potentado gritava "para os negros e para os bois", e isso nos parece curioso para o conhecimento do lugar da pessoa do negro na sociedade escravista. Ele era tido como um bem de uso e de troca, tal qual os bois. É uma coincidência estranha que aqui, como nos inventários de famílias, os negros e os bois estejam juntos. Nos inventários, na partilha de bens, geralmente estavam ao final da lista: tantos bois e tantos negros. Isso não só identifica o negro com a besta de carga como também lhe atribui um significado. Nesse momento é que pomos em dúvida o dualismo ibérico acreditando que a religião obrigava a aceitar o negro como escravo e como homem.

Mais adiante, Gilberto Freyre, para ilustrar a relação senhor-escravo, dominação-subordinação, e a elasticidade do sistema, possibilitando comportamentos de repressão ao lado de outros de tolerância, informa-nos do seguinte: "A princípio, os processos mais ativos foram os de subordinação e até de coerção",[7] citando uma declaração do procurador do estado do Maranhão, Manuel Guedes Aranha, de 1654, na qual fica patenteada uma situação de coerção total. Entretanto, não faz qualquer análise que explique as causas que conduziram a tal atitude, nem o que motiva o aparecimento de teóricos que estipulam o pressionamento das relações, junto a outros que pugnam por um melhor tratamento aos negros, exemplificando entre esses com o padre Antônio Vieira: diante da invasão da colônia por um povo mais branco que o português — os holandeses —, pergunta um dia o grande orador se "não éramos tão pretos em respeito deles, como os índios em respeito de nós?".[8]

Gilberto Freyre por ele mesmo 43

Mas o próprio Freyre nos informa que Vieira era neto de negra caboverdiana,[9] e não nos oferece qualquer prova convincente de que todos os portugueses tinham os holandeses como um povo mais branco do que eles.

Para a compreensão da tão discutida maior plasticidade do português em seus relacionamentos inter-raciais, queremos lembrar o fato, que vale a pena ser pensado, de que é linguagem corrente na Europa, sobretudo nos países do norte, e mesmo na França, que a África começa nos Pirineus.

Voltando ainda ao prefácio; segundo Gilberto Freyre, essa tendência de coerção e acomodação vai perdurar por todo o decorrer dos séculos XVIII e XIX, estando "uns, certos da necessidade de continuarem as raças de cor — pelo menos a negra — subordinadas à branca, que seria a raça superior; outros defendendo, como Arruda Câmara, a livre incorporação dos negros e mulatos à sociedade brasileira, sua ascensão às responsabilidades políticas e intelectuais".[10]

Estamos frequentemente diante de informações que, para serem devidamente contestadas ou acatadas, precisam ser pesquisadas, analisadas, discutidas e sobretudo criticadas, coisa que ainda não aconteceu entre nós, em vista da precariedade dos estudos de relações raciais, sendo que os poucos existentes se têm pautado, em sua maioria, no nível do comportamento.

Um outro fato que nos ocorre da leitura do prefácio. Estamos diante de uma sociedade birracial, ou multirracial? Até onde os outros grupos existentes no Brasil, por condições ainda a serem estudadas, se diluem na sociedade mais ampla, ficando como grupo em oposição apenas o grupo negro, com o que a situação de conflito seria mais birracial do que multirracial?

O prefácio de Gilberto Freyre, transbordante de caracterizações, é como que uma preparação ao ressentimento que vamos observar durante a leitura de seus trabalhos. Longe dele observar um dos preceitos estipulados por Lucien Goldmann, de que "o investigador [...] deve esforçar-se por [...] integrar, no estudo dos fatos sociais, a história das teorias sobre esses fatos, [assim como por] ligar o estudo dos fatos de consciência à sua localização histórica e à sua infraestrutura econômica e social".[11]

Considera-se um intuitivo.

Com *Sobrados e mucambos* pretende, através do estudo do sobrado, mais europeu, formando um tipo de homem, e do mocambo (livre), mais africano, formando outro tipo de homem, inspirado no sociólogo alemão Gustav von Schmoller, especialista em história econômica — segundo quem "em história econômica se faz da 'economia da casa' o fim da barbaria e o começo de uma cultura mais alta [...]. Os povos civilizados designam ainda hoje toda a forma de exploração e atividade criadora pela palavra que em grego queria dizer casa: *economia*" —,[12] traçar o panorama da sociedade patriarcal rural à sociedade patriarcal urbana.

É nesses momentos que o sr. Gilberto Freyre deve confundir os menos prevenidos, pois ao tomar a casa como centro de seus interesses, e ao identificá-la com a palavra grega para economia, leva muitos a atribuírem a suas interpretações um certo cunho econômico. Da mesma forma caracteriza, por analogia, o declínio da sociedade patriarcal e o desenvolvimento das cidades com o fim da barbárie e o começo de uma cultura mais alta, identificando-a com a formação da nacionalidade, de que o Império seria um marco divisor.

Gilberto Freyre por ele mesmo   45

Prosseguindo, informando de seu processo de trabalho faz-nos saber que

do desenvolvimento das tendências urbanas no Brasil do século XVIII e principalmente do século XIX [...]. Mas o ponto de vista especialíssimo em que se colocou o autor [...] o ponto de vista quase proustiano da casa — [...] arquivos de família, livros de assento, atas de câmaras, livros de ordens régias e de correspondência da corte, teses médicas, relatórios, coleções de jornal, de figurinos, de revistas, estatutos de colégios e recolhimentos, almanaques. Sem desprezar, é claro, diários e livros de viajantes [...].[13]

Mas nunca "do estreito ponto de vista econômico, ora tão em moda, como do estreito ponto de vista político, até pouco tempo quase exclusivo. O humano só pode ser explicado pelo humano" — talvez aqui ele pretenda se aproximar de Boas —, "mesmo que se tenha de deixar espaço para a dúvida e até para o mistério, pelo menos provisório".[14]

Genovese acredita que "as evidências de Freyre somam mais a generalizações sobre o caráter nacional português e brasileiro, que são objecionáveis, não porque não sejam mensuráveis, pois os 'insights' poéticos de Freyre dão à sua sociologia uma profundeza que apenas o positivismo mais superficial poderia ignorar".[15]

Devem ter sido os "insights" proustianos, poéticos, produtos das madeleines e taças de chá, tão prováveis na vida de Freyre, de onde saíram todos os volumes de sua vasta obra, que ofuscaram a inteligência de Genovese, pelo que acabamos de ver, o qual, ainda não satisfeito, diz mais, que "aquele que procurar criticar Gilberto Freyre por suas deficiências incorrerá em perda de tempo, sendo então preferível procurar os aspectos favoráveis da questão".[16]

Não concordamos, absolutamente. Acreditamos que a tarefa de criticá-lo não será fácil. Exigirá um esforço hercúleo, mas está fora de dúvida que esse esforço se faz necessário e imprescindível, e agora mais do que nunca, no interesse do estudo das ciências sociais entre nós, tão desprovido de espírito crítico, não sabemos se por incapacidade, conformismo ou acomodação. É preciso que desenvolvamos o espírito crítico, sem nos intimidarmos nem confundirmos a franqueza ideológica (e isso são palavras de Genovese[17]) com animosidade, antipatia ou xingamento.

Roger Bastide, um aliado*

Nossos contatos pessoais com o professor Roger Bastide foram muito escassos. Vimo-nos muito poucas vezes em suas duas últimas viagens ao Brasil.

Nossa proximidade com o mestre deu-se mais através de leituras de suas obras e no convívio mais íntimo com *As Américas negras*, que nos propusemos traduzir, para o que tivemos seu assentimento depois de leitura feita à introdução e ao primeiro capítulo. Essa obra, que nos pareceu fundamental para o público brasileiro, permanecia à margem da já tão escassa informação sobre a presença negra e seu papel nas Américas, em particular no Brasil.

Esse tipo de convivência com a obra revelou-nos, numa grande dimensão, o homem.

Uma das características que salta em sua obra é revelar o negro como sujeito e não meramente objeto — não apenas o trabalhador, mas o portador de uma cultura.

É significativo que o autor se questione sobre o rompimento ou não dos laços entre a ciência e a ideologia para

---

* Texto apresentado na Semana Roger Bastide, em 1976, no Instituto de Estudos Brasileiros da usp, em São Paulo, por ocasião do falecimento do antropólogo francês, ocorrido em 1974. Publicado originalmente como "Roger Bastide: Um aliado". *Revista do Instituto de Estudos Brasileiros*, São Paulo, usp, n. 20, pp. 137-40, 1978. (N. O.)

responder que, "em uma época como a nossa, em que o problema da integração racial se coloca em toda a América, [...] se será possível a neutralidade absoluta".[1] Com isso, coloca a questão da subjetividade diante do conhecimento científico e, indiretamente, coloca-se como sujeito cognoscente, podendo, como poucos, escolher-se negro.

É evidente sua preocupação pelos destinos do negro no Brasil.

Acreditamos que a polêmica Herskovits (branco) e Frazier (negro) leva-o a um compromisso de responsabilidade, como cientista identificado com o seu objeto de estudo, a comprometer-se com uma causa... Daí seu empenho em traçar um panorama geral das Américas negras onde o elemento negro pudesse ser conhecido em sua amplitude para, através do conhecimento de suas identidades, que têm sua base num denominador comum — a escravidão negra, invenção do Novo Mundo —, poder questionar-se seu destino.

Todo o seu trabalho de demonstração do rompimento entre as diversas culturas e etnias nada mais é do que a preocupação com o homem negro e sua realidade, e de como esse elemento ressurgirá de uma coexistência racial na desigualdade.

Sua obra assume importância para a experiência do negro quando discute o conceito de sociedades africanas ou sociedades negras, demonstrando o que, "por pressão do meio", por ser um "traço de civilização negra" ou uma herança, no caso um traço de "civilização africana", ou, o que é importante, da convergência de duas heranças similares, fundamentando-se uma na outra, caso então em que teremos um traço de civilização "afro-americana".[2]

Infelizmente, esses aspectos que tanto preocupam Roger Bastide, e isso foi-lhe possível por sua identificação empática

Roger Bastide, um aliado 49

com a problemática do negro, escapam a grande parte dos cientistas brasileiros. Aí está contido todo um amplo universo que tem afetado profundamente os negros brasileiros: a questão de seu enraizamento. Sabiamente, Roger Bastide toca um ponto que é fundamental. O que se pode fazer para que o negro brasileiro se sinta brasileiro?

"Podemos pois falar", diz ele, "da existência de culturas negras ao lado de culturas africanas ou afro-americanas. O perigo está em confundi-las, em querer encontrar em toda parte traços de civilizações africanas, onde desde há muito tempo não mais existem. Ou, ao contrário, o de negar a África para não ver em toda parte mais que o 'negro'".[3] Esse detalhe sutil remete-nos a um aspecto fundamental da experiência de todo um grupo no Novo Mundo: o problema da integração.

Será o negro capaz de tornar-se "latino" ou "anglo-saxão"?

O questionamento procede, e o autor, num tipo de premonição, questiona um problema que o brasileiro negro em sua passagem, de direito, a cidadão, querendo vivê-la "de fato", se questiona... E mais do que nunca, atualmente.

Explicamo-nos: no afã de descobrir sua identidade, projeta-se uma África mítica, marginalizando-se duplamente.

Seria mais que fantasioso enumerar aqui o sentido dessa obra e a importância de seu autor para nós. Roger Bastide, com essa obra, e por isso a escolhemos, responde a uma pergunta que sempre temos em mente: está a sociologia servindo aos propósitos que se propõe? (E quando dizemos sociologia pensamos grosso modo o sociólogo, ou melhor, o cientista.) São relevantes suas análises dos fenômenos sociais que afetam os negros? Para quem? E encontramos a resposta em suas próprias palavras quando ele diz:

O sábio que se debruça sobre os problemas afro-americanos encontra-se, pois, implicado, queira ou não, em um debate angustiante, pois é da solução que lhe será dada que sairá a América de amanhã. Ele deve tomar consciência de suas decisões — não para dissimular o que lhe parece a realidade — mas para perseguir, no decorrer de suas pesquisas, uma outra pesquisa, paralela, sobre ele mesmo; uma espécie de "autopsicanálise" intelectual, e isto, seja ele branco ou negro. Estamos aqui no centro de um mundo alienado, onde o sábio se acha, contra sua vontade, também alienado.[4]

Mas Roger Bastide não se alienava... Tinha um compromisso.

O negro, e em particular o negro brasileiro, por quem tanto se preocupava (o que se estava ele tornando, apesar da "espiral compressora" de "acotovelamento das cores sem uma verdadeira fusão"),[5] não pode ter melhor porta-voz, num mundo onde secularmente pulularam e pululam os moedeiros falsos que se fazem arautos de nossas verdades..., sangrando-nos até hoje, impedindo-nos de denunciar a falência de quatro séculos de civilização.

Roger Bastide esteve de nosso lado; é dos nossos — e sua obra está aí para confirmar; e não nos surpreende que seus funerais tenham sido realizados ao som de tambores africanos e brasileiros.

"Para o negro", diz Senghor, "conhecer é viver — vivendo a vida do Outro ao se identificar com o objeto. Conhecer é nascer para o Outro ao morrer para si mesmo..."[6]

Roger Bastide foi um destes... Dos únicos (e isso confirmava-nos recentemente o professor Florestan Fernandes) que, com relação ao negro, poderia ter dito: "Eu sinto, logo existo".

Blues para Mr. Charlie*

É EM *Lettre aux Américains* que Jean Cocteau lamenta que saibam muito de seu nome e muito pouco de sua obra.

James Baldwin, com *Nobody Knows My Name* (1961) — ao que sugere, *"but my colour"* —,** equivoca-se, a nosso ver, ao pretender um desconhecimento de sua personalidade de autor em proveito de sua pessoa física. Cremos que duas correntes se dividem: a daqueles que, segundo Malaparte, "nascidos no reinado de Fallières"[1] alcançam o autor por apenas uma das muitas facetas de sua condenação ao desequilíbrio da sociedade hodierna; e aqueles que veem o "negro autor", antes de reconhecer o autor negro, no que vai uma larga distância, e com o que se contraria fundamentalmente sua posição, que é a de reivindicar-se antes de tudo como cidadão.

Isso fica bem patente em seu ensaio "The Discovery of What It Means to Be an American", quando o escritor, cansado de ser mais um *"black writer"*,*** escapa para Paris. Lá permanece por dez longos anos sofrendo como que uma es-

---

* Resenha da peça *Blues para Mr. Charlie*, encenada em São Paulo, em 1966, pelo Grupo Teatral do Negro. Direção de Carlos Murtinho. Publicado originalmente em *O Estado de S. Paulo*, Suplemento Literário, 17 set. 1966, p. 5. (N. O.)

** Em tradução livre do inglês: "Ninguém sabe meu nome [...] mas sim minha cor". (N. O.)

*** Em tradução livre do inglês: "escritor negro". (N. O.)

pécie de catarse. Baldwin prova-se, e ao mesmo tempo põe-se à prova, numa experiência única, procurando desvincular-se de uma personalidade atribuída para lançar-se numa saga sem precedentes.

Realizando uma obra de autêntica criação, abstendo-se de toda e qualquer participação supostamente *"engagée"** com o problema norte-americano, e conseguindo assim realizar uma obra de pura ficção, prova a si mesmo o escritor por excelência que é, para depois admitir-se como homem comprometido com uma situação, então de sua escolha.

Explicamo-nos: com *O quarto de Giovanni* (1956), James Baldwin revela-se antes de tudo um escritor, para depois "escolher-se em escritor negro". A "chance" lhe foi possibilitada e assim pode optar.

Escreve um romance que poderia considerar-se neogidiano, no qual as possíveis identificações com o autor estão além de sua condição étnica, para situarem-se na esfera da espécie, se é que assim podemos enfatizar, para transcender mesmo à simples condição de sexo.

Com relação ao problema negro em geral, no Congresso dos Escritores e Artistas Negros, realizado em Paris em 1956 (no qual o Brasil não se fez representar), estando a "intelligentsia negra" ali reunida, com um espírito "que se poderia chamar de Bandung",[2] Baldwin, como cidadão, e particularmente como negro, norte-americano, pergunta-nos:

> Essa história, e esses fatos presentes, que envolvem tantos milhões de gentes divididas, separadas por tantas milhas no globo,

---

* Em tradução livre do francês: "engajada". (N. O.)

que opera e tem operado em condições tão diversas, para efeitos tão diversos, e que tem produzido tantas sub-histórias diferentes, problemas, tradições, possibilidades, aspirações, arrogâncias, linguagens, híbridos — é essa história suficiente para ter feito da população negra da Terra alguma coisa que pode legitimamente ser chamada de cultura?[3]

O autor acredita que é impossível descrever como cultura o que simplesmente pode ser, enfim, uma história da opressão, na medida em que todo povo desprovido de soberania política jamais poderá recriar por si a imagem de seu passado.

O que todo homem negro, além do fato de que em algum momento ou outro deixou a África, ou ficou lá, tem realmente em comum? No entanto [...] *havia* algo em comum entre todos os homens negros. [...] O que tinham em comum era sua precária, sua relação inexprimivelmente dolorosa com o mundo branco. Tinham em comum a necessidade de refazer o mundo à sua própria imagem, impor essa imagem no mundo, e não mais serem controlados pela visão do mundo, e de si mesmos, tida por outros povos.[4]

"A história com H não é mais nada que a interpretação ocidental da vida e do mundo."[5]

A história, ao que sabemos, sempre tratou os negros de maneira "sui generis"; não propriamente como atores, mas como títeres, os quais, agora qual Fênix, ressurgem e pretendem ser seu próprio oráculo.

Estamos evidenciando um fenômeno semelhante entre nós quando uma minoria, pretendendo reivindicar o seu direito de fazer-se ouvir, constitui-se para tanto num grupo teatral que se intitula Grupo Teatral do Negro, com o que tem ferido a muito ouvido sensível, ou desprevenido, como aconteceu conosco.

Num diálogo quase franco com sua direção ao findar uma das funções, concluímos que nosso desentendimento com o Grupo se baseava mais numa questão de palavras que de ideias. Trata-se, segundo fomos informados ao correr dos debates, de uma tomada de posição totalmente antirracista, tendo o grupo pretensões integrativas (houve mesmo a ideia de chamar-se Grupo Integrativo), já que é composto de várias etnias, e se "se escolheu" como Grupo do Negro, tem como fundamento que sua universalidade reside na plena afirmação de sua particularidade, que não é puramente étnica, mas tanto histórica como social e cultural — numa palavra, humana.

Como solução, recorre a uma qualidade comum ao pensamento e à conduta dos negros: a Négritude.

A Négritude é, pois, a personalidade coletiva negro-africana. É mesmo curioso verificar alguns nos acusarem de racismo e pregarem à vontade a "civilização greco-latina", a "civilização anglo-saxônica", a "civilização europeia". Não é assim, meu caro Denis de Rougemont? Não são europeus eminentes — um Maurice Délafosse, um Léo Frobenius — que nos falaram de uma "civilização negro-africana"? E tiveram razão. Nós nos contentamos e nos satisfizemos de estudá-la — vivendo-a — e de lhe dar o nome de Négritude. Eu disse "nós". Eu ia esquecendo de dar a Césaire o que é de Césaire.[6] Foi ele que inventou a palavra, lá pelos anos de 1932 e 34. A Négritude não é racismo. Se ela se faz, em princípio, racista, é por antirracismo.[7]

Como estranhássemos e discordássemos do nome dado ao grupo, que nos parecia uma conivência com o "alter grupo", no que era nada mais que uma maneira de deixar-se ver apenas em sua aparência étnica em detrimento de sua condição de cidadania, contestaram-nos que na sociedade atual nascemos negros e somos vistos como tal, sendo que a cidadania, para ser alcançada, deve ser arduamente reivindicada mais tarde.

Damos a palavra a Sartre, que em "Orfeu negro" apresenta de maneira lapidar o que vimos de caracterizar:

> Embora a opressão seja uma, ela se circunstancia segundo a história e as condições geográficas: o preto sofre o seu jugo, como preto, a título de nativo colonizado, ou de africano deportado. E, posto que o oprimem em sua raça, e por causa dela, é de sua raça, antes de tudo, que lhe cumpre tomar consciência. Aos que, durante séculos, tentaram debalde, porque era negro, reduzi-lo ao estado de animal, é preciso que ele os obrigue a reconhecê-lo como homem [...]. O negro não pode negar que seja negro ou reclamar para si esta abstrata humanidade incolor: ele é preto. Está, pois, encurralado na autenticidade: insultado, avassalado, reergue-se, apanha a palavra "preto" que lhe atiram qual uma pedra; reivindica-se como negro, perante o branco, na altivez.[8]

Se por um lado encontramos inúmeros pontos de contato quanto à posição do Grupo e sua programática, que vem ao encontro de todo um programa que pretendemos discutir e estudar com relação aos problemas raciais no Brasil, discordamos substancialmente quanto à escolha do original para sua apresentação. Em que pese a importância do autor no panorama mundial, seu teatro, ou melhor, essa peça não se justifica entre nós.

Trata-se de um problema que, se não nos é estranho, não nos é familiar. Exige da plateia um esforço de compreensão do problema racial norte-americano em toda a sua complexidade, exposto pelo autor de maneira a condenar a estrutura social de seu país, acusando a tudo e a todos dentro de sua visão corrosiva, capaz de destruir toda relação humana.

Não é de nossa intenção entrar no mérito do espetáculo, mas sim acusar o aparecimento de um grupo que pretende fazer-se ouvir... Que busca sua própria linguagem, sendo lastimável que em sua primeira manifestação tenha recorrido a um idioma que contraria em parte suas proposições e com que evidenciam (e a isso querem fugir) certo colonialismo intelectual.

Mas é preciso que ouçamos, e ouvir só não basta. Que pensemos e reflitamos no que disseram e no que têm a dizer para não cairmos em considerações imediatas que impossibilitariam um diálogo, dando margem ao aparecimento de rancores e, o que é mais grave, ao aparecimento dos aproveitadores de situações, os moedeiros falsos da cor.

Recebamos o Grupo Teatral do Negro e deixemos que manifeste abertamente sua negritude, desde que seja "para apresentá-la ao mundo, como uma pedra angular na edificação da civilização universal, que será a obra comum de todas as raças, de todas as civilizações diferentes — ou não será",[9] como tão bem profetizou um de seus representantes mais ilustres.

Da não aceitação de um Egito negro*

FAZ-SE NECESSÁRIO QUE nos debrucemos sobre a história negra para trazer em discussão aspectos dessa mesma história que têm sido, não tanto relegados a um segundo plano, mas simplesmente negados, como o caso do Egito, que é tido como uma civilização de origem branca, asiática ou europeia, e não de origem negro-africana. Se, ao considerá-la, ela é tida como proveniente de um "povo africano", não se pode dizer que com isso se verificou uma grande precisão.

Uma vez que nós, negros, somos deserdados culturalmente, é necessário que tomemos conhecimento da continuidade desse passado. Os egípcios eram, pois, negros, como os etíopes e todos os povos da África. Se o conhecimento que se tem do Egito vem a partir de Heródoto, este, quando aí chega, o Egito já havia perdido sua independência há um século, conquistado que havia sido pelos persas em 525 a.C., passando a ser dominado até fins do século XIX. Tendo sido berço de uma civilização por mais de 10 mil anos, destruído por todas as ocupações sucessivas, não terá mais qualquer

---

* Texto não publicado, localizado no acervo de manuscritos da Coleção Eduardo de Oliveira e Oliveira, na Unidade Especial de Informação e Memória da Universidade Federal de São Carlos (SP). Escrito em meados da década de 1970 como parte provável do trabalho de mestrado/doutorado em sociologia que o autor desenvolvia nessa época na USP. (N. O.)

papel político, mas não deixará de durante muito tempo iluminar os povos mediterrâneos. A civilização aí desenvolvida tinha a vantagem de se tornar um centro para o encontro de homens de todos os tipos e parte do mundo conhecido àquela época. Será a terra onde durante toda a Antiguidade clássica os povos mediterrâneos virão em peregrinação para se enriquecer nas fontes dos conhecimentos científicos, religiosos, morais e sociais. Desse contato é que vão evoluir para um desenvolvimento materialista e técnico, o que seria depois a civilização dos indo-europeus — os greco-romanos.[1]

Indubitavelmente a civilização egípcia é uma civilização negro-africana em seus primórdios e em sua linha principal de desenvolvimento, apesar de fortes influências de todas as partes da Ásia.

De que raça seriam os egípcios?

Certamente não seriam brancos como se quer, muito menos no sentido que se tem hoje de homem branco. Nem na cor nem na medida física; nem no cabelo nem na fisionomia; nem na língua nem nos costumes sociais.

Permaneceram em relação estreita junto à raça negra nos primeiros tempos, e, gradualmente, através da infiltração do Mediterrâneo e dos elementos semíticos, tornaram-se um tipo que compreendemos hoje como amulatado. Esse estoque variou constantemente: por infiltração de sangue negro do sul, por sangue negroide e semítico do leste, ou pelos tipos berberes do norte e do oeste.

O tipo negro pode muito bem ser reconhecido nos monumentos, assim como o tipo mulato, já mestiço.

Medidas de mensuração (compreendidas dentro de todas as suas limitações) mostram que de um sétimo a um terço da

Da não aceitação de um Egito negro   59

população de Tebas era negra, e que, do Egito pré-dinástico, menos da metade podia ser classificada como não negroide. Julgando pelas mensurações nas tumbas dos nobres até a 18ª Dinastia (1567-1320 a.C.), os negros formam pelo menos um sexto das classes altas. Assim, a história étnica do nordeste da África pode ter sido essa. O Egito pré-dinástico foi estabelecido por negros vindos da Etiópia, dos mais variados tipos, que se encontraram e se cruzaram com as raças invasoras do Mediterrâneo do Norte da África e da Ásia, e assim o sangue daqueles mais claros pôde descer ao sul, e o sangue dos mais negros subir ao norte. Há comprovações de que existiram sacerdotes negros em Creta, cerca de 3 mil anos antes de Cristo.[2]

Exemplos desses tipos mestiços podem ser reconhecidos nas faces de Rahotep e Nefert, de Kafra e Amenemhat I, de Aahmes e Nefertari, e mesmo na de Ramsés II.

Antes dos primeiros reinos de que se tem conhecimento, mais ou menos 5 mil anos antes de Cristo, existiu no Egito uma cultura e uma arte que surgiram de uma longa evolução desde os dias do homem paleolítico, entre um povo negroide diferenciado. Por volta de 4777 a.C., Aha-Mena começou o primeiro de três impérios egípcios sucessivos. Isso durou 2 mil anos, com muitos faraós, e entre eles Kafra, da 4ª Dinastia (2613-2494 a.C.), de traços acentuadamente negroides. No fim desse período, o império desmorona em partes egípcias e etíopes, para se observar um silêncio de três séculos.

Podemos conjecturar que uma incursão de negros conquistadores vindos do sul se espalhou pela terra nesses anos e dotou o Egito nos próximos séculos com monumentos nos quais o tipo negro característico é fortemente e triunfalmente impresso, sendo o exemplo mais significativo a Esfinge de Gizé, na atual cidade do Cairo.

"Seus traços são decididamente do tipo africano negro", diz um famoso intelectual e político da África ocidental,

> e com narinas largas. Se a Esfinge foi posta nesse local — olhando num silêncio majestático e misterioso por sobre a planície árida onde uma vez se encontrou a cidade de Mênfis em toda sua glória e orgulho, como uma "representação emblemática do rei" —, não é clara a inferência quanto ao tipo peculiar ou a raça à qual o rei pertencia?[3]

O Médio Império surgiu em 3064 a.C. e durou cerca de 24 séculos. Com segurança, pode-se dizer que, sob o reinado dos faraós negros Amenemhat I e II, e Usertesen I, as glórias antigas do Egito foram restauradas e mesmo superadas. Ao mesmo tempo que o império se consolidava, existiam pressões contínuas das tribos negras do vale do Alto Nilo, inspirando grande medo através de todo o Egito, mas foram subjugadas sob o triunfo de Usertesen III. Vencidas, elas foram confinadas à fronteira do deserto da Núbia, além da Segunda Catarata. Permanecendo aí, fundaram um Estado e a cidade de Nepata. Apesar dessa revolta contra as hordas negras, menos de um século depois um negro no sul, Ra Nehesi, ocupa o trono dos faraós, sendo então todo o império sacudido, e duzentos anos mais tarde começa a invasão dos hicsos, cujos reis, negroides da Ásia, permaneceram por cinco séculos.

A redenção do Egito do jugo desses invasores veio do Alto Nilo, liderada por Aahmes, também negro. Ele fundou em 1703 a.C. o Novo Império, que durou cerca de 1500 anos. A

Da não aceitação de um Egito negro 61

rainha era a famosa Nefertite, que com a morte do rei governa com seu filho Amenhotep I.

O Novo Império foi um período de conquistas estrangeiras e de esplendor interno, dando-se o final das disputas religiosas e deposições. Durante esses reinados, a Síria foi conquistada, e a civilização asiática e suas influências se espalharam pelo Egito. Tahutmes III, cujo reino foi dos maiores e de grandes acontecimentos na história do Egito, era pronunciadamente negro, da mesma forma que a rainha Hatshepsut, que entre outras façanhas mandou uma famosa expedição para reabrir o comércio com os hotentotes de Punt.

Mais uma torrente de sangue negro atravessa a linha real através da rainha Mutemua — isso por volta de 1420 a.C. —, cujo filho Amenhotep III é o responsável pela construção do templo de Luxor e do colosso de Mêmnon. O período de certa forma culmina com o grande Ramsés II, o opressor dos hebreus, que guerreia meio mundo.

Seu reino foi, entretanto, o começo do declínio, e o adversário começa a forçar o Egito a partir do norte, mais branco, e do sul, mais negro. O sacerdote transfere seu poder para Tebas, enquanto os assírios, sob o comando de Nimrod, invadem o Baixo Egito.

Os egípcios afirmavam que eles e sua civilização tinham vindo do sul e das tribos negras de Punt, e certamente, "nos períodos mais remotos em que as evidências humanas foram encontradas, o Egito e a Baixa Núbia atestam terem formado, racial e culturalmente, uma só terra".[4]

Heródoto, reconhecendo um Egito negro, informa de como a Grécia tomou daí todos os elementos de sua civilização — até o culto dos deuses —, e reconhece que o Egito é o berço da civilização. A mestiçagem da população primitiva com elementos brancos e nômades, comerciantes ou conquistadores, só foi importante na medida em que nos aproximamos do fim da história egípcia. Na Baixa Época, o Egito estava impregnado de colônias árabes, líbias, judias e babilônicas, e no século VII Psammétique leva ao máximo essa invasão pacífica, confiando a defesa do país a mercenários gregos. Em seguida à conquista de Alexandre, sob os Ptolomeus, a mestiçagem entre brancos e egípcios negros toma o aspecto de uma política de assimilação.[5]

Essa civilização começa a fenecer no século IV a.C. para dar lugar a dois novos fatores, o cristianismo e a invasão dos bárbaros, que vão interferir no terreno da Europa ocidental para dar início a uma civilização nova, que por sua vez herdará todos os progressos técnicos da humanidade, graças a contatos ininterruptos entre os povos — em que a base negra é substantiva, e para o que se vai encontrar suficientemente equipada no século XV para se lançar à descoberta de novos mundos. É assim que os portugueses tomam contato com a África atlântica desde 1410, estabelecendo desde então um contato que sangraria o continente africano e a partir do qual, no espaço de quatro séculos e meio, mais de 200 milhões de seus filhos foram daí dispersos e dizimados, num dos mais hediondos crimes acometidos pelo mundo ocidental e que muito contribuiu para o mito da incapacidade da África desenvolver seu próprio destino, e por extensão o próprio negro.

* * *

Da não aceitação de um Egito negro 63

- Que África encontraram eles?
- Quais eram as populações aí encontradas? Estavam lá desde sempre ou acabavam de emigrar?
- Qual era seu nível cultural, o grau de sua organização social e política, seu estado de civilização?
- Que impressão podiam eles fazer de suas capacidades intelectuais e de suas aptidões técnicas?
- Qual será a natureza das relações sociais que vão desde então existir entre a Europa e a África?

Movimentos políticos negros no início do século xx no Brasil e nos Estados Unidos*

O QUE NÓS VAMOS TENTAR FAZER aqui não é uma análise, mas uma tentativa de interpretação dos movimentos sociais e políticos norte-americanos e brasileiros na primeira metade do século xx, ou melhor, nas quatro primeiras décadas aproximadamente, sendo que o enfoque sobre o Brasil se restringe a São Paulo apenas.

Tomaremos como elemento básico para essa interpretação o conceito de negritude. Não entraremos em pormenores, pois alongaria por demais a explanação, já que para o que queremos caracterizar não é, substancialmente, relevante esmiuçá-lo. Entretanto, daremos uma pequena informação para que o conceito fique tanto quanto caracterizado, fugindo assim às interpretações impressionistas que o mesmo sofre entre nós.

A conceituação de negritude — quando se autodefine como tal — como conceito se dá em 1932, partindo a ideia e toda a formulação de Aimé Césaire (pensador martiniquense na época residente na França). A criação do mesmo

---

* Publicado originalmente como "Movimentos políticos negros no início do século xx no Brasil e nos Estados Unidos". In: Grupo de Trabalho André Rebouças (Org.), *Caderno de estudos sobre a contribuição do negro na formação social brasileira*. Niterói: ICHF/UFF, 1976, pp. 6-10. (N. O.)

Movimentos políticos negros no início do século XX   65

é sempre erroneamente atribuída a Léopold Senghor, que de maneira irônica, ao corrigir o equívoco, sempre recomenda: "É preciso dar a Césaire o que é de Césaire…". Diz Senghor [que] a palavra foi formada segundo as regras mais ortodoxas do francês: buscou-se em *-ité* (do latim *-itas*) e *-itude* (do latim *-itudo*), o que dava por conseguinte, em francês, *négritude* e *négrité*.[1] "Esses dois sufixos, empregados desde o baixo latim com a mesma significação, passaram a designar palavras abstratas tiradas de adjetivos. Exprimem, pois, a situação ou o estado, a qualidade ou o defeito, e a maneira de os exprimir."[2]

É partindo da definição de *latinité* (latinidade) — "maneira de escrever ou de falar o latim […], civilização latina, o espírito da latinidade —, é sobre esse modelo que se pode também definir a negritude: 'maneira de se exprimir do negro. Caráter negro. O mundo negro. A civilização negra'".[3]

O inventor da palavra assim a define: "a negritude é o simples reconhecimento do fato de ser negro, e a aceitação desse fato; do nosso destino de negro, de nossa história e de nossa cultura".[4]

Uma vez colocada e explicada a significação do vocábulo, vejamos como nós o concebemos para operacionalizá-lo. Tomamos a acepção sartriana — "A negritude, para empregar a linguagem heideggeriana, é o ser-no-mundo do negro".[5] "É o ser-para-si sartriano, na medida em que ambos os conceitos se relacionam com formas ontológicas de existência."[6] Para nós, negritude é então o nível de consciência limite no qual o negro alcança o nível de consciência em-si-para-si.

E é na busca ou legitimação desse nível de consciência que procuramos enfocar os dois movimentos. A partir da noção de ser-em-si-para-si, e não para outro, é que queremos compreender os dois movimentos. Não se trata, como já informamos, de uma análise, mas de uma caracterização.

Historicamente, a formulação do conceito se dá em 1932, por um grupo de negros de várias procedências — antilhanos, martiniquenses, haitianos, da Guiana Francesa, e negros africanos de expressão francesa. O que os leva a essa tomada de posição é o conhecimento, ou melhor, a informação do que se passa nos Estados Unidos. Através de leituras de poetas e romancistas norte-americanos como Langston Hughes, James Weldon Johnson, Richard Wright, e dos movimentos políticos e sociais, de caráter racial, de Marcus Garvey, tudo isso leva-os a traçar um panorama desses movimentos com o propósito de traçar uma teoria. Assim, em vista da definição de negritude que já exploramos, vamos detectar como marco primeiro dessa consciência — porém sem defini-la como tal — o Movimento de Niágara, como ficou conhecido, que teve lugar na cidade de Niagara Falls, Canadá,[7] liderado pelo filósofo W. E. B. Du Bois. A cidade canadense foi escolhida por estar de frente para Buffalo, na época tida como uma das cidades mais racistas do norte. Ali reuniram-se 29 homens de catorze estados da União norte-americana, fundando aí uma organização para o alcance dos direitos dos negros norte-americanos. Em suas soluções, advogavam liberdade de expressão, sufrágio universal masculino, abolição de distinções de castas baseadas em raça e cor, o reconhecimento dos princípios de irmandade humana e dignidade do trabalho e um esforço de união para realizar os alvos de uma nação onde os cidadãos fossem semelhantes.

Movimentos políticos negros no início do século XX 67

Entre outras coisas, postulavam que se devia transformar o negro tanto de dentro como de fora. Diziam: "Recusa-se ao negro, tratado como um sub-homem, uma parte de seus direitos em todos os domínios, trate-se de economia ou de política, de cultura ou de bem-estar social".[8] Propunham que a imagem do negro como uma criança retardada tinha que ser apagada da cabeça do branco.

Uma etapa subsequente a Du Bois, de grande significação e de grande repercussão, são os movimentos encabeçados por Marcus Garvey. Esse cidadão jamaicano, mas militante nos Estados Unidos, aonde chegou muito jovem,[9] havia declarado que o único futuro para o homem negro era voltar ao continente de onde seus ancestrais tinham vindo. Esse movimento atinge grande sucesso por volta de 1920 com a Garvey's Universal Negro Improvement Association. Pregando a glorificação da raça e da cor, convidava seus semelhantes a juntarem-se numa volta à África. Foi o conhecido movimento Back to Africa (não aconteceu — foi deportado para a Jamaica, morrendo em Londres em 1940). Em seu *Philosophy and of Marcus Garvey*, postula o seguinte:

Declaramos que a África deve ficar livre, e que a raça negra deve ser emancipada do cativeiro, dos trabalhos forçados e da servidão industriais. [...] Sofremos por trezentos anos; dessa forma, achamos que chegou o momento em que apenas aqueles que sofreram conosco podem interpretar nossos sentimentos e nosso espírito. [...] Estudiosos honestos da história podem lembrar o dia em que o Egito, a Etiópia e Timbuktu pairavam acima da Europa, acima da Ásia. [...] Por que, então, perdermos a esperança? Homem negro, você já foi grande certa vez [...] você forçará o mundo a respeitá-lo. [...] Eu tenho uma visão do futuro, e vejo o retrato de uma África redimida, com sua bela civilização [...]. Levantem-se, homens; saiam do lamaçal e empurrem suas esperanças até as estrelas.[10]

Paralelamente ao garveyismo (1918-28) os negros norte--americanos chamam a atenção mundial através do movimento, com base em Nova York, conhecido como Harlem Renaissance. Harlem tornara-se um centro que atraía negros vindos de outras partes dos Estados Unidos, que ali iam em um tipo de êxodo em busca de novas oportunidades no norte. Desse movimento nasce o que ficaria conhecido como a Negro Renaissance, que congregava aquele grupo de escritores e pensadores que seriam a inspiração primeira para a elaboração do que ficaria conhecido como Movimento da Negritude.

Assim, tendo a negritude nos movimentos norte-americanos sua fonte de inspiração, em que medida todos esses princípios conduziriam de forma convergente a um mesmo tipo de preocupações entre nós, para que o identifiquemos também como tal?

Vejamos ainda uma definição de negritude mais ampla para melhor compreendermos a sua incorporação à nossa caracterização: a negritude, lato sensu, é uma ideologia que se apoia sobre os valores do mundo negro, não só entre os negros da África, como entre os negros da diáspora, seja nos Estados Unidos, Antilhas, ou no Brasil. É um conjunto de valores dos povos negros, e a maneira do negro viver esses valores. Podemos encará-la historicamente:

a) como uma realidade objetiva e também, historicamente,

b) como uma atitude militante.

Movimentos políticos negros no início do século XX   69

Para Senghor, trata-se de um conceito de duas faces. Uma objetiva (uma cultura) e uma subjetiva (um comportamento). Interessa-nos aqui mais seu aspecto subjetivo, no nível do comportamento de seus portadores, com o que se coloca a problemática: "1. Existem para os negros problemas específicos pelo simples fato de que eles tenham a pele escura ou pertençam a uma etnia diferente da dos brancos ou amarelos?; 2. Quais são esses problemas e em que termos se apresentam?".[11]

Comentando manifestações de caráter ideológico entre os negros no Brasil (que nós identificamos como negritude), Fernando Henrique Cardoso adianta-nos (em *Capitalismo e escravidão no Brasil meridional*) que houve "até a formulação vaga de reivindicação da qualidade de africanos pelos negros de Porto Alegre e a identificação lírica com a África: 'A África, pátria de heróis como Menelik, dará ainda muito o que fazer ao orgulho dos brancos recalcitrantes' [...]". A nosso ver, tal qual a idealização de Marcus Garvey, apenas que isso aparece num jornal negro de Porto Alegre — *O Exemplo*, em 3 de novembro de 1895 —, e Marcus Garvey exaltaria a África 25 anos depois.

Esse fato, ademais de manifestações de garveyismo entre nós, corrobora nossa proposição do negro como um ser universal, em busca de soluções, que têm sua base num mesmo nível de identidade e que podem ser compreendidas através do conceito de negritude (nas Américas) como o seu questionamento em busca de uma integração nacional.

Não fosse isso e *O Clarim d'Alvorada* (jornal negro de São Paulo) não reproduziria em um tipo de fac-símile partes do jornal de Garvey, *Negro World*, não só propondo um movimento pan-negro, como insinuando, numa visão universal, uma união por uma luta racial, através do slogan "Negros de todo o mundo, uni-vos".

Em algumas tentativas feitas por nós para localizar o cerne que levaria os negros de São Paulo aos movimentos da década de 1920, tivemos informações um tanto quanto surpreendentes por parte de alguns dos elementos que atuaram àqueles tempos... Um informante adiantou-nos que o episódio Sacco e Vanzetti havia sensibilizado os negros a ponto de fazê-los questionar sua situação... Outro episódio, e isso parece-nos mais provável, adiantou-nos que os efeitos da guerra 1914-8, mais a repercussão no meio dos negros do caso Scottsboro — nove negros que são mortos nos Estados Unidos por serem acusados de violentarem mulheres brancas, quando fica provado que eram prostitutas —, comoveram profundamente alguns elementos negros de São Paulo que já tinham consciência de sua problemática no Brasil e no mundo, como negros.

Em 1929, o jornal *O Clarim d'Alvorada* tenta realizar o 1 Congresso da Mocidade Negra. Esse jornal, que, anteriormente, aparece com cunho literário, pouco a pouco vai tentando dar ao negro consciência de sua existência como grupo. Envia convites a vários intelectuais negros. De São Paulo apenas um responde — Arlindo Veiga dos Santos, que envia uma mensagem ao jornal, e, do Rio, Evaristo de Moraes, que envia uma carta dando adesão ao congresso. O congresso, porém, não se realiza.

A Revolução de 1930 traz novas esperanças ao negro com o desmantelamento das oligarquias, sobretudo em vista do que se passara na crise de 1929. Diz um informante: "Na fase revolucionária os negros estavam contentes... Podia mesmo ser observado, entre eles, um espírito vingativo: a satisfação

Movimentos políticos negros no início do século XX 71

de ver aqueles velhos homens da política perderem a posição dominante". Mas, a partir de então, a "não concretização das esperanças que os negros depositavam na revolução vai dar um conteúdo novo a esses movimentos". É nessas condições que surge a Frente Negra Brasileira:

> O fundo psicológico, que permitiu a pronta aceitação desse movimento e o entusiasmo com que os negros aderiram a ele, liga-se ao fato de que o negro estava cansado de viver numa situação de descaso e de ser visto sempre, em suas aspirações e anseios, a partir de um falso sentimentalismo, mais do que prático, pelos homens de responsabilidade pública, historiadores e sociólogos.[12]

A Frente Negra Brasileira é fundada em 16 de setembro de 1931 para, através de um programa de arregimentação em massa, desenvolver ramificações por todo o país. Realiza um programa de educação e politização dos negros através de reuniões cívicas e, posteriormente, de um jornal intitulado *A Voz da Raça*.

A Revolução de 1932 vem abalar a estrutura dessa associação. Ela não toma partido na revolução. Um grupo se desliga para fundar a Legião Negra de São Paulo, com a finalidade de apoiar os revoltosos paulistas, encabeçada por Guaraná Santana, que havia pertencido à Frente Negra Brasileira e que já antes da Revolução de 1932 a deixara para fundar um partido político (de curta duração) de nome Partido Radical Nacionalista.

A Frente Negra Brasileira congrega, inicialmente, todos os grupos existentes no meio negro. Com o tempo, sua orientação foi descontentando alguns grupos que a integravam, provocando o desligamento deles.

No clima de abatimento moral posterior à Revolução de 1932, a Frente Negra volta à atividade fundando o jornal *A Voz da Raça*. Nessa ocasião, sai um grupo que forma a Frente Negra Socialista, sem grandes consequências.

A Frente Negra Brasileira registra-se como partido político em 1934, causando o pedido de discussões no Tribunal[13] sobre sua constitucionalidade, acabando aceito. Acredita-se ter sido o primeiro partido de âmbito nacional (antes, quiçá, da Ação Integralista Brasileira). De 1931 a 1937, contava em São Paulo com mais de 60 mil filiados, sendo que apenas um décimo tinha condições para pagar uma mensalidade mínima. Quando apresentam um candidato para a esfera nacional, a maioria de seus eleitores não estava registrada. O golpe de 1937 a fecha. Transforma-se em União Negra Brasileira em 1938, para não muito mais tarde diluir-se no rol dos acontecimentos.

PARTE II

Estudos

Ideologia racial: Estudo de relações raciais*[1]

Introdução bibliográfica

Se fizermos um levantamento dos estudos de relações de raça entre negros e brancos no Brasil, vamos encontrar sua origem entre os mais diversos níveis de preocupações. Desde um Joaquim Nabuco ou de um Euclides da Cunha; de um Oliveira Viana ou de um Rui Barbosa; de um Perdigão Malheiros ou de um Sílvio Romero, até depararmos com a contribuição inestimável de Nina Rodrigues, que estabelece uma posição criteriosa e científica (se bem que discutível), médico-legista que era, abordando o negro apenas de uma perspectiva sociopatológica, mas com isso abrindo caminho, cremos, para um interesse e posições bem mais orientadas e definidas — facultando o surgimento de um Gilberto Freyre ou de um Arthur Ramos, sendo que este, discípulo do mestre, pretende dar continuidade à sua obra, o que realmente fez.

Esses trabalhos, entretanto, não obedeciam a uma orientação sistemática. Após a Segunda Guerra Mundial, e tudo por ela suscitado, a Unesco, em vasto programa desenvolvido para

---

* Projeto de mestrado apresentado ao Programa de Pós-Graduação em Sociologia da USP, em 1971, localizado no acervo de manuscritos da Coleção Eduardo de Oliveira e Oliveira, na Unidade Especial de Informação e Memória da Universidade Federal de São Carlos (SP). (N. O.)

o conhecimento das tensões raciais e sociais no mundo moderno, teve no Brasil a nação escolhida para um estudo da situação de contato entre grupos diversificados, particularmente entre negros e brancos, partindo do pressuposto da existência de uma democracia racial vigente na sociedade brasileira.

Ao interesse preexistente somou-se não só a oportunidade como a possibilidade para o desenvolvimento de um trabalho dessa natureza. O resultado, bem diferente da hipótese ventilada por aquela instituição, está retratado nos trabalhos de L. A. Costa Pinto, Roger Bastide e Florestan Fernandes, Thales de Azevedo, Oracy Nogueira, o que vem estimular o interesse pelo problema, dando nascimento a uma série de novos trabalhos — como os de Octavio Ianni e Fernando Henrique Cardoso ou João Baptista Borges Pereira, entre outros — que têm no negro a fonte de suas preocupações e com o que, em vista de um caráter norteador desde então observado, constituíram-se no que podemos considerar como Escola Sociológica Paulista.[2]

Em sua maioria, esses trabalhos tentam ressaltar a situação do negro na família, no intercasamento; ou diante do trabalho ou da profissionalização. Ou o negro diante das atividades lúdicas, em especial o futebol, ou, como mais recentemente, sua presença na radiodifusão, conforme o trabalho já citado de João Baptista Borges Pereira, *Cor, profissão e mobilidade: O negro e o rádio de São Paulo.*

Todos eles, em maior ou menor escala, subentendem, implícita ou explicitamente, a caracterização de uma ideologia racial, do negro e do branco. Acreditamos que esses temas merecem ser reexaminados, desenvolvidos, reformulados e integrados numa tentativa de interpretação do negro brasileiro.

Ideologia racial: Estudo de relações raciais 77

O problema da ideologia do negro brasileiro, altamente sugestivo, merece uma atualização em sua investigação. Um número significativo de cientistas, em sua maioria brancos (se não racial, pelo menos socialmente), tem abordado o problema entre nós. Serão seus impulsos e níveis de preocupações os mesmos de um negro?

Não descurando do absoluto critério de "objetividade" da parte do cientista, perguntamo-nos se a experiência de vida de um e de outro pode oferecer uma ótica diferente. Lembramo-nos aqui da polêmica entre Frazier (negro) e Herskovits (branco).[3]

É nosso objetivo, enquanto negro — partindo da premissa de que os negros têm perguntas a fazer, para as quais aguardam respostas (para a compreensão e orientação de seu destino dentro da ordem social competitiva), através de sua percepção, que "é antes um subproduto, um derivativo da estrutura das relações humanas" —,[4] traçar um perfil de sua ideologia racial, em face das relações que norteiam o comportamento dos dois grupos étnicos na sociedade brasileira.

Objetivos do trabalho

Com apoio na bibliografia mencionada, e particularmente nas obras de Roger Bastide e Florestan Fernandes, partimos da hipótese de que o negro brasileiro não tem uma ideologia racial definida, através da qual pretenda integrar-se na ordem social competitiva, mas sim uma *contraideologia*.

Por contraideologia entendemos a

absorção dos modelos de organização do comportamento, da personalidade e dos grupos sociais existentes na sociedade inclusiva. [...] Impulsão para absorver os padrões de vida dos "brancos" e, através deles, redefinir a posição do "negro" na estrutura social e as imagens negativas que circulam a seu respeito.[5]

Entretanto, conforme nossa experiência tem demonstrado, seja através de leituras, de pesquisas ou de trabalho junto a grupos negros na cidade de São Paulo, o negro brasileiro está em busca de uma definição, que pode ser ideológica, que responda a seus anseios de representatividade ao nível da estrutura social, política e econômica de nossa sociedade, como também a seus ideais de organização da personalidade.

Para uma melhor compreensão dos problemas que queremos abordar, parece-nos necessário buscar num contexto histórico-social sua gênese. Para tanto, reportamo-nos ao regime escravocrata, onde pensamos o negro em dois níveis de consciência (sempre em busca de um sistema de representações):

1. *A consciência de escravo*, quando, assim entendemos, por ocasião da desagregação do regime servil, na década de 1880, "o movimento abolicionista ganhou sua feição revolucionária, que se fez ouvir o 'protesto negro', 'o não quero' dos escravos. A agitação abolicionista havia atingido as camadas populares e as próprias senzalas, conferindo aos escravos, nos derradeiros anos da existência do regime, uma ação decisiva no solapamento da ordem vigente"; mas, "passados os momentos de 'loucura da liberdade', muitos dos libertos pretenderam retornar às antigas fazendas".[6]

Ideologia racial: Estudo de relações raciais

2. *A consciência de liberto*, quando os negros procuram fugir à marca racial que possa identificá-los socialmente com o trabalho servil.

> Essa nova concepção de status e papéis animava, pelo que parece, duas tendências contraditórias de comportamento. De um lado, alimentava ela uma atitude de reação latente à associação entre a cor da pele e uma situação social degradante. Mas, de outro, sublinhava a excelência dos valores da camada racial dominante, à medida que os transformava em símbolos de dignidade e de independência, e desencadeava sentimentos de inferioridade, que compeliam as pessoas de cor, livres a evitar o convívio com os brancos e a submeter-se às suas expectativas de comportamento. [...]. O respeito às expectativas de comportamento dos brancos fazia [com] que eles se mantivessem, em regra, "no seu lugar".[7]

No primeiro momento — consciência de escravo —, entendemos o negro como "objeto", resultado de um processo de coisificação. No segundo — consciência de liberto —, já como "sujeito", mas cuja ação é totalmente moldada a partir do exterior, e a insatisfação manifesta contra a ordem social vigente não encontra meios de expressão.

É a partir desses dois dados, e para melhor podermos situar o negro ao alcance de nossas preocupações, as quais estão voltadas para o momento presente, que destacamos ainda três fatores que consideramos relevantes e que vão orientar o seu comportamento em busca de uma ideologia:

- A abolição da escravatura, que representa um marco na história social do negro, não só com a desagregação do regime servil, mas também com sua equiparação coletiva, do ponto de vista jurídico-político, aos demais cidadãos brasileiros;

- A Primeira República;
- As transformações que se operavam na estrutura da sociedade paulistana, na passagem de uma sociedade de castas para uma sociedade de classes.

O trecho seguinte elucida convenientemente o que queremos caracterizar:

O rápido crescimento da cidade e a vigorosa expansão das indústrias criaram, no entanto, novas perspectivas de ascensão dos indivíduos de cor na vida econômica geral. As duas tendências mais significativas, nesse sentido, dizem respeito às pressões da economia urbana no aproveitamento e valorização da mão de obra nacional e à modificação da mentalidade econômica dos indivíduos de cor. Depois de 1930, e em particular durante a Segunda Grande Guerra, São Paulo conheceu uma fase de desenvolvimento sem paralelo na história econômica dos países latino-americanos. [...] Os indivíduos de cor partilharam, naturalmente, das oportunidades de colocação e de profissionalização abertas à mão de obra nacional.[8]

A supormos como verdade o que acabamos de expor, perguntamo-nos então por que as mudanças econômicas observadas nos últimos anos não alteraram essencialmente a situação do elemento negro na organização econômica da cidade, tendo ele permanecido nos status ocupacionais financeira e socialmente menos compensadores.

Ideologia racial: Estudo de relações raciais 81

Semelhante distribuição das ocupações reflete a persistência das barreiras que distinguiam socialmente os representantes das duas raças?

Planejamento do trabalho

Com apoio no alcance que uma análise das raízes históricas dos momentos considerados como de conscientização do negro brasileiro possa nos oferecer — para verificarmos se "no passado como no presente, os modos dominantes de pensamento são suplantados por novas categorias quando a base social do grupo, de que são características essas formas de pensamento, se desintegra ou se transforma sob a pressão da mudança social" —,[9] tomaremos como modelo operacional dois conceitos por nós selecionados: o de *negridade* e o de *negritude*.

A ideia de operarmos com um conceito — ainda por ser desenvolvido — a que chamamos de *negridade*, em contraposição a *negritude*, já universalmente reconhecido, surgiu-nos de um trecho do "Manifesto à gente negra brasileira", de Arlindo Vieira dos Santos, presidente da Frente Negra Brasileira, datado de 2 de dezembro de 1931, época em que o movimento social do meio negro estava no ápice, que conclamava o seguinte: "A nossa história tem sido exageradamente deturpada pelos interessados em esconder a face histórica interessante ao negro, aquilo que se poderia dizer a 'negridade' da nossa evolução nacional".[10]

Entendemos, pois, a negridade como um momento de desalienação do negro, mas tendo como modelo o branco.

Momento anterior à negritude, como a consideramos, ela não se apresentaria enquanto uma ideologia, mas sim enquanto uma *contraideologia*.

Ela representa o produto dinâmico da absorção dos valores em que se assenta a ordem legal (e, por conseguinte, o próprio estilo de vida dos "brancos") pelo "negro". [...] Não era um fim em si mesmo nem o alvo supremo, perseguido conscientemente como tal. [...] Sob todos os aspectos, estamos diante de uma contraideologia, construída para minorar as frustrações psicossociais de uma categoria racial e, eventualmente, para auxiliá-la na luta direta pela modificação rápida do statu quo.[11]

Isso nos induz a indagar se teriam sido os movimentos sociais dos meios negros as primeiras tentativas para a correção das contradições entre um substrato legal e uma realidade social.

Esses movimentos, que tiveram início em 1927 e se estenderam, mas já de forma incipiente, até 1938, e que têm para nós conotações de negridade, representariam o germe incipiente de uma passagem à negritude, não tivesse o advento do Estado Novo esvaziado todo um processo de arregimentação da população de cor que então se verificava?

Sabemos que, entre as várias organizações que se congregavam em torno do movimento negro, destacava-se a Frente Negra Brasileira, com 200 mil filiados, número surpreendente se endossamos a tese de que o negro brasileiro se caracteriza por uma não solidariedade grupal.

Diante das pressões oferecidas,

Ideologia racial: Estudo de relações raciais 83

faltava à "população de cor" o necessário suporte material e moral: recursos econômicos, sociais e culturais. Se eles existissem numa escala razoável, os movimentos teriam adquirido outra vitalidade e, talvez, tomassem outra direção, colocando com maior clareza os dois tipos de alvos perseguidos: 1) a desagregação completa da antiga ordem racial; 2) a absorção do "negro", em condições de igualdade econômica, social e política, na sociedade de classes.[12]

Por conseguinte, a concepção do mundo e da história que [os movimentos] iriam difundir trazia consigo a marca da "negridade" — ou seja, uma compreensão do passado, do presente e do futuro coerente com a perspectiva social e com os anseios de justiça da "gente negra". Pode-se dizer que eles não foram tão longe quanto prometiam, como fontes de uma nova concepção do mundo e da história.[13]

É, pois, essa concepção de mundo e da história que nos cumpre conhecer. As possibilidades de ascensão do negro estavam sujeitas à habilidade de identificação com o branco. Seria o seu momento *para o outro*, segundo a concepção sartriana de *pour-autrui*.[14]

E que entendemos por negritude?

Por negritude entendemos o "conjunto de valores culturais do mundo negro, tal como se exprime na vida, nas instituições e nas obras dos negros. A personalidade negra africana".[15]

Esse conceito tem sido amplamente discutido, reformulado e tomado mesmo distintos matizes desde sua primeira enunciação, proposta pelo intelectual martiniquense Aimé

Césaire, lá pelos anos de 1930, e sofreu uma evolução através de Léon Damas e de Léopold Sédar Senghor. A negritude se define em vários níveis. Como "um complexo de comportamentos raciais", como "instrumento potencial de uma libertação", pela "afirmação essencial de uma cultura negra"[16] no nível psicossocial e com consequentes manifestações artísticas, a começar pelo estilo literário.

Pressupõe a negação da ideologia da classe dominante, seus valores, seus esquemas de referência, seus padrões estéticos, fazendo da cultura um dos elementos mais importantes para a autodeterminação. Postula que "a cultura é a base de todas as ideias, imagens e ações. Mudar é mudar culturalmente, isto é, por um conjunto de valores dados a você pela sua cultura".[17]

Esse estágio pressupõe ou não um grupo majoritário e inteligente ("inteligente" no sentido de consciente ao nível de categoria racial) capaz de desenvolver-se em intelligentsia?

Poderemos entender neste momento, ao nível da consciência do grupo, como o *para-si*, ainda segundo Sartre, o *pour-soi*?[18]

O material de que dispomos e os elementos por nós observados levaram-nos às especulações aqui formuladas; além disso, diversos fatos, dos quais damos ciência neste projeto, vêm corroborar nossas observações de que o negro, atualmente, na cidade de São Paulo, desenvolve mecanismos de ajustamentos que põem *em questão* a sua pessoa, na dinâmica das relações raciais, mecanismos que podemos pensar em termos de negridade e negritude.

Passamos a enumerar alguns dos dados que consideramos significativos para nossas proposições:

Ideologia racial: Estudo de relações raciais 85

1. Nos últimos três anos fomos espectadores de duas festas "Calouro Negro".

   À primeira delas, em 1969, compareceram cinquenta calouros, que vinham receber da comunidade negra não só os parabéns como os votos de estímulo por esse ato, visto pelo grupo negro como um feito heroico e digno de ser reconhecido como importante.

   Foi a seguinte a proporção de candidatos negros no vestibular nas universidades de São Paulo naquele ano: 1% dos inscritos para ciências médicas, 3% para engenharia, 10% para economia, 25% para direito, 15% para letras e 12% para serviço social.

   Em 1970, 4% para engenharia, 2% para psicologia, 15% para letras, 18% para pedagogia, 15% para serviço social, 20% para direito, 15% para economia, 2% para biblioteconomia, 5% para administração de empresas e 2% para educação física.

   Essas informações foram obtidas através da organizadora da festa, que a fez em nome da Associação Filantrópica Cultural Recreativa do Negro, que a promove "para estabelecer um entrosamento, um melhor conhecimento e provocar o incentivo no negro para esse tipo de aspirações".

2. Conforme informações fornecidas pelo deputado federal Adalberto Camargo, negro, de 1996 a 1970 foram eleitos no estado de São Paulo os seguintes representantes negros, por significativa parcela do eleitorado negro:
   1966: Adalberto Camargo, deputado federal por São Paulo
   1968: 48 vereadores
   1970: Adalberto Camargo, deputado federal por São Paulo
   1970: Theodosina Ribeiro, deputada estadual

3. O mesmo deputado Adalberto Camargo pretende estabelecer o Dia do Afro-Brasileiro, para o que já entrou com um projeto na Câmara Federal.

4. Atualmente a capital de São Paulo conta com as seguintes associações negras: União Filantrópica Cultural Recreativa do Negro Brasileiro; Casa da Cultura Afro-Brasileira; Clube 220; Grêmio Recreativo Coimbra; Associação Cultural do Negro; Casa Laura Camargo.

5. Entre grande número de declarações aparecidas na imprensa que sugerem atitudes manifestas de conscientização de um grupo minoritário em busca de uma identidade — identidade que pode ser encontrada através de um "valor" que possa ser atribuído ao negro social e culturalmente — destacamos as seguintes:

- *Jornal Shopping News*, 21 mar. 1971
Com referência à inauguração da sede própria do Aristocrata Clube, clube esse só para negros, nos moldes do Clube de Campo Santa Paula e Paineiras do Morumbi, o seu presidente faz a seguinte declaração:

"Hoje o 'Ari' não é apenas uma agremiação de negros, como tantas que existiram ou existem pelo Brasil. É principalmente um clube que serviu para desenvolver e preservar a raça negra em toda sua potencialidade. O Aristocrata não mais reúne só a chamada 'velha guarda'. Agora com a inauguração de sua praça de esportes da estrada Bororé, nº 4800, a juventude negra também aflui em massa. Rapazes e moças, todos os fins de

Ideologia racial: Estudo de relações raciais

semana, tomam de assalto as duas piscinas, na sede de campo, em Santo Amaro. O presidente da entidade, Raul dos Santos, promete que, até o fim do ano, as quadras de basquete, vôlei, futebol, tênis e o 'playground' estarão em funcionamento.

Desse modo será mais fácil integrar o negro nas nossas modalidades esportivas. Quem sabe, dentro de algum tempo, não surgirá um outro Adhemar Ferreira da Silva ou um outro Pelé? Se essa moçada continuar mantendo o mesmo nível dos associados do Aristocrata, certamente muita coisa boa há de vir. Se, hoje, existem uma Theodosina Ribeiro (deputada estadual mais votada), uma Iracema de Almeida (médica), um Adalberto Camargo (reeleito deputado federal) e Augusto Pereira Júnior (advogado), é possível que, dentro em breve, toda essa rapaziada nas universidades aumente sensivelmente e o Aristocrata venha a transformar-se em um dos grandes clubes do Brasil."

No dia da inauguração da praça de esportes foi exatamente esse o apelo do presidente. O Aristocrata já é uma grande agremiação, mas precisa crescer mais antes de chegar às próximas gerações. E é para tanto que os seus dirigentes tentam conduzir o negro ao seu maior projeto da sociedade. Há ainda quem diga que existem negros de alma branca. Como se isso fosse privilégio de branco. Agora os tempos são outros. E como desde o início de nossa civilização tivemos necessidade do elemento negro, de agora em diante essa carência vai acentuar-se cada vez mais, porque ele já faz parte, quer queiram quer não, do espírito brasileiro.

- "Concurso Boneca do Café", *Última Hora*, 16 maio 1968
O Concurso Boneca do Café tem no fundo o seu aspecto so-

cial: a integração do negro na sociedade dos brancos, segundo o presidente do clube promotor do certame [...]. A candidata tem que ser da cor do café, símbolo do concurso [...]. Dessas mãos (negras) surgiu o sustentáculo da economia do Brasil, a cultura do café. Eis a razão do nome do certame. Sua estória começou em 1961: nos concursos de beleza somente o leite tinha vez. Nessa ocasião, o Clube 220 resolveu realizar um concurso para negros. O objetivo principal era mostrar que também tínhamos nossos padrões de beleza.

- *O Estado de S. Paulo / Jornal da Tarde*, 18 fev. 1971, entrevista de um sambista carioca na semana de carnaval
Aos quarenta anos, Tijolo não se considera um sambista realizado. Por uma simples razão: nas muitas viagens que fez ao exterior, a partir de 1955, com Carlos Machado e outros conjuntos de samba, não visitou nenhum lugar da África, terra dos seus avós. (Ele é um estudioso das coisas africanas.)

- "Ser negro, a questão", *Veja*, 13 jan. 1971, declaração do sr. Raul dos Santos, diretor do Aristocrata Clube
"Não adianta pensar simplesmente em abrir a mentalidade dos brancos. Temos que mudar é a nossa mentalidade. Em suma, os negros devem organizar-se economicamente, adquirir hábitos de poupança", e ele insiste, "deixar de ser unicamente empregados para tornar-se patrões. Uma filosofia como a do Black Capitalism nos Estados Unidos, movimento que não aceita a violência do Black Power. Não podemos mais pedir", completa Raul. "Precisamos entender que só com esforço, muito esforço, teremos nosso direito de exigir."

Ideologia racial: Estudo de relações raciais 89

Estará desaparecendo uma certa ambivalência (ideológica) manifesta na flutuação entre o racismo puro — orgulho da cor — e o sentimento de inferioridade, que levaria à imitação do branco?

A assimilação dos negros às classes sociais estará favorecendo a emergência de atitudes e de movimentos de inconformismo contra as manifestações de preconceito de cor e a discriminação social e econômica com base na cor?

O que estaria contribuindo para essa elaboração?

Os meios de comunicação seriam veículos condutores de informações capazes de alterar os mecanismos de acomodação dos grupos, introduzindo um tipo de ideologia norte--americana, inclusive de que o negro é belo?

Esses fatos, e tantos outros — como a existência de elementos negros colaborando em associações negras, na informação do papel do negro na história do Brasil e sua representação no mundo —, fazem com que nos questionemos se, na busca de uma ideologia, não estará ele construindo uma consciência histórica com a qual poderá tornar-se o próprio agente de seu destino.

No que concerne à metodologia, tomaremos por base os cientistas que lidaram com o problema de ideologia, como Karl Marx, Karl Mannheim, Georg Lukács, Lucien Goldmann, e mais recentemente Louis Althusser e Nicos Poulantzas, como também, caso nos pareçam aplicáveis ao nosso nível de análise, as abordagens da semiologia no campo da ideologia, através dos sistemas de "conotação" e "denotação".[19]

A coleta de dados será realizada através de fontes escritas como jornais, revistas, anúncios de jornal e parte da literatura existente que possa ser objeto de pesquisa; entrevistas formais e informais, em profundidade; histórias de vida, questionários; e também através da observação participante, e eventualmente da aplicação dos seguintes testes projetivos:

- "Figuras humanas", de Machover
- Rorschach
- Árvore de Koch
- Relações objetais

É de nossa expectativa poder desenvolver o trabalho no prazo de dois anos, dispondo do nosso tempo da seguinte forma:

- cinco meses para formular os instrumentos de pesquisa e organizar o material empírico, já localizado em São Paulo;
- seis meses para fazer entrevistas de campo (com aplicação de questionários e colóquios);
- cinco meses para aplicação e interpretação dos textos projetivos;
- e os oito meses restantes para análise do material e redação final.

Quanto a recursos, não dispomos de qualquer recurso financeiro; entretanto, dispomos de material humano disposto a colaborar, pertencentes a clubes e associações negras de São Paulo, com quem mantemos contato, além de servirmos diretamente à Associação Cultural do Negro, com sede no bairro da Casa Verde.

Parafraseando o professor Florestan Fernandes, esperamos que nossas atividades enquanto "homem de ação" possam contribuir para a efetivação do "homem de ciência".

Ideologia racial: Estudo de relações raciais

Bibliografia sumária

ALTHUSSER, Louis. *Análise crítica da teoria marxista*. Rio de Janeiro: Zahar, 1967.

AUSTREGÉSILO, Antônio. "A mestiçagem no Brasil como fator eugênico". In: Gilberto Freyre (Org.). *Novos estudos afro-brasileiros*. Rio de Janeiro: Civilização Brasileira, 1937 [1934]. pp. 327-33.

AZEVEDO, Thales de. *Civilização e mestiçagem*. Salvador: Progresso, 1951.

_____. "Estereótipos sobre pretos na Bahia". Comunicação ao II Congresso Latino-Americano de Sociologia. Rio de Janeiro, 1953.

_____. *As elites de cor: Um estudo de ascensão social*. São Paulo: Companhia Editora Nacional, 1955.

_____. "Comportamento verbal e efetivo para com os pretos na Bahia". In: *Ensaios de antropologia social*. Salvador: UFBA, 1959. pp. 141-58.

_____. *Cultura e situação racial no Brasil*. Rio de Janeiro: Civilização Brasileira, 1966.

BASTIDE, Roger. "Structures sociales et religions afro-brésiliennes". *Renaissance*, n. 2/3, pp. 12-9, 1945.

_____. "Dans les Amériques noires: Afrique ou Europe?". *Annales*, v. 3, n. 4, pp. 409-26, 1948.

_____. "Naissance de la poésie nègre au Brésil". *Présence Africaine*, n. 7, pp. 215-25, 1949.

_____. "A imprensa negra no estado de São Paulo". *Estudos Afro-Brasileiros. Boletim de Sociologia*, n. 2, 1951.

_____. "L'Islam noir au Brésil". *Hespéris*, v. 39, pp. 373-82, 1952.

_____. *Sociologie du Brésil*. Paris: Centre de Documentation Universitaire, 1956.

_____. "Race Relations in Brazil". *International Social Science Bulletin*, Paris, Unesco, v. 9, n. 4, pp. 495-512, 1957.

_____; RAVEAU, François. "Variations sur le Noir et le Blanc". *Revue Française de Sociologie*, v. 4, n. 4, pp. 387-94, 1963.

BICUDO, Virgínia Leone. "Atitudes raciais de pretos e mulatos em São Paulo". *Sociologia*, v. 9, n. 3, pp. 195-219, 1947.

BRITTO, Eduardo. "Levante de pretos na Bahia". *Revista do Instituto Geográfico e Histórico da Bahia*, v. 10, n. 26, pp. 88-94, 1903.

CARDOSO, Fernando Henrique. *Capitalismo e escravidão no Brasil meridional: O negro na sociedade escravocrata do Rio Grande do Sul*. São Paulo: Difel,1962.

CARDOSO, Fernando Henrique; IANNI, Octavio. *Cor e mobilidade social em Florianópolis: Aspectos das relações entre negros e brancos numa comunidade do Brasil Meridional*. São Paulo: Companhia Editora Nacional, 1960.

CARNEIRO, Edison. "Situação do negro no Brasil". In: Gilberto Freyre (Org.). *Estudos afro-brasileiros: Trabalhos apresentados ao I Congresso Afro-Brasileiro do Recife*. Rio de Janeiro: Ariel, 1935. pp. 331-4.

DOLLARD, John. *Caste and Class in a Southern Town*. Nova York: Doubleday, 1949.

FERNANDES, Florestan. *A integração do negro na sociedade de classes*. São Paulo: Dominus/Edusp, 1965.

_____; BASTIDE, Roger. *Brancos e negros em São Paulo*. São Paulo: Companhia Editora Nacional, 1959.

FREYRE, Gilberto. *Casa-grande & senzala*. 2 v. Rio de Janeiro: José Olympio, 1952.

GOLDMANN, Lucien. *Recherches dialectiques*. Paris: Gallimard, 1959.

GRAMSCI, Antonio. *Oeuvres choisies*. Paris: Éditions Sociales, 1959.

HERSKOVITS, Melville J. *The Myth of the Negro Past*. Nova York: Harper & Brothers, 1941.

_____. "The Southernmost Outpost or New World Africanisms". *American Anthropologist*, New Series, v. 45, n. 4, Part I, pp. 495-510, out./dez. 1943.

_____. "Pesquisas etnológicas na Bahia". *Publicações do Museu da Bahia*, n. 3. Salvador: Secretaria de Educação e Saúde, 1943.

IANNI, Octavio. *As metamorfoses do escravo*. São Paulo: Difel, 1962.

_____. *Raças e classes sociais no Brasil*. Rio de Janeiro: Civilização Brasileira, 1966.

LEITE, José Correia. "O alvorecer de uma ideologia". Trabalho publicado na série *Cultura Negra*, pela Associação Cultural do Negro.

LUKÁCS, Georg. *Histoire et conscience de classe: Essais de dialectique marxiste*. Paris: Les Éditions de Minuit, 1960.

MANNHEIM, Karl. *Essays on Sociology and Social Psychology*. Londres: Routledge & Kegan Paul, 1953.

_____. *Ideologia e utopia*. Porto Alegre: Globo, 1956.

MARX, Karl; ENGELS, Friedrich. *L'Idéologie allemande*. Paris: Éditions Sociales, 1957.

MERLEAU-PONTY, Maurice. *Humanisme et terreur*. Paris: Gallimard, 1947.

NASCIMENTO, Abdias. *Dramas para negros e prólogo para brancos*. Rio de Janeiro: Teatro Experimental do Negro, 1961.

Ideologia racial: Estudo de relações raciais

PIERSON, Donald. "A composição étnica das classes na sociedade baiana". *Revista do Arquivo Municipal*, São Paulo, ano 7, v. 76, pp. 305-24, 1951.

_____. "O preconceito racial segundo o estudo de situações sociais". *Sociologia*, v. 13, n. 4, pp. 305-24, 1951.

POULANTZAS, Nicos. *Pouvoir politique et classes sociales*. Paris: François Maspero, 1971.

RAMOS, Arthur. *O negro brasileiro*. São Paulo: Companhia Editora Nacional, 1940.

_____. *A aculturação negra no Brasil*. São Paulo: Companhia Editora Nacional, 1942.

_____. *O negro na civilização brasileira*. Rio de Janeiro: Casa do Estudante do Brasil, 1956.

RIBEIRO, René. "Africanos: Seus desenvolvimentos e catolicismo no Brasil". *Cadernos Brasileiros*, v. 10, n. 47, pp. 111-8, 1968.

RODRIGUES, Nina. *Os africanos no Brasil*. São Paulo: Companhia Editora Nacional, 1935.

SARTRE, Jean-Paul. *Critique de la raison dialectique*. Paris: Gallimard, 1962.

VIANNA, Oliveira. *Raça e assimilação*. São Paulo: Companhia Editora Nacional, 1934.

WAGLEY, Charles. *Races et classes dans le Brésil rural*. Paris: Unesco, 1952.

WILLEMS, Emílio. "Race Attitudes in Brazil". *The American Journal of Sociology*, Chicago, v. 54, n. 5, pp. 402-8, 1949.

Relatório para renovação de bolsa da Fundação de Amparo à Pesquisa do Estado de São Paulo, seguido de Relatório intermediário*

Ideologia racial: Estudo de relações raciais

Introdução

Tendo obtido da Fapesp a Bolsa de Aperfeiçoamento I, para o período que vai de janeiro de 1972 a dezembro de 1972, vem o bolsista solicitar a renovação da mesma ao final deste, por mais doze meses, o que corresponde ao período que vai de janeiro de 1973 a dezembro de 1973, prazo dentro do qual o bolsista pretende terminar seus trabalhos, conforme consta da programação de seu projeto, sob número "Processo — Humanas e Sociais — 71-786".

Conforme aquele projeto de pesquisa, intitulado "Ideologia racial: Estudo de relações raciais", o bolsista se propõe a estudar o negro na cidade de São Paulo, num período que

---

* Relatórios de pesquisa de mestrado em sociologia na USP apresentados pelo autor à Fapesp, em 1972, localizados no acervo de manuscritos da Coleção Eduardo de Oliveira e Oliveira, na Unidade Especial de Informação e Memória da Universidade Federal de São Carlos (SP). (N. O.)

Relatório para renovação de bolsa

vai de 1900 a 1972, tomando 1900 não arbitrariamente, mas como um marco de transformações sociais, políticas e econômicas, com a recente abolição, a proclamação da República e em particular o elemento negro egresso do trabalho servil emergindo como cidadão, num cenário como a cidade de São Paulo, fadada a tornar-se o centro de decisões da nação.

Partimos da premissa de que a *servidão negra* foi um fenômeno singular ou *Gestalt*, "cujas variações foram menos significantes do que os padrões subjacentes de unidade";[1] de que a *escravidão negra* no Novo Mundo não foi uniforme e estática, sendo uma instituição econômica e social que mudou no tempo como no espaço, não fugindo o Brasil, entretanto, a uma determinante básica para sua economia colonial: o recurso à mão de obra escrava.

Com isso pretendemos fugir às posições idealistas que, não tomando a instituição servil de uma perspectiva hemisférica, isolavam o Brasil de um processo globalizador, atribuindo--lhe características particulares, deformando assim o processo como um todo. Endossamos o propósito de que "diferenças dentro do Novo Mundo, entre anglo-saxões no Norte e os latinos no Sul, entre as colônias protestantes e católicas, aparecem, num exame mais detido, como tangenciais".[2]

Estudos mais recentes, não estritamente ligados à abolição, oferecem uma possibilidade de abordagem diversa:

O enfoque central é dado ao sistema capitalista internacional [...] como unidade explicativa. É a crescente expansão do sistema o que leva novas áreas a serem incorporadas e, assim, crescentes partes das unidades geopolíticas passam a compor o sistema capitalista como parte integrante da dinâmica necessária para sua reprodução enquanto sistema. A perspectiva geopolítica (interna) perde grande parte de sua importância como categoria explicativa mesmo de fenômenos internos considerados "internos" ao país.[3]

Entre esses pesquisadores temos André Gunder Frank e, entre nós, Luiz Pereira.

A problemática de uma mudança estrutural centrada na abolição, ou seja, a passagem de uma formação social pré-capitalista para uma formação social capitalista é abandonada, e o estudo é fixado na compreensão de uma das fases mais importantes da formação da sociedade capitalista no Brasil. Em suma, aceitam a tese de as formações sociais aparecidas com a expansão do capitalismo mercantil terem sido sempre sociedades capitalistas em formação.[4]

A análise de Paula Beiguelman complementa nosso pensamento, na medida em que situa o trabalho escravo:

É com referência ao capitalismo que se define o escravismo moderno. Com efeito, ao mesmo tempo que se constitui como analiticamente fundado na existência do trabalho livre, o capitalismo implica histórica ou empiricamente o estabelecimento de uma constelação peculiar que inclui a *escravidão negra* no mundo colonial, como recurso para acumulação de capital. Daí decorre que não procede a ideia de uma depuração progressiva do sistema, desde que o escravismo não representa uma componente *a-capitalista* (como, por exemplo, as relações feudais, eliminadas com o avanço do capitalismo), mas, ao contrário, constitui-se como uma *criação capitalista*.[5]

Relatório para renovação de bolsa

Ao pensarmos a *escravidão negra* como uma *Gestalt*, incorporamos à nossa análise os avanços alcançados e que traçaram novos rumos aos estudos pioneiros e hoje clássicos de Frank Tannenbaum, Stanley M. Elkins, que pretendiam ver diferenças de grau naquele processo entre as colônias espanholas, inglesas e portuguesas.

Segundo Moses I. Finley, enfatizamos ainda: "A escravidão não é um sistema autônomo; é uma instituição inserida numa estrutura social. Deixa de ser a mesma instituição quando a estrutura é significativamente alterada; assim, as ideias sobre a escravidão devem ser examinadas estruturalmente".[6] O mesmo pensamos nós do escravo.

Quando insistimos em *escravidão negra*, pretendemos ainda com isso dissociar todo tipo de identidade entre essa e a escravidão nas civilizações da Antiguidade, como no Império Romano, onde "as consequências de complexas mudanças sociais e econômicas substituem o escravo por um tipo diferente de fiador [*bondsman*], o *colonus*, e o *adscriptus glebae*, o servo".[7] Daí corroborarmos a tese de um processo singular, favorecendo um tipo de personalidade que "pode ser explicada em termos econômicos, os valores relativos à cor da pele, que em parte existem independentemente deles, e que, em consequência de dois fatores históricos que lhe deram um lugar preponderante como bases de degradação social, o colonialismo e a escravidão",[8] requer uma abordagem na qual a interseção da ideologia e do econômico possa conduzir a um novo caminho.

É a partir desse quadro de referência que situamos nosso trabalho, o que nos permitirá pensar o negro saído de um processo em que era um *bem móvel*, não um homem, mas uma coisa, não possuindo uma consciência por lhe ter sido legalmente negada, daí desenvolvendo um tipo de personalidade identificado por Elkins como "personalidade escrava", produto da relação de produção inerente à instituição escravista.

Com base nos trabalhos realizados no Brasil — principalmente naqueles de Florestan Fernandes, Roger Bastide, Fernando Henrique Cardoso, Octavio Ianni, Emília Viotti da Costa, João Baptista Borges Pereira, que abordam o problema do negro na sociedade brasileira em termos das relações entre os dois grupos, do pressuposto de uma sociedade dual, com base na relação senhor-escravo —, nossas preocupações dirigiram-se particularmente ao negro diante da sociedade branca, interessando-nos o seu comportamento e sua estrutura de personalidade a partir de um tipo de relação pensada em termos de dominação-subordinação.

Objetivos do trabalho

Tendo como fonte a documentação recolhida nos meios negros de São Paulo, em sua maioria jornais, atas de reuniões, panfletos, manifestos, entrevistas, questionários, e por meio de observação participante, pretendemos desenvolver o estudo do negro na cidade de São Paulo com base em sua personalidade, através de suas manifestações ideológicas. Tomamos ideologia como um "termo genérico aplicado a ideias gerais, em situações específicas de conduta, [...] ajudando a realizar duas funções importantes: uma diretamente social, ligando a comunidade, e a outra, individual, organizando o papel da personalidade do indivíduo".[9]

Relatório para renovação de bolsa

Servimo-nos de dois conceitos operacionais para analisar essa personalidade: o de *negridade* e o de *negritude*, como significativos na consciência do negro brasileiro, e que corresponderiam a dois momentos assim pensados como hipótese de trabalho: o primeiro um momento do grupo negro, compreendido enquanto momento "ser-para-o-outro" conforme a concepção sartreana, em que as possibilidades do negro estavam sujeitas à identificação com o branco; e um segundo momento, o de negritude, entendido como "o conjunto de valores culturais do mundo negro, tal como se exprime na vida, nas instituições e nas obras dos negros, a 'personalidade negra africana'",[10] momento esse que seria o "para-si".

Como passar do abstrato ao concreto?

Identificamos como negridade o período que vai, na experiência do negro como cidadão, desde a abolição até os movimentos sociais dos meios negros, iniciados a partir de 1924, vistos por nós como polos propulsores de passagem à negritude, que identificamos com a proposta do I Congresso da Mocidade Negra, em 1929, e o surgimento da Frente Negra Brasileira, em 1931, que propunha uma "segunda abolição" e o surgimento do "novo negro".

Planejamento do trabalho

Diante do material de imprensa e dos documentos de que já dispomos — que deverão ser submetidos a uma análise em profundidade, sofrendo inclusive uma abordagem de cunho semântico no nível do conteúdo —, verificamos, de uma primeira leitura, que o jornalismo negro, por exemplo, aparecido no início do século na capital de São Paulo, surge da necessidade de os negros das várias associações sociais e recreativas contarem notícias de suas agremiações e fazerem circular as anedotas populares mais em voga, praticando um tipo de jornalismo não totalmente mas quase que de passatempo, até que essa imprensa se transforma em um instrumento dedicado ao progresso social de toda a coletividade.

Isso se dá em 1924, quando os srs. Jayme de Aguiar e José Correia Leite fundam o jornal *O Clarim d'Alvorada*, com a finalidade de mostrar "a um grande público negro o produto literário já nascente dentro daquela coletividade".[11] A finalidade original do *Clarim d'Alvorada*, conforme entrevista que mantivemos com o sr. Jayme de Aguiar, era demonstrar que o negro podia e tinha capacidade de elevar-se de suas origens humildes e participar integralmente do desenvolvimento da cidade.

Intitulando-se "Legítimo Orgam da Mocidade Negra / Pelo Interesse dos Homens Pretos — Noticioso, literário e de combate", *O Clarim d'Alvorada*, em seus primeiros anos, não é propriamente um jornal, mas um folheto de quatro páginas, formato pequeno, inserindo material de cunho literário, inclusive sobre Cruz e Sousa, com a transcrição de uma de suas poesias, junto da reprodução de um retrato do poeta que leva o título "O Dante negro". Segue-se um comentário sobre o autor, seu estilo etc., prendendo-se o resto da matéria a digressões sobre a situação do negro, por exemplo uma nota intitulada "Do que carecemos", em que é enfatizada a necessidade de educação dos "homens de cor", algumas poesias de colaboradores negros e textos em prosa de Cassiano Ricardo ("Melodia do crepúsculo") e de Coelho Neto ("Conselhos").

Relatório para renovação de bolsa

Grande número dessa imprensa negra, como *O Menelik, A Rua, O Xauter*, todos de 1916,[12] *O Alfaiate*, de 1918, *A Sentinella*, de 1920, e mesmo *O Clarim d'Alvorada*, de 1924, em seus primeiros números, preocupa-se mais com aspectos literários do que com a realidade do negro no processo social brasileiro.

Qual então o processo histórico responsável pela emergência, em 1929, de toda uma reformulação da imprensa negra, quando o próprio *Clarim d'Alvorada* começa a aparecer em formato normal, tamanho jornal, e anunciando o 1 Congresso da Mocidade Negra?

Quais os antecedentes (sociopsíquicos e econômicos) da crise de 1929 na experiência do negro que o levam, um ano antes da Revolução de 1930, a uma tentativa de organização em torno de seu grupo?

Essas primeiras tentativas de organização por parte dos negros, por nós caracterizadas como *negridade*, não as entendemos como produtos propriamente de uma *ideologia* e sim de uma *contraideologia*, considerando que a diferença entre essa e aquela reside em a

> *contraideologia* não revelar ou manifestar as contradições inerentes à ideologia a que se opõe; pelo contrário, cria contradições para os mesmos que a sustentam. Isso, naturalmente, favorece a situação de domínio ou autoridade existente. Ocorre o contrário quando a oposição é "real": a ideologia do grupo subordinado põe em questão a validade da ideologia do grupo dominante, e por conseguinte põe em questão também a legitimidade de seu poder.[13]

Com o título "Mensagem aos negros brasileiros", do *Clarim d'Alvorada* de 9 de junho de 1929, com referência ao

I Congresso da Mocidade Negra Brasileira, transcrevemos o seguinte, que vem exemplificar o que entendemos por contraideologia:

> Patrícios, estas palavras dirigem-se aos negros de São Paulo, e quiçá do Brasil, *mas em particular aos bons negros humildes e sofredores silenciosos.* [O grifo é nosso.]

> A escravidão era um mal necessário, diz Plínio dos Santos.

> E Ronald de Carvalho [diz]: "Sem falar no seu valioso concurso econômico, trouxe-nos o africano a cordura, a simplicidade, a coragem resignada para afrontar as maiores misérias, e o sensualismo capitoso transbordante dos sentidos aguçados... A resistência física do negro foi salutar na formação do nosso país. Onde qualquer outra raça forçosamente sucumbiria, conseguiram amanhar o solo e suportar o clima dos trópicos".[14]

Assim o negro, ao nível da consciência, como atributo legal de sua condição de cidadão, pode manifestar seu pensamento, o faz como "um ser pensado". Se já é, segundo podemos acreditar, um avanço em sua posição que pretende se manifestar em termos de força, o faz ainda dentro de critérios que ajudam a suportar uma elite e a justificar o exercício de seu poder.

Seriam então os movimentos sociais dos meios negros, que tomamos como contraideologia, instância compreendida como negridade, as primeiras tentativas para a correção das contradições entre um substrato legal e uma realidade social?

Quais os mecanismos psicológicos que levam o negro a, em um determinado momento, reivindicar sua condição societária e, ao mesmo tempo, o impedem da consecução de seus planos, ou seja, atingir o "para-si"?

Na breve história do negro brasileiro na categoria de cidadão, e particularmente em São Paulo, esse parece-nos o único momento em que o seu nível de consciência esteve a ponto de desenvolver uma ideologia, "uma visão de mundo, soma de seus interesses, sensibilidade, passado e presente".[15]

Que condições materiais determinaram tais tipo de relações sociais, prevalecendo sobre as tendências contrárias na tradição histórica?

Desenvolvimento do trabalho

O rumo dado ao nosso projeto orienta-se da perspectiva de *cultura e personalidade* como base conceitual para o alcance da instância ideológica. Partimos do sistema cultural e do sistema de personalidade, procurando encontrar uma correspondência entre cultura e caráter nuclear uniforme.

Voltados para o problema negro na situação brasileira, faz-se-nos mister um estudo do material cultural que foi inventado e é difundido; imposto ou de posse de um grupo ou sociedade competitiva interessada, capazes de estabelecer uma seleção fenotípica com a capacidade cognitiva para relacionar-se a uma população.

Por outro lado, preocupa-nos como são produzidas as inovações que levam à mudança cultural.

Com vistas ao nosso enfoque, pensando o negro em momentos que seriam estágios de consciência, passando da negridade (o "em-si") à negritude (o "para-si"),[16] apoiamo-nos nos estudos de cultura e personalidade, de distribuição sincrônica, quando pretendemos responder à pergunta: Num ponto dado no tempo, qual é a distribuição de frequência de certas características pessoais numa certa "classe de pessoas" (*classe de pessoa* definida como a possessão, por *todas*, de alguma propriedade comum; no caso de nosso estudo, a cor do grupo racial negro)?

Segundo Wallace, "o painel de características pessoais usado nos estudos de *cultura e personalidade* é tão grande quanto o painel de classes. A *psicologia da personalidade* produziu muitos sistemas, conceitos e planos de mensuração [...] [que] podem ser classificados com respeito à técnica de investigação".[17]

Selecionamos como quadro analítico *caráter nacional* e *personalidade básica*; e, como técnicas de investigação, *testes projetivos, entrevistas em profundidade, observação participante* e *questionário*.

Caráter nacional e personalidade básica

O que distingue caráter nacional como um conceito é, primeiro, sua restrição de uso aos cidadãos de Estados modernos politicamente organizados; e, segundo, e mais importante, sua ênfase sobre a articulação de um grande número de componentes em uma estrutura ou padrão [...] (aqui "padrão" tem o sentido de estrutura de caráter nacional — é um conjunto de intrincadas inter-relações dinâmicas entre diferentes aspectos de uma personalidade ou caráter).[18]

Relatório para renovação de bolsa 105

O tipo de fenômeno ao qual caráter nacional se refere é o mesmo denotado pelo conceito de personalidade básica, mas personalidade básica é aplicada a qualquer grupo cultural-mente encerrado, seja tribo, nação ou área cultural [no nosso caso, o grupo negro], e tende a conotar um mais meticuloso uso da teoria psicanalítica [...]. Entretanto, é fora de propósito usar o adjetivo "nacional" para se referir a todos e quaisquer grupos sociais.[19]

Para o nosso estudo usaremos personalidade básica com o propósito de estudar o grupo negro, como se referindo a "uma estrutura de características articuladas de personali-dade comum à maioria de todos os membros de uma popu-lação culturalmente demarcada",[20] e incorporando ao nível mais amplo de análise a teoria de caráter nacional, já desen-volvida por Dante Moreira Leite,[21] sem, entretanto, perder de vista como o processo psicológico afeta e é afetado por mudanças na cultura.

Das técnicas projetivas, conforme consta no projeto origi-nal, foram selecionados três testes para aplicação: o "Psico-diagnóstico" de Rorschach, "Figuras humanas", de Machover, e a "Escala de inteligência", de Wechsler-Bellevue.

Ao lado da aplicação de questionário, os testes projetivos podem aumentar a capacidade de penetração psicológica dos indivíduos negros numa sociedade como a nossa, de carac-terísticas mais birraciais do que multirraciais, podendo as-segurar informações em torno de um número de variáveis estreitamente comparáveis, e mesmo mensuráveis.

Interessa-nos conhecer qual a discrepância entre seu com-portamento latente e o manifesto.

No que tange ao Psicodiagnóstico de Rorschach, as respostas são passíveis de classificação e codificação. A partir de tal codificação as respostas são tabuladas estatisticamente e com isso podem ser comparadas com tabelas normativas. As tabelas normativas se referem a uma das raças, a branca. Ele permite também avaliar tensões e ansiedade: de onde pode provir, e não só levanta a existência, mas indica a origem da problemática levantada. É o teste mais difundido em estudos de cultura, isso porque permite mais elementos interculturais.

Conforme consta ainda do projeto inicial — do recurso à semiologia para, através de modelos linguísticos, proceder-se à análise semântica de textos, através dos conceitos analíticos de conotação e denotação, com o propósito de se compreender um modo de existência social da racionalidade —, selecionamos, com base na orientação do nosso trabalho, preocupados com o sistema de ideias do grupo negro, uma definição operacional da relação infraestrutura/superestrutura, como uma relação

> entre sistemas de conduta observável de coletividades dentro de uma sociedade global e mensagens socialmente institucionalizadas sob formas de "textos" com o propósito de "verificar relações entre os sistemas de relações sociais concretas de um lado, e as ideias institucionalizadas, de outro".[22]

Segundo o sentido em que se pode interpretar a dicotomia infraestrutura/superestrutura, temos a "infraestrutura abarcando as relações sociais concretas, e a superestrutura, os sistemas ideacionais surgidos daquelas, nos distintos campos da atividade social".[23]

Quanto à parte da metodologia, centrada nos teóricos da ideologia, como Karl Marx, Karl Mannheim, Georg Lukács, Lucien Goldmann, Louis Althusser, Nicos Poulantzas, tomamos por base o pressuposto de Lucien Goldmann para o nosso estudo de *ideologia racial*:

> Não sendo a consciência mais do que um aspecto *real* mas *parcial* da atividade humana, o estudo histórico não tem o direito de limitar-se aos fenômenos conscientes, devendo vincular as intenções conscientes dos agentes da história à significação *objetiva* de seu comportamento e de suas ações. [...] O investigador deve esforçar-se por [...] *integrar, no estudo dos fatos sociais, a história das teorias sobre esses fatos*, [assim como por] *ligar o estudo dos fatos de consciência à sua localização histórica e à sua infraestrutura econômica e social*.[24]

Bibliografia

Junto aos livros já citados no projeto original, no relatório anexo, e àqueles presos aos cursos que o bolsista frequentou (primeiro semestre) e atualmente frequenta, foi selecionada a seguinte bibliografia:

ALTHUSSER, Louis. *Análise crítica da teoria marxista*. Rio de Janeiro: Zahar, 1967.

_____. *Para leer* El capital. Cidade do México: Siglo Veintiuno, 1969.

BARTHES, Roland et al. *Semiologia e linguística*. Petrópolis: Vozes, 1971.

BASTIDE, Roger. *Usos e sentidos do termo "estrutura" nas ciências humanas e sociais*. São Paulo: Herder, 1971.

CARDOSO, Fernando Henrique et al. *Sobre teoria e método em sociologia*. São Paulo: Cebrap, 1971 (Estudos, 1).

COELHO, Eduardo Prado (Org.). *Estruturalismo: Antologia de textos teóricos*. Lisboa: Portugália, 1968.

108 *Estudos*

FERNANDES, Florestan. *Sociedade de classes e subdesenvolvimento*. Rio de Janeiro: Zahar, 1968.

FOUCAULT, Michel. "Das ciências humanas". In: *As palavras e as coisas*. Lisboa: Portugália, 1966.

GENOVESE, Eugene D. *The World the Slaveholders Made: Two Essays and Interpretation*. Nova York: Pantheon, 1969.

GOLDMANN, Lucien. *La Création culturelle dans la société moderne*. Paris: Denoël, 1971.

_____. *Ciências humanas e filosofia: O que é sociologia?* São Paulo: Difel, 1967.

★ ★ ★

Relatório intermediário

1. Dados preliminares

Conforme o item 6 da "Orientação para relatórios de bolsistas" (documento Fapesp), tem-se:

1. Número de processo: Humanas e Sociais 71786
2. Instituição e departamento: 1.14 – Departamento de Ciências Sociais da Faculdade de Filosofia, Letras e Ciências Humanas da USP
3. Tipo de bolsa: Bolsa de aperfeiçoamento 1
4. Nome do bolsista: Eduardo de Oliveira
5. Nome do orientador: Prof. dr. Ruy Galvão de Andrade Coelho
6. Título do projeto: *Ideologia racial: Estudo de relações raciais*
7. Número do relatório: Relatório intermediário acompanhando "Pedido de renovação de bolsa"
8. Período a que se refere o relatório: Janeiro a outubro de 1972

Relatório para renovação de bolsa

11. Introdução

Segundo o "Projeto de pesquisa", são as seguintes as etapas a cumprir nos últimos dez meses:

1. Pesquisa bibliográfica: Três meses (janeiro, fevereiro, março)
2. Estabelecimento do corpus: Três meses (abril, maio, junho)
   2.1 Seleção de material que compõe o corpus
   2.2 Determinação do corpus do trabalho
3. Trabalho de campo: Seis meses (de julho a dezembro)
   3.1 Processamento de entrevistas (escritas e gravadas)
   3.2 Elaboração e aplicação de questionário
   3.3 Aplicação de testes
4. Pesquisa bibliográfica

Os itens 1 e 2 foram cumpridos integralmente, conforme se informará neste relatório.

Resumo do plano inicial

Conforme o projeto original de pesquisa intitulado "Ideologia racial: Estudo de relações raciais", o bolsista se propõe a estudar o negro na cidade de São Paulo, num período que vai de 1900 a 1972, circunscrevendo a área de pesquisas ao perímetro urbano, a partir de conceitos operacionais como os de negritude e negridade, vistos pelo bolsista como significativos para a consciência do negro brasileiro, e que corresponderiam a dois momentos: a negridade como um momento do grupo negro que pode ser compreendido como *pour-autrui*, segundo a concepção sartreana, em que as possibilidades do negro estavam sujeitas à habilidade de identificação com o branco, e um segundo momento, o de negritude, que o bolsista entende como o "conjunto de valores culturais do mundo negro, tal como se exprimem na vida, nas instituições e nas obras dos negros. A personalidade negra africana",[25] momento esse que seria o "para-si".[26]

Aquele primeiro momento, o de negridade, o bolsista identifica com os movimentos sociais dos meios negros havidos a partir de 1924 e que se estendem até 1948. Nosso trabalho propõe-se a estudar aqueles movimentos partindo da hipótese de que representavam o germe incipiente de uma passagem à "negritude" não tivesse o advento do Estado Novo esvaziado todo um processo de arregimentação da população de cor que então se verificava.

Momento anterior à negritude, entendemos aqueles movimentos não como uma ideologia por parte dos negros, mas sim como uma *contraideologia*.

Encontramos em Eliseo Verón uma noção de contraideologia que esclarece melhor o modelo que pretendemos tomar: "A diferença fundamental entre uma *contraideologia* e uma *ideologia* é que a contraideologia não revela ou manifesta as contradições inerentes à ideologia a que se opõe: pelo contrário, cria contradições para os mesmos que a sustentam. Isso, naturalmente, favorece a situação de domínio ou autoridade existente".[27]

Seriam os movimentos sociais dos meios negros, que o bolsista identifica como contraideologia, a instância compreendida como negridade, as primeiras tentativas para a correção das contradições entre um substrato legal e uma realidade social?

Relatório para renovação de bolsa

Qual a relação entre os sistemas de relações sociais de uma área de atividades e o sistema de ideias institucionalizadas de outras áreas — por exemplo o vínculo entre o surgimento dessas formas de manifestações e a aceleração do processo de desenvolvimento da cidade (a partir da Primeira Guerra Mundial, quando do aproveitamento de maior mão de obra negra no mercado de trabalho)?

Ao pensar em termos de negridade e negritude, quer o bolsista com isso caracterizar cada uma dessas instâncias como momentos na relação dinâmica entre os dois grupos na sociedade brasileira — o grupo negro e o grupo branco (ou momentos na relação dinâmica entre os grupos de dominação e de subordinação), partindo do pressuposto de o grupo negro ser uma variável dependente, de variáveis independentes, com práticas de socialização, como variáveis intervenientes, responsáveis pela alteração da personalidade do grupo.

Essas preocupações, segundo critério do orientador, para efeito de análise da microestrutura (indivíduo-sociedade) para a macroestrutura (personalidade-cultura), indicam uma abordagem que tem como perspectiva a disciplina Cultura e personalidade.

Atividades

Como consta do Relatório nº 1 do período de janeiro a junho de 1972, o bolsista cumpriu as seguintes etapas:

1. Pesquisa bibliográfica
Panorama das diversas abordagens em torno da teoria, métodos de diferentes graus de generalidade ou universalidade da

disciplina Cultura e personalidade, em busca de formulações teóricas que resultem adequadas à realidade concreta estudada.

Através do estudo de obras de John Honigmann, Anthony F. C. Wallace, Erik Homburger Erikson, Janheinz Jahn, Abram Kardiner, Charles F. Hockett, Lionel Ovesey, Rupert East, Mary Felice Smith, Bingham Dai, Mikel Dufrenne, Margaret Mead, Ruth Benedict, Ralph Linton, Ruy Coelho, Lawrence K. Frank, Geoffrey Gorer, Henry J. Wegrocki, Bert Kaplan, Richard Lawless, Dante Moreira Leite, Edward Sapir, Marvin Harris etc., estabelecer um quadro específico daquela disciplina, a partir da qual desenvolverá seu trabalho.

Dessas leituras resultou, em vista da controvérsia na abordagem de cultura e personalidade, a necessidade da eleição de uma definição que levasse a um único corpo teórico, sistemático, de raciocínio, em vista da diversidade de abordagens das diversas correntes. O bolsista deteve-se nas teorias de Anthony F. C. Wallace e John Honigmann como base para seu trabalho.

O bolsista levou em consideração a asserção de tomar "cultura" e "personalidade" como noções para infindáveis operações empíricas, e que "cultura" e "personalidade" são duas construções de tipos lógicos diferentes, "mutuamente inclusivos", "entidades não substantivas", mas "criações teóricas imaginárias".[28]

Através de cultura e personalidade, que é uma modalidade de conhecimento cultural, o bolsista pretende alcançar o problema da ideologia, na medida em que suas preocupações se dirigem mais aos atores do que aos traços culturais.

Isso pressupõe um estudo em duas áreas demarcadas da coletividade: *Sistemas sociais organizados* e *Categorias sociais*.

Relatório para renovação de bolsa

Bibliografia específica referente a cultura e personalidade consultada pelo bolsista:

AKIGA, Sai. *Akiga's Story: The Tiv Tribe as Seen by one of its Members.* Trad. e notas de Rupert East. Londres: Oxford University Press; International Institute of African Languages, 1939.

BENEDICT, Ruth. "Continuidades e descontinuidades no condicionamento cultural". In: Clyde Kluckhohn, Henry Murray e David Schneider (Orgs.). *Personalidade: Na natureza, na sociedade, na cultura.* Belo Horizonte: Itatiaia, 1965.

BINGHAM, Dai. "Alguns problemas do desenvolvimento da personalidade entre crianças negras". In: Clyde Kluckhohn, Henry Murray e David Schneider (Orgs.). *Personalidade: Na natureza, na sociedade, na cultura.* Belo Horizonte: Itatiaia, 1965.

COELHO, Ruy. *Estrutura social e dinâmica psicológica.* São Paulo: Pioneira; Edusp, 1969.

COHEN, Yehudi A. *Social Structure and Personality: A Casebook.* Nova York: Holt, Rinehart and Winston, 1961.

DUFRENNE, Mikel. *La Personnalité de base: Un concept sociologique.* Paris: Presses Universitaires de France, 1966.

ERIKSON, Erik H. *Childhood and Society.* Nova York: W. W. Norton, 1970.

GEIGER, Theodor. *On Social Order and Mass Society.* Chicago: The University of Chicago Press, 1969.

GORER, Geoffrey. "O conceito de caráter nacional". In: Clyde Kluckhohn, Henry Murray e David Schneider (Orgs.). *Personalidade: Na natureza, na sociedade, na cultura.* Belo Horizonte: Itatiaia, 1965.

HARRIS, Marvin. "Referential Ambiguity in the Calculus of Brazilian Racial Identity". In: Norman E. Whitten e John F. Swzed (Orgs.). *Afro-American Anthropology: Contemporary Perspectives.* Nova York: The Free Press, 1970.

HOCKETT, Charles F. "Scheduling". In: F. S. C. Northrop e Helen H. Livingston (Orgs.). *Cross-Cultural Understanding: Epistemology in Anthropology.* Nova York: Harper & Row, 1964. pp. 125-44.

HONIGMANN, John S. *Personality in Culture.* Nova York: Harper & Row, 1967.

INKELES, Alex. "Algumas observações sociológicas a propósito de estudos de cultura e personalidade". In: Clyde Kluckhohn, Henry

Murray e David Schneider (Orgs). *Personalidade: Na natureza, na sociedade, na cultura*. Belo Horizonte: Itatiaia, 1965.

JAHN, Janheinz. "Value Conceptions in Sub-Saharian Africa". In: F. S. C. Northrop e Helen H. Livingston (Orgs.). *Cross-Cultural Understanding: Epistemology in Anthropology*. Nova York: Harper & Row, 1964. pp. 55-69.

KAPLAN, Bert; LAWLESS, Richard. "Culture and Visual Imagery: A Comparison of Rorschach Responses in Eleven Societies". In: Melford E. Spiro (Org.). *Context and Meaning in Cultural Anthropology*. Nova York: The Free Press, 1965. pp. 295-311.

KARDINER, Abram; OVESEY, Lionel. "Negro Adaptation: A Psycho Dynamic Analysis". In: Yehudi A. Cohen. *Social Structure and Personality: A Casebook*. Nova York: Holt, Rinehart and Winston, 1961.

NORTHROP, F. S. C.; LIVINGSTON, Helen H. (Orgs.). *Cross-Cultural Understanding: Epistemology in Anthropology*. Nova York: Harper & Row, 1964.

POWDERMAKER, Hortense. "O controle da agressão dos negros pelos processos culturais". In: Clyde Kluckhohn, Henry Murray e David Schneider (Orgs.). *Personalidade: Na natureza, na sociedade, na cultura*. Belo Horizonte: Itatiaia, 1965.

SAPIR, Edward. "A emergência do conceito de personalidade em um estudo de culturas". Tradução de Gioconda Mussolini a partir de David Mandelbaum (Org.). *Selected Writings of Edward Sapir in Language, Culture and Personality*. Berkeley: University of California Press, 1949. pp. 569-77.

_____. "Por que a antropologia cultural precisa do psiquiatra". Tradução de Gioconda Mussolini a partir de David Mandelbaum (Org.). *Selected Writings of Edward Sapir in Language, Culture and Personality*. Berkeley: University of California Press, 1949. pp. 590-7.

SMITH, Mary F. *Baba of Karo*. Londres: Faber, 1954.

WALLACE, Anthony F. C. *Culture and Personality*. 2 ed. Nova York: Random House, 1970.

WEGROCKI, Henri J. "Crítica dos conceitos culturais e estatísticos de anormalidade". In: Clyde Kluckhohn, Henry Murray e David Schneider (Orgs.). *Personalidade: Na natureza, na sociedade, na cultura*. Belo Horizonte: Itatiaia, 1965.

VERÓN, Eliseo. *Conducta, estructura y comunicación*. Buenos Aires: Jorge Álvarez, 1968.

Relatório para renovação de bolsa

2. Estabelecimento do corpus

Conforme estabelecido no projeto, o bolsista compôs um corpus com as seguintes características:

2.1 Levantamento de jornais pertencentes à imprensa negra existente em São Paulo, capital, de 1916 a 1969, num total de 253 jornais [exemplares] assim distribuídos:

O Menelik	1916
A Rua	
O Xauter	
O Alfinete	1918 a 1921
O Bandeirante	
A Liberdade	1919 a 1920
A Sentinella	1920
O Clarim d'Alvorada	1924 a 1932
O Elite	1924
O Kosmos	1925
Progresso	1928 a 1932
Chibata	1932
Brasil Novo	1933
A Voz da Raça	1933 a 1937
A Cultura	1934
O Clarim	1935
A Tribuna	
Alvorada	1945
O Novo Horizonte	1946 a 1950; 1954 a 1961
Senzala	1946
Cruzada Cultural	1950 a 1960
O Mutirão	1958
Niger	1960
O Ébano	1961
A Velha Guarda	1969

2.2 Localização e entrevistas com personalidades que tiveram participação nos movimentos sociais havidos nos meios negros em São Paulo:

Arlindo Veiga dos Santos	Presidente da Frente Negra Brasileira, de 1931 a 1934
José Correia Leite	Diretor-fundador do jornal *O Clarim d'Alvorada*, de 1924 a 1934 Membro do Conselho da Frente Negra Brasileira, de 1931 a 1932 Fundador do jornal *Alvorada*, em 1945 Fundador da Associação Cultural do Negro, em 1954 Fundador do Clube Negro de Cultura Social, em 1932 Presidente da Associação Cultural do Negro, em 1956
Dr. Francisco Lucrécio	Secretário-geral da Frente Negra Brasileira, de 1934 a 1937
Geraldo Campos	Fundador do jornal *Senzala*
Fernando Góes	Diretor do jornal *Alvorada*, de 1945 a 1948
Raul do Amaral	Diretor do jornal *A Voz da Raça*, jornal da Frente Negra Brasileira
Jayme de Aguiar	Fundador do jornal *O Clarim d'Alvorada*, em 1924
Oswaldo Camargo	Redator do jornal *Niger*, jornal da Associação Cultural do Negro
Henrique Cunha	Diretor de *O Clarim d'Alvorada*
Aristides Barbosa	Diretor do jornal *Novo Horizonte*

Nota: Foram gravadas duas entrevistas, de duas horas cada uma, com os srs. José Correia Leite e Jayme de Aguiar, ambos fundadores do jornal *O Clarim d'Alvorada*, órgão que se destaca dentro da imprensa negra de São Paulo como pioneiro em desenvolver um jornalismo em prol da coletividade negra.

Relatório para renovação de bolsa 117

Procedemos da seguinte maneira: deixamos o sr. Jayme de Aguiar dar livre curso a suas ideias, ao passo que propusemos ao sr. José Correia Leite as perguntas que seguem:

1. O sr. Jayme de Aguiar já mencionou que a finalidade original do *Clarim d'Alvorada* era literária e educativa. Mas o jornal passou a uma fase política. Quando mais ou menos aconteceu isso? Em que sentido *O Clarim* tomou uma linha política?
2. Como se vendeu *O Clarim*?
3. Que tipo de recursos tinha *O Clarim*?
4. Quantos números do *Clarim* eram vendidos por mês? Cem? Mil? Mais de mil?
5. Quando *O Clarim* deixou de existir?
6. Durante o Estado Novo, temos a impressão de que existia pouca atividade no meio negro. Apesar disso, houve alguns grupos ou grêmios. O senhor lembra-se quais existiam na época (1937-45)?
7. Depois da Segunda Guerra Mundial surgiu de novo grande atividade no meio negro. Por exemplo, fundou-se o *Alvorada*. Qual é a data mais ou menos da fundação do *Alvorada*?
8. Quanto tempo durou o jornal?
9. Como se vendia o jornal?
10. Quantos números se vendia mensalmente do *Alvorada*?
11. Que tipo de recursos tinha o *Alvorada* para sobreviver?
12. Recebeu algum benefício ou apoio de algum político?
13. Nessa época existia também uma entidade de nome Associação dos Negros Brasileiros.
    a) Quais eram os responsáveis por esse organismo?
    b) Quem eram os líderes principais?

c) Qual o motivo da fundação da ANB?

d) Quais eram os objetivos da ANB?

14. Quando se fundou a ANB?

15. Quais eram as atividades principais da ANB?

16. Que atividades atraía o maior número de sócios? Bailes, por exemplo, ou palestras?

17. Quantos sócios tinha a ANB? Mais de cem, mais de quinhentos, mais de mil?

18. Que tipo de sócio frequentava a ANB? Mais gente jovem ou adulta? Uma maior proporção de homens ou de mulheres? Ou a frequência se equilibrava?

19. Como foi organizada a ANB? Teve, por exemplo, um conselho grande como a Frente Negra Brasileira?

20. Alguma vez recebeu a ANB algum apoio ou benefício da parte de um político?

21. Em que mais se destacava a ANB?

22. Quais eram os problemas mais sérios dentro da ANB? Finanças; possível falta de entendimento entre os diretores; desinteresse entre os sócios etc.

23. Quando a ANB deixou de existir?

24. Quais foram os motivos para a queda da ANB?

25. Temos a impressão de que o movimento social do meio negro passou por uma fase que se pode qualificar de "Conferências". Quando foi a primeira conferência sobre o negro depois de 1937?

26. Qual o motivo da organização dessa conferência?

27. Esteve a cargo de quem a organização dessa conferência?

28. Quais eram os temas discutidos nessas conferências?

29. Que tipo de público assistia a essas conferências?

30. Acredita que essas conferências alcançaram o que se pretendia?

Relatório para renovação de bolsa 119

31. A que se deve a organização de tantas conferências sobre o negro?

32. Qual o motivo de se organizarem conferências?

33. Depois de 1945, houve várias tentativas de se formar partidos políticos baseados principalmente com apoio no setor negro. O senhor lembra-se de alguma dessas tentativas?

34. Depois de 1945, vários negros se candidataram nas eleições. O senhor pode lembrar o nome de alguns candidatos, em que anos, e para que cargos? Lembra-se do nome de alguém que tivesse mais sucesso nessas campanhas?

35. Quando em 1954 se fundou a Associação Cultural do Negro, qual o motivo que levou a uma nova tentativa de organização?

36. Quais os fundadores?

37. Quais eram os objetivos da ACN?

38. Quais eram as atividades principais da ACN?

39. Que atividade da ACN atraía maior número de sócios?

40. Quem eram as pessoas de destaque ou líderes da ACN?

41. Que tipo de sócio frequentava a ACN?

42. Quais foram os sucessos mais importantes da ACN?

43. Quais eram os problemas mais sérios da ACN?

44. O senhor sabe dizer se a ACN ou a ANB reivindicavam os direitos dos negros?

45. Houve algum apoio ou benefício dado por algum político à ACN?

46. Sabe se a ACN trabalhou em alguma campanha eleitoral para algum candidato?

47. Sabe se alguém recebeu algum cargo importante por ser diretor da ACN?

48. A que se deve a queda da ACN?

49. Em que ano mais ou menos se deu?

50. Houve alguma ligação entre os movimentos negros depois de 1945 e os movimentos operários?

51. Depois de 1960 sabe se surgiu outra entidade como a ACN?

52. O senhor se lembra de um artigo de sua autoria intitulado "O alvorecer de uma ideologia", citado pelo prof. Florestan Fernandes no livro *A integração do negro na sociedade de classes*?

(As perguntas de números 26 a 32 foram repetidas várias vezes para que o entrevistado pudesse lembrar de todas as conferências.)

Além dessas duas entrevistas gravadas que servem de base para o desenvolvimento do trabalho junto às personalidades negras já selecionadas, procedemos a outras duas entrevistas verbais, em nível piloto, com dois políticos negros, o deputado federal Adalberto Camargo e a deputada estadual Theodosina Ribeiro — ocasião em que ficou estabelecido que seria facultado ao bolsista o acesso ao arquivo de ambos para um exame dos documentos relativos a suas campanhas eleitorais.

Procedeu-se à aplicação do questionário anexo em nível de questionário-piloto, numa amostra de população de sessenta indivíduos, em faixas etárias diversas, de distintas categorias sociais e sexuais, não só para uma avaliação do próprio questionário como para, a partir de uma análise do mesmo, elaborar o questionário definitivo a ser usado em nosso trabalho.

Relatório para renovação de bolsa

Explicação das variáveis contidas no questionário anexo, referentes a identificação racial e participação social:

Descrição socioeconômica	Itens 10 a 35
Declaração pessoal de raça	Itens 36 a 39
Avaliação pessoal de qualidades raciais	Itens 40 a 45
Avaliação sobre solidariedade racial	Itens 46 a 52
Símbolos raciais	Itens 53 e 54
Percepção de problemas comuns	Itens 55 a 65
Percepção de direitos sociais	Item 66
Conhecimento da Frente Negra Brasileira	Itens 67 a 69
Conhecimento de pessoas negras destacadas	Itens 70 e 71
Ideologia	Itens 1 a 5
Deveres do cidadão	Itens 6 e 7
Percepção de eficácia social do cidadão	Itens 8 a 11
Ideologia	Itens 12 e 13
Nível de confiança em informações	Itens 14 a 18
Nível de informações sociopolíticas	Itens 19 a 21
Percepção sobre participação social	Itens 22 e 23
Vida associativa	Itens 34 a 48
Percepção de mobilidade social	Itens 49 a 56

Nota: O questionário anexo[29] faz parte de uma pesquisa que esteve em curso até recentemente em São Paulo, pesquisa essa com a qual o bolsista colaborou.

3. Trabalho de campo

No período de julho a dezembro o bolsista deverá desenvolver intenso trabalho de campo, o qual pautar-se-á principalmente pela aplicação de entrevistas em indivíduos selecionados ao acaso e em elementos pertencentes a associações negras de São Paulo. Essas entrevistas poderão ser escritas ou gravadas, devendo-se mesmo usar uma técnica ou outra, dependendo sempre do entrevistado. Proceder-se-á ao recolhimento de "histórias de vida" e à aplicação de um questionário numa população de seiscentos indivíduos distribuídos entre a população negra da capital do distrito de São Paulo, sede do município de São Paulo e subdistritos como Casa Verde, Brasilândia, Vila Cachoeirinha etc.

Baseamos nossa estimativa em seiscentos indivíduos tomando como fonte de referência o volume total da população residente do distrito de São Paulo, sede do município, que, segundo dados colhidos no IBGE, referentes ao último recenseamento, de 1970, acusa um total de 5 186 752 indivíduos assim distribuídos:

Homens: 2 534 829

Mulheres: 2 651 923

O bolsista tomou essa margem pouco acima de 0,001% da população total residente no distrito de São Paulo, sede do município, para construir uma amostra da população negra da capital, em vista de o último recenseamento nacional, o de 1970, não haver codificado a população por sua cor. Para os dados do censo de 1960, em que essa categoria aparecia, teve o bolsista que recorrer ao IBGE do Rio de Janeiro, por informação do IBGE de São Paulo de que esses dados podiam ser encontrados através daquela autarquia, quando foi informado pelos mesmos de que os dados de 1960 que possuem também não apresentam referência a cor.

Dessa amostra de seiscentos indivíduos será extraída uma subamostra de sessenta indivíduos, homens e mulheres, levando-se em consideração a maior elevação percentual de mulheres (sendo, pois, 33 mulheres e 27 homens), que serão

Relatório para renovação de bolsa

submetidos aos testes de Rorschach, das Figuras humanas, de Machover, e da Escala de inteligência, de Wechsler-Bellevue, conforme a seguinte distribuição:

- 9 mulheres entre 18 e 25 anos
- 8 mulheres entre 25 e 30 anos
- 8 mulheres entre 30 e 35 anos
- 8 mulheres de mais de 35 anos
- 7 homens entre 18 e 25 anos
- 7 homens entre 25 e 30 anos
- 7 homens entre 30 e 35 anos
- 6 homens de mais de 35 anos

A seleção dessa amostra se dará da seguinte forma:

Mulheres
- 3 sorteadas entre os elementos do Grupo de Teatro do Centro de Cultura e Arte Negra
- 3 sorteadas na Associação Cultural do Negro
- 6 universitárias
- 6 encontradas ao acaso no perímetro urbano no setor de trabalho
- 6 sorteadas entre as associadas do Aristocrata Clube, clube privativo de negros de poder aquisitivo acima da média
- 6 encontradas ao acaso em bairros de maior concentração de negros
- 3 domésticas de cursos noturnos de alfabetização

Homens
- 2 sorteados entre os elementos do Grupo de Teatro do Centro de Cultura e Arte Negra

- 3 sorteados entre os elementos da Associação Cultural do Negro
- 4 sorteados entre os associados do Aristocrata Clube
- 6 universitários
- 6 encontrados ao acaso no perímetro urbano no setor de trabalho
- 6 encontrados ao acaso em bairros de maior concentração de negros

3.1 Processamento de entrevistas

Nos últimos quatro meses (julho, agosto, setembro, outubro; devendo estender-se por todo o mês de novembro), o bolsista tem procedido a um trabalho de entrevistas e organizado reuniões em diversas associações negras com o propósito de estabelecer encontros para o levantamento de dados.

Entre outros estímulos para desencadear apreciações sobre a situação racial (como referência a uma palavra, a situações embaraçosas, referência a mobilidade social) para aquilatar o nível de consciência crítica dos grupos, projetamos o anúncio anexo, para o qual pedimos uma apreciação,[30] que pode ser verbal ou por escrito.

Nota: Trata-se do anúncio do saponáceo Viva, em que aparecem duas figuras: uma mulher negra de pé com avental e uma aparentemente branca, reclinada num sofá. Os dizeres são os seguintes: "GRANDE NOTÍCIA PARA QUEM LAVA E PARA QUEM VESTE: CHEGOU 'VIVA' COM ENZIMAS".

3.2 Confecção e aplicação de questionário

Conforme já foi tratado no item 2.2, servimo-nos de um questionário-piloto para testar sua sensibilidade, o qual não so-

Relatório para renovação de bolsa 125

mente nos pareceu improdutivo ao nível técnico para efeito de tabulação, como revelou-se complexo e mesmo exaustivo ao testando. É com base no levantamento de dados que ora efetuamos que será projetado o questionário a ser aplicado na pesquisa que ora desenvolvemos.

De posse desses elementos será possível estabelecer uma construção teórica com o propósito de "medir ou especificar as manifestações de comportamento".

Conforme parecer de William A. Scott ("Attitude Measurement"), "a construção de atitudes cai, por acidente histórico, dentro do domínio da psicologia social",[31] fato esse que o bolsista não desconhece, razão pela qual a elaboração do questionário está sendo feita em nível interdisciplinar, junto a elementos do Departamento de Psicologia Social da USP.

3.3 Aplicação de testes projetivos

Segundo o já exposto neste item 3, de uma amostra de seiscentos indivíduos distribuídos entre a população negra da capital do distrito de São Paulo, sede do município de São Paulo, será extraída uma subamostra de sessenta indivíduos, homens e mulheres, levando-se em consideração a maior elevação da taxa percentual de mulheres, distribuídos por categorias de sexo, idade e nível socioeconômico (33 mulheres e 27 homens), que serão submetidos aos testes "Figuras humanas", de Machover, "Psicodiagnóstico", de Rorschach, e "Escala de inteligência", de Wechsler-Bellevue.

Para a aplicação desses testes foram tomadas as seguintes medidas de padronização junto aos aplicadores:

- Treino em entrevista, de modo a manter a objetividade e ao mesmo tempo estabelecer um tipo de contato com o probando que não envolva constrangimento ou ansiedade. Assim, o examinador deverá contar com recursos afetivos e intelectuais adequados para que possa observar com objetividade o comportamento do probando antes e durante a prova, sem inibi-lo ou estimulá-lo demasiadamente.

- Conhecimento e utilização adequada de uma determinada teoria de personalidade para a interpretação dos resultados.
- Conhecimento e experiência prática em psicologia, psicopatologia do desenvolvimento. E, além disso, segundo os campos em que se aplique a prova, o examinador deverá ter conhecimentos de sociologia, antropologia, psiquiatria e técnicas de experimentos.[32]

Nota: Quanto a uma teoria de personalidade, foi estipulada a "Teoria de personalidade" de Aníbal Silveira.

4. Pesquisa bibliográfica

O bolsista pretende através de seu trabalho incorporar as novas abordagens surgidas no campo da sociologia e da sociologia histórica, seja no nível geral ou especificamente relativas à sociedade brasileira no terreno das relações raciais, para um confronto com os estudos mais recentes aparecidos no Brasil, como os de Fernando Henrique Cardoso, Octavio Ianni, Emília Viotti e João Baptista Borges Pereira, sem perder de vista as contribuições de Roger Bastide e Florestan Fernandes.

O bolsista estabeleceu o seguinte quadro de leituras como fonte acessória para seus trabalhos:

ADORNO, Theodor W. et al. *The Authoritarian Personality*. Nova York: Harper & Brothers, 1950.

AZEVEDO, Thales de. *Cultura e situação racial no Brasil*. Rio de Janeiro: Civilização Brasileira, 1966.

BANTON, Michael. *Race Relations*. Londres: Tavistock, 1967.

BAROJA, Julio Caro. "Antecedentes españoles de algunos problemas sociales relativos al mestizaje". *Revista Histórica*, Lima, n. 28, 1965.

BERREMAN, Gerald D. "Stratification, Pluralism and Interaction: A Comparative Analysis of Caste". In: Anthony de Reuck e Julie Knight (Orgs.). *Ciba Foundation Symposium on Caste and Race: Comparative Approaches*. Londres: J. A. Churchill, 1967.

BÉTEILLE, André. "The Decline of Social Inequality?". In: André Béteille (Org.). *Social Inequality*. Londres: Penguin, 1969.

BOXER, Charles. *Relações raciais no império colonial português*. Rio de Janeiro: Tempo Brasileiro, 1967.

COX, Oliver Cromwell. *Caste, Classe and Race*. Nova York: Monthly Review Press, 1948.

DAVIS, David Brion. "The Comparative Approach to History: A Comparison of British America and Latin America". In: Laura Foner e Eugene D. Genovese (Orgs.). *Slavery in the New World: A Reader in Comparative History*. Nova Jersey: Prentice Hall, 1969.

DEGLER, Carl N. *Neither Black nor White: Slavery and Race Relations in Brazil and the United States*. Nova York: Macmillan, 1971.

DUMONT, Louis. "Caste, Racism and 'Stratification': Reflections of a Social Anthropologist". In: Louis Dumont (Org.). *Homo Hierarchicus: The Caste System and Its Implications*. Chicago: University of Chicago Press, 1969.

ELKINS, Stanley M. "Slavery in Capitalist and Non-Capitalist Countries". In: Laura Foner e Eugene D. Genovese. (Orgs.). *Slavery in the New World: A Reader in Comparative History*. Nova Jersey: Prentice Hall, 1969.

FINLEY, Moses I. "The Idea of Slavery: Critique of David Brion Davis' 'The Problem of Slavery in Western Culture'". In: Laura Foner e Eugene D. Genovese (Orgs.). *Slavery in the New World: A Reader in Comparative History*. Nova Jersey: Prentice Hall, 1969.

GENOVESE, Eugene D. *Économie politique de l'esclavage: Essais sur l'économie et la société du sud esclavagiste*. Paris: François Maspero, 1968.

_____. "Materialism and Idealism in the History of Negro Slavery in the Americas". In: Laura Foner e Eugene D. Genovese (Orgs.). *Slavery in the New World: A Reader in Comparative History*. Nova Jersey: Prentice Hall, 1969.

GOUVEIA, Elsa V. "Comment on (H. Klein's) 'Anglicanism, Catholicism and the Negro Slave'". In: Laura Foner e Eugene D. Genovese

(Orgs.). *Slavery in the New World: A Reader in Comparative History.* Nova Jersey: Prentice Hall, 1969.

HARRIS, Marvin. *Padrões raciais nas Américas.* Rio de Janeiro: Civilização Brasileira, 1967.

LEACH, E. "Caste, Class and Slavery: The Taxonomic Problem". In: Anthony de Reuck e Julie Knight (Orgs.). *Ciba Foundation Symposium on Caste and Race: Comparative Approaches.* Londres: J. & A. Churchill, 1967.

RIBEIRO, René. *Religião e relações raciais.* Rio de Janeiro: Ministério da Educação e Cultura, 1956.

SINHA, Surajit. "Caste in India: Its essential pattern of socio-cultural integration". In: Anthony de Reuck e Julie Knight (Orgs.). *Ciba Foundation Symposium on Caste and Race: Comparative Approaches.* Londres: J. & A. Churchill, 1967.

SOFRI, Gianni. *El modo de producción asiático: Historia de una controversia marxista.* Barcelona: Península, 1971.

TANNENBAUM, Frank. "Slavery, the Negro, and Racial Prejudice". In: Laura Foner e Eugene D. Genovese (Orgs.). *Slavery in the New World: A Reader in Comparative History.* Nova Jersey: Prentice Hall, 1969.

WAGLEY, Charles. *Races et classes dans le Brésil rural.* Paris: Unesco, 1952.

WEBER, Max. "O conceito de casta". In: Octavio Ianni. *Teorias da estratificação social: Leituras de sociologia.* São Paulo: Companhia Editora Nacional, 1972.

Atividades paralelas

O bolsista frequentou curso da pós-graduação em sociologia, organizado pelo Departamento de Ciências Sociais da USP, Faculdade de Filosofia, Letras e Ciências Humanas, realizado nos meses de março a junho de 1972, com duas horas de aula por semana, duas horas de seminário por semana e seis horas de leitura por semana, num total de 150 horas.

O curso teve como tema "A prova de Rorschach nos estudos de cultura e personalidade". O bolsista frequentou regular

Relatório para renovação de bolsa 129

e integralmente o curso, o que lhe dá direito de apresentar um trabalho sobre tema de sua escolha: "O estudo de uma população negra no estado de São Paulo vista através do 'Psicodiagnóstico' de Rorschach".

Atualmente segue na Universidade Estadual de Campinas um curso do mestrado em antropologia social, organizado pelo Departamento de Ciências Humanas, intitulado "Aspectos do estudo das relações raciais", o qual é ministrado uma vez por semana, com seminários de três horas, somando as horas de leitura um total de oito por semana.

Com base no material de imprensa negra localizado em São Paulo, o bolsista promoveu, de 11 a 21 de maio do corrente ano, no saguão da Biblioteca Municipal Mário de Andrade, uma mostra daqueles documentos intitulada A Imprensa Negra de São Paulo de 1917 a 1961.

Conforme consta do Relatório 1, o bolsista prevê terminar dentro do prazo estipulado os trabalhos estabelecidos para o segundo semestre (julho a dezembro), ou seja, a intensificação do trabalho de campo, coleta de dados através de entrevistas, questionário, observação participante, reuniões em locais de concentração da população negra, assim como a aplicação dos testes de personalidade, que são o "Psicodiagnóstico" de Rorschach, "Figuras humanas", de Machover, e "Escala de inteligência", de Wechsler-Bellevue.

São Paulo, 25 de outubro de 1972

PROF. DR. RUY GALVÃO DE ANDRADE COELHO
(Orientador)

EDUARDO DE OLIVEIRA
(Bolsista)

História e consciência de raça (plano da tese)*

1. Generalidades

1.1 Propósitos
O presente trabalho não quer ser uma história da consciência de raça. O esboço histórico é apenas o ponto de partida para tentar entendê-la e iluminar as opções políticas, ou seja, as linhas de ação que inevitavelmente determina.

Como os movimentos de tomada de consciência do homem negro nas várias nações se interinfluenciam, procurou-se partir das origens comuns e internacionais para se chegar à situação brasileira, que obviamente será abordada com maiores detalhes.

Assim sendo, o trabalho desenvolveu-se sob três aspectos:

1. A história do desenvolvimento da consciência de raça do negro, partindo das situações sociológicas que levaram à segregação para chegar às lutas raciais e à negritude.
2. A consciência de raça como decorre da história, suas implicações e objetivos hoje, ou seja, a colocação do negro numa sociedade segregada como a brasileira.

---

* Descrição sintética do plano geral da tese de doutorado em sociologia na USP, localizada no acervo de manuscritos da Coleção Eduardo de Oliveira e Oliveira, na Unidade Especial de Informação e Memória da Universidade Federal de São Carlos (SP). Escrita por volta de 1978. (N. O.)

História e consciência de raça (plano da tese) 131

3. Os objetivos a longo prazo, ou seja, a colocação do negro simplesmente como homem, numa sociedade multirracial equalitária.

1.2 Metodologia

Como se vê, o trabalho desenvolve-se metodologicamente em dois planos:

1. Histórico, voltado para a análise dos fundamentos de uma situação de segregação que obviamente não tem conteúdo biológico intrínseco e, portanto, só pode ser histórica.
2. Sociopolítico, enquanto situação objetiva de segregação que determina, através de uma tomada de consciência (em desenvolvimento e dialeticamente oposta à mecânica da repressão), uma condição psicológica e social com imediatas implicações de ação prática.

Mas a posição do negro determinada originariamente pela segregação racial não é definitiva.

Só perdura enquanto exista a própria segregação que a motiva. O negro, mesmo no calor da luta, deixa claro que está pronto a contribuir com sua parcela para uma sociedade verdadeiramente democrática.

1.2.1 Plano histórico

No plano histórico, o trabalho esquematiza os resultados de uma pesquisa bibliográfica seletiva, em etapas orientadas a partir das situações gerais até alguns episódios ilustrativos, principalmente brasileiros:

- Apanhado rápido do conceito clássico de raça desde sua conotação religiosa e militar originária.
- A generalização e a aplicação em grande escala distorcendo esse mesmo conceito por ocasião da formação dos grandes impérios coloniais.
- Os negros nas Américas até a abolição da escravatura.
- As populações negras após a abolição. As raízes das condições econômicas inferiorizadas da minoria negra.
- As consequências internas para a minoria negra. A autoimagem negativa. Os primeiros movimentos de autoafirmação.
- As lutas raciais decorrentes, principalmente nos Estados Unidos.
- Negritude, uma generalização.
- A manifestação da consciência de raça no Brasil.

Essa pesquisa, ainda que resumida, faz-se necessária, pois trata-se de fatos mal conhecidos e em geral tratados a serviço de outros interesses culturais ou não e, portanto, sem objetividade.

O trabalho procurará colocar-se do ponto de vista do negro, mesmo porque o outro ponto de vista, do branco colonialista, é por demais conhecido e divulgado. Precisará, porém, referir-se aos conceitos comuns à cultura ocidental e, quando necessário, examinar a lógica da sociedade racista, para melhor avaliar a situação objetiva do negro e suas estratégias liberatórias.

Desde que o assunto tratado se reveste, muitas vezes, de fortes conotações emotivas, a simples apresentação de fatos

História e consciência de raça (plano da tese) 133

gerais e/ou sua simples explicação teórica são insuficientes, e procurar-se-á completá-la com a ilustração de alguns episódios de detalhe.

1.2.2 Plano sociopolítico

O segundo plano — o sociopolítico — constitui o verdadeiro motivo do trabalho. O autor é não apenas sociólogo, mas, antes disso, negro.

Tenha ele desejado ou não, muito de sua vida pode ser considerada uma pesquisa participante sobre a condição do negro no Brasil.

Seu treinamento de sociólogo e seu interesse específico no problema negro permitiram-lhe estabelecer referências com outras situações e culturas e, portanto, mais bem colocar o problema em foco.

O autor está convencido do poder revolucionário da informação contra situações arbitrárias de segregação, que se revelam, em última análise, paralisantes para os dois lados envolvidos.

Desejaria, pois, aplicar esse poder em prol, primeiro, da consciência e da ação política coerente dos negros, e depois em favor da redução das barreiras psicológicas — como o racismo — que nos separam a todos, brancos e pretos, de uma sociedade democrática.

O primeiro plano histórico torna-se necessário para definir o ponto de partida, isto é, a autoconsciência do negro no Brasil. Isso não seria necessário se o terreno fosse mais conhecido ou não estivesse minado de preconceitos. A própria existência de um problema negro de grandes proporções no Brasil precisa ainda ser afirmada para que todos possam entender.

Mas a situação brasileira do negro não é uma decorrência mecânica ou natural da história.

Consciência de raça pode e deve ser um instrumento de intervenção na realidade. Há um salto qualitativo necessário do conhecimento à ação eficiente, passando pelo desejo ou pela necessidade psicológica de ação. Esse salto qualitativo ocorre na intimidade do indivíduo negro (e poderia ocorrer mesmo em alguns brancos). É uma colocação existencial.

No seu segundo plano, o trabalho parte da hipótese desse salto como já realizado, da hipótese do negro que assumiu conscientemente seu rol. Procura, pois, ilustrar em termos gerais a consciência ativa do negro brasileiro de hoje e indicar as linhas genéricas da ação do negro consciente. Ação inicialmente como negro, para devassar e transformar a condição inferiorizada dos negros e depois, quando for possível, como ser humano identificado com todos os outros.

O método nesse caso não pode mais ser um resumo de posições vistas ou descritas. As descrições encontradas na literatura ou na vida, as estatísticas e pesquisas, não são mais do que elementos subsidiários de apoio.

A própria escolha dos exemplos não terá finalidade de amostragem estatística. O retrato não será destacado, mas sim participante. O autor está convencido de que a ação decorre imperiosamente da tomada de consciência. Bastará, pois, retratar essa consciência, hoje já historicamente madura, e examinar linhas políticas de ação. O resto é com o leitor.

No plano sociopolítico foram consideradas três fases distintas no tempo, quais sejam, a consciência de raça hoje, os objetivos imediatos e os objetivos a longo prazo, respectivamente tratados nos capítulos 3, 4 e 5.

História e consciência de raça (plano da tese)

No que concerne ao capítulo 3, ou seja, à situação como se apresenta hoje, procura-se uma definição funcional ou operativa de consciência de raça, analogamente ao que foi proposto pelo marxismo para consciência de classe, para tentar traçar depois um panorama genérico, ainda que muito resumido, da situação no mundo tal como se depreende da literatura. Depois, procura-se particularizar a situação brasileira a partir das fontes citadas na bibliografia e das experiências ou pesquisas pessoais do autor.

O capítulo 4, sobre objetivos imediatos, procura traçar um panorama resumido das implicações políticas dessa consciência e, finalmente, o capítulo 5, objetivos a longo prazo, procura recolocar o negro na perspectiva mais geral do desenvolvimento humano a longo prazo. Não que isso seja necessário politicamente — pois é a consciência de raça que determina diretamente a ação, independentemente de qualquer aspiração teórica —, mas sim por se tratar de uma tese acadêmica e não de um trabalho político.

Caberá então concluir que raça é o conceito de apenas uma via de acesso à plenitude da condição humana. Talvez para o negro segregado de hoje seja a única via de acesso.

Não é pretensão deste trabalho definir o que seja essa plenitude da condição humana. Trata-se, porém, de uma aspiração legítima para todos, inclusive os negros. A história, principalmente dos negros, transborda de exemplos do que ela certamente não é. Não se deseja nessa última breve parte do trabalho acenar a uma utopia, mesmo se convencidos de que as utopias são também uma via de acesso ao conhecimento sociológico. Como para o marxismo no que concerne à consciência de classe, a utopia indica apenas uma direção.

História e consciência de raça
(capítulo da tese)*

> O branco gozou 3 mil anos do privilégio de ver sem ser visto...
>
> Jean-Paul Sartre ("Orfeu negro")

Não julgamos nossa tarefa das mais fáceis ao querermos discutir a questão racial, e particularmente a brasileira, na medida em que somos sujeitos e objetos dessa mesma problemática, que realmente ainda não está nem mesmo constituída para nós brasileiros... — afro-brasileiros, enfim, "não brancos" — num nível real de problema.

Uma sociedade como a brasileira, em que através de toda uma história e informações, sempre veiculadas e difundidas pelos instrumentos de poder dominante, estes sempre socialmente brancos, acostumou-se a fazer acreditar numa democracia racial — hoje já em vias de uma total desmistificação, pelo menos já entre uma grande parte de negros.

---

* Texto não publicado, localizado no acervo de manuscritos da Coleção Eduardo de Oliveira e Oliveira, na Unidade Especial de Informação e Memória da Universidade Federal de São Carlos (SP). Escrito no final da década de 1970, provavelmente como parte da pesquisa de doutorado em sociologia do autor. (N. O.)

História e consciência de raça (capítulo da tese) 137

Numa sociedade em que as racionalizações para caracterizar o "não branco" encontram uma gama quase infinita de tonalidades, o problema negro, a nosso ver, tem raízes mais profundas, extrapolando sua especificidade nacional e continental, para ser visto como um problema criado pelo mundo ocidental e, sem dúvida, com grande especificidade entre os negros do Novo Mundo.

Mas perguntamo-nos primeiramente com Jean Genet:

Mais, qu'est-ce que c'est donc un noir?
Et d'abord, c'est de quelle couleur?[1]

Realmente a questão é um tanto quanto angustiante e não creio que mesmo nós, os negros, saberíamos convincentemente respondê-la, já que a compreensão escapa, de certo modo, ao racional, caindo num campo de experiência vivencial, difícil, obscuro, cujo sentido captável mais imediato para nós é o de *ser alguma coisa que não se deve ser*; daí a escamoteação em nuances étnicas que ocorre entre nós, e como os portadores de atributos negroides buscam esconder-se, fugindo a qualquer identidade que os aproxime daquela condição.

É, pois, então esse ser imediato, configuracional, exterior, negado, que nos leva a querer buscar o ser universal no ser negro, o que nos tem sido negado, exclusivamente, por se ser negro.

É Sartre que nos adverte: já que "o preto sofre o seu jugo, como preto, a título de nativo colonizado ou de africano deportado", e "posto que o oprimem em sua raça, e por causa dela, é de sua raça, antes de tudo, que lhe cumpre tomar consciência".[2] Para atingirmos esse nível de consciência fez-se necessária uma consciência histórica, e, na medida em que a história supostamente feita com H é a história do Ocidente e feita pelo Ocidente (e que nos nega), é então a ela que devemos recorrer, o que tentaremos aqui nesta primeira parte, para exatamente afirmar o que ela tem até hoje procurado negar.

Procuraremos desenvolver toda uma caracterização do negro como visto no mundo antigo, desde a Antiguidade clássica até o mundo cristão, da perspectiva, digamos, de uma *negritude abstrata* — em que ele é visto, no nível da percepção, como o outro —, e de como sua identidade se vai substantivando.

Não se trata de procurar nessa "contra-história", como poderá parecer, e como já não o queria Frantz Fanon, um "Platão negro", o que (dizia ele com razão) apenas enriqueceria a história da humanidade, mas de nada melhoraria a condição da criança negra favelada do mundo.[3] A proposta a que nos empenhamos é um tanto quanto mais ampla. Através de uma sociologia da cultura, o que pretendemos é encontrar fontes que integrem o negro à experiência universal e particularmente ao mundo ocidental, este indiscutivelmente responsável pela ideia de negro difundida principalmente após o século xvi. Também nessa busca está o reconhecimento do papel e da importância da África negra, que aparece sempre de maneira controversa, subjugada e dissociada da história do Egito — dado que este é tido como "fonte da civilização mediterrânea" e esta, ao ser traduzida como greco-latina, verá suas raízes raciais e étnicas serem apagadas ou mesmo desaparecerem, pela razão para a qual Cheikh Anta Diop chama a atenção: "Uma vez que uma raça tenha engendrado uma civilização, não se pode imaginar que essa raça seja negra".[4]

História e consciência de raça (capítulo da tese)

Nosso empenho é primeiramente caracterizar o negro enquanto atribuição que lhe é feita e o que daí decorre; e em que medida o ser assim atribuído se atribui a si mesmo historicamente.

Sem deixarmos de levar em consideração a asserção de que "nada é mais insípido do que se referir frequentemente aos exemplos greco-romanos",[5] não podemos deixar de reconhecer que são esses os exemplos que para o pensamento ocidental têm validade e, sem nos sentirmos em nada colonizados, nos serviremos deles como afirmação do que pretendem negar.

Hegel, não fugindo à sua própria crítica, vai afirmar que "o verdadeiro teatro da história universal é constituído pela zona temperada e em particular a zona norte desta, porque a terra aí apresenta o aspecto continental e seu peito é largo, *como dizem os gregos*" (grifo nosso) —[6] para, conforme veremos mais adiante, evidenciar exatamente o que queremos caracterizar e criticar: a visão etnocentrista ocidental e muito bem representada por ele quando diz que "o Mediterrâneo é o centro da história universal" e adianta: "Deixemos a África para não mais mencioná-la. Pois não é parte do mundo histórico; não mostra nenhum movimento, nenhum desenvolvimento, e o que aconteceu lá, ou seja, no norte, pertence ao mundo asiático e europeu".[7] Traça assim uma caracterização que nos parece lapidar, ao "descomprometer" o que para ele significa "a civilização", que no caso é o Egito, com o restante da África negra, e acrescenta, com o que fica bem mais clara sua proposição, que

o Egito será examinado no percurso do espírito humano do Oriente para o Ocidente, *mas não se encaixa na mente africana* [grifo nosso]; o que entendemos, em suma, sob o nome de África, é o que não tem história, não floresceu, está ainda completamente contido em uma mentalidade natural e deve ser simplesmente apresentado aqui, no limiar da história universal. É somente agora, após deixarmos esse elemento de lado, que nos encontramos no verdadeiro palco da história universal.[8]

O que vimos de transcrever é suficiente para nos darmos conta de toda a racionalização que tem sido feita em torno das civilizações africanas, e que justifica uma tomada de posição, ainda que recente, para uma reavaliação da história negra — no que se têm empenhado em sua maioria cientistas africanos, e mais recentemente correntes de intelectuais negros norte-americanos, que têm seus primórdios em W. E. B. Du Bois. Reavaliação essa que não se restringe apenas ao aspecto negro africano, mas abarca também a experiência negra no Novo Mundo.

Vejamos, então, como se vai tirando a dignidade ao negro e se o reduzindo a objeto.

Separando o Egito da África negra e de seu povo, Hegel, para justificar-se, vai estabelecer um contraponto entre razão e emoção — o que levaria mais tarde, e que é perigoso e pernicioso, os próprios negros a acreditarem nessa dicotomia quando um intelectual da altura de Léopold Sédar Senghor se trai ao escrever em versos *"L'émotion est nègre, la raison est hellène"*.[9]

No que diz respeito ao espírito egípcio, é necessário mencionar aqui que os gregos, segundo Heródoto, consideravam os egípcios como os homens mais sábios. Além disso, nos surpreen-

História e consciência de raça (capítulo da tese) 141

demos ao ver, ao lado da estupidez africana, uma inteligência reflexiva e uma organização perfeitamente judiciosa de todas as instituições, bem como obras de arte mais surpreendentes.[10]

Não nos parece demais insistir na asserção de Cheikh Anta Diop quanto à impossibilidade de se poder atribuir a um povo negro a capacidade de engendrar uma civilização e ter sua história; o fenômeno persiste até hoje, e entre nós os feitos de negros foram e têm sido apropriados por brancos — mesmo se esses brancos no quadro racial brasileiro escapam à caracterização antropológica (caucásica?); são sempre os tipos mais próximos do que se convencionou reconhecer como socialmente brancos (por conseguinte, ocidentais), aqueles a quem as atribuições de capacidade criadora são dirigidas. Entre nós, como casos mais próximos no tempo, temos Machado de Assis, Carlos Gomes e Castro Alves, cujas iconografias os distanciam de suas reais aparências, já que são identificados em função dos produtos que veiculam, ao contrário de Ataulfo Alves, Heitor dos Prazeres, Carolina de Jesus, identificados com o não erudito, portanto com o emotivo, e finalmente com o negro.

Diante dessa negação histórica do negro, seja no nível de civilização ou no nível de indivíduo, Cheikh Anta Diop, intelectual senegalês, num trabalho exaustivo e que causou polêmica na França,[11] vai minuciosamente, no labor de comprovar a identidade negra do Egito, traçar, através das mais diversas instâncias, os parâmetros que pudessem provar as evidências em contrário.

Historiadores contemporâneos insistem que as origens dos egípcios são ainda incertas e que a questão de sua raça talvez jamais seja respondida, e, dizem eles, especialmente na forma pela qual tem sido, direta ou indiretamente expressa — branca ou negra; preferindo atribuir àquele povo uma origem semita. Ao que Diop pergunta: "Então por que os gregos reservaram, entre todos os semitas, o termo 'negro' somente para os egípcios? Por que não o aplicaram jamais aos árabes, que são os semitas por excelência?",[12] para colocar a questão de maneira quase anedótica: "Teriam os egípcios traços 'semíticos' tão próximos dos outros negros da África para que os gregos achassem natural os confundir, usando exclusivamente o mesmo qualificativo étnico (*mélanos*), o mais forte que existe em grego para caracterizar um negro?".[13] Não é essa ainda hoje, diz ele, "a raiz que usamos cada vez que queremos indicar sem ambiguidade o tipo negro?".[14] E nos chama a atenção para o fato de que a palavra "melanina", o pigmento que colore a pele do negro, tem seu referencial em Melanésia, conjunto de ilhas habitadas, como sabemos, por negros.

Quais as reais implicações que têm impedido até hoje se ver o negro como criador, que levam a formulações complicadas, mais para negar a evidência do que a própria aceitação? Esse é um desafio que ainda está por ser lançado.

O negro histórico

Um fator nem sempre levado em consideração na história negra, e em particular na história do Egito, pela historiografia ocidental, e que os autores negros contemporâneos estão querendo esclarecer e elucidar, é o fato de a civilização egíp-

História e consciência de raça (capítulo da tese) 143

cia, tida por eles como negra, ser vista como um produto da civilização etíope. Esta teria sido o seu berço.

Se primeiramente, segundo fontes históricas, etíopes de maneira genérica eram os povos compreendidos hoje pelos antropólogos como negros, a partir de Homero pode-se observar uma evolução tanto de etíope (*aithiope*) como de Etiópia (*Aithiopia*); desde então, a palavra — não se circunscrevendo apenas aos habitantes de uma única região, mas parecendo designar os habitantes do mundo negro, do levante ao poente — vai, com Homero e Heródoto, tomar um sentido preciso, o de *homem de pele negra*, e seu tipo será caracterizado em Ésquilo, Esopo e Xenofonte, que o mostra de nariz chato (platirrino), identificado, pois, com o tipo negro da África e excluindo assim, por conseguinte, o tipo hamítico ou asiático.

Também a partir de Heródoto se pode evidenciar que a distinção é feita nos autores gregos, entre o Norte da África e a Ásia, quando fica evidenciada uma familiaridade da Hélade com o tipo africano. Engelbert Mveng, em seu livro *Les Sources grecques de l'histoire négro-africaine depuis Homère jusqu'à Strabon* (1972), nos adverte que, mesmo se não tomarmos Homero como um documentário histórico — no sentido em que se o tem hoje —, não devemos esquecer que tanto Estrabão como Diodoro da Sicília, ainda que fazendo correções, começam seus livros sobre os etíopes por um comentário de suas obras no qual os negros que habitavam além do Egito são vistos como autóctones — opinião que será retomada por Agatárquides de Cnido e servirá de apoio à tese de que os negros sejam os mais antigos dos homens, tese que é, também, uma das premissas da antropologia contemporânea.[15]

Aquele autor nos sugere que, se atravessarmos a literatura grega, desde Homero a Estrabão, devemos rebuscar nas passagens dela os ecos do mundo negro africano, ecos esses recolhidos pelos autores gregos, e que se revelam bastante numerosos e importantes para justificar uma pesquisa histórica a partir de fontes helênicas; e adverte que, se porventura esses conhecimentos pertencerem ao mundo mítico (os negros de Homero e dos poemas cíclicos), isto é, mesmo se pretendermos que não encobrem alguma realidade histórica, devemos acreditar que essa realidade, "qualquer que ela possa ter sido, é exprimida em uma linguagem própria ao gênero literário que a veicula, e que é o mito, no primeiro sentido da palavra".[16]

A significação primeira de Etiópia não deixa qualquer dúvida de que se trata da África negra, sendo, porém, o tipo negro confundido geograficamente, podendo ser localizado tanto na própria Etiópia como no Egito ou no Sudão.

No que concerne à identidade negro-etíope, é possível encontrar na tradição épica grega traços das lendas etiópicas em Hesíodo, que, em sua *Teogonia* (vv. 984-5), deixa uma breve genealogia de Mêmnon, o rei etíope:

De Titono, Aurora pariu Ménon de brônzeo elmo
rei dos etíopes.[17]

Mas, para estabelecer uma cronologia, recorramos à poesia, "que está à frente de todos os gêneros literários", e também a Homero, tido como "o pai das letras, das ciências e da sabedoria",[18] e a quem as primeiras menções feitas aos negros na Grécia se devem. Selecionamos alguns exemplos

História e consciência de raça (capítulo da tese)

em que fique evidenciado não só o conhecimento do negro mas também o reconhecimento dele como ser diferenciado. Assim, na *Ilíada* (xxiii, 205-7; Íris falando):

> Não posso sentar-me, pois regressarei às correntes do Oceano,
> à terra dos Etíopes, onde eles estão oferecendo hecatombes
> aos imortais, para que também participe do festim sagrado.[19]

Odisseia (i, 22-206; Posídon entre os negros):

> Mas este para os etíopes se afastara, eles que estão longe,
> etíopes divididos, mais remotos dos homens,
> uns do sol poente, outros do sol nascente,
> para receber uma hecatombe de touros e de carneiros.
> Aí ele se deleitou, presente no festim.[20]

O gênero dramático explora também a África. Prolongando a tradição de Homero e indo mais além, aí encontramos pela primeira vez os problemas geográficos e históricos que serão os de Heródoto, quais sejam, os da fonte do Nilo e dos habitantes da Líbia interior. Se esses problemas se colocavam nos tempos homéricos, ainda hoje carecem de soluções para uma avaliação precisa das civilizações nessa parte do Norte da África.

Ésquilo, em seu *Prometeu acorrentado*, ao caracterizar a chegada de Io (a deusa) na Etiópia, a previne da seguinte maneira:

> Se não te aproximares deles chegarás
> a uma região remota onde vive
> um *povo negro* perto das águas do Sol,

nas terras percorridas pelo rio Etíope.
Deves seguir por suas margens escarpadas
até o instante em que chegares à Descida,
lugar onde do alto dos montes de Biblos,
o Nilo aflui com suas águas sacrossantas
e salutares.[21]

Uma outra descrição da Etiópia, por Ésquilo em seu *Prometeu desacorrentado* (fragmento 67), onde ela é vista como

terras cor de púrpura, às margens do mar Eritreu, onde corre o rio sagrado, onde se estende o lago de reflexos de bronze, alimentador dos Etíopes, lá, ao norte do Oceano [...]. É lá que o sol, que tudo vê, vai repousar seu corpo imortal e seus cavalos cansados nas mornas ondas de uma água que acalma e repousa.[22]

Ainda Ésquilo, em um outro trabalho, atribuindo aos Titãs narrações de suas aventuras a países percorridos, faz com que eles citem entre os povos encontrados os negros como *melanosterphôn genos*, o que significa "gente de pele negra".

Num outro trecho também de Ésquilo, as atribuições se completam. Temos ao mesmo tempo a caracterização de cor e a fonte geográfica, que nos esclarecem sobre a dificuldade de precisão estabelecida para o mundo negro, a partir do momento em que o etíope começa a perder sua característica particular para ser identificado e confundido com o egípcio, o que por sua vez contribui para as dificuldades que vêm sendo encontradas até hoje para uma precisa avaliação da importância da etnia e da raça na formação da civilização mediterrânea.

História e consciência de raça (capítulo da tese)   147

As características vão a particularidades mesmo no que concerne à linguagem. Em *Ethiopia*, ou *Mêmnon*, observamos o seguinte como caracterização específica de negro:

> No momento em que Mêmnon aparece, sua beleza desperta admiração;
> é comparada à de uma mulher; a multidão exclama;
> Que espetáculo se apresentará diante de nossos olhos,
> uma beleza etíope? [...]
> Sua linguagem desperta igual admiração: nela se encontra *um sotaque negro* [*Aethiopia phonèn*].[23]

Um outro fragmento, também de Ésquilo, cantando o povo da Etiópia, nos revela a extensão do significado de etíope:

> Quero louvar com conhecimento de causa o povo que habita a terra da Etiópia, onde o Nilo, com seus sete meandros, rola suas águas sob o sopro chuvoso dos ventos. O sol com rosto de fogo brilha sobre a terra e derrete o gelo acumulado nas rochas. Então todo o Egito florescente, banhado pelas águas sagradas, produz em abundância o grão nutritivo de Ceres.[24]

Os exemplos de uma presença negra no mundo grego se multiplicam e podem ser encontrados em Píndaro, entre os comediógrafos como Aristófanes, Alexis e Menandro, como também entre os mitógrafos, fabulistas e romancistas, tais como Esopo e Apolodoro; e, entre os historiadores, fundamentalmente Heródoto, o qual, em sua concepção de negro no mundo africano, traçará uma nítida diferença entre os etíopes da Ásia e os da *África*. Mesmo que esses etíopes assim compreendidos sejam povos hoje considerados pelos antropólogos como negros, alguns egiptólogos e africanistas preferem o termo "kushitas" para evitar confusão com a moderna nação da Etiópia. Entretanto, "etíope" era a palavra usada por gregos e romanos para classificar aqueles que tinham em comum uma certa pigmentação; era também o antigo mundo Mediterrâneo e também o padrão pelo qual a Antiguidade media as pessoas de cor.

O poder branco*

AO NOS PROPORMOS FAZER um levantamento do negro brasileiro, num tempo e espaço delimitados, sobretudo para podermos nos ater a um princípio de rigor, deparamo-nos com uma dificuldade que nos parece primordial. Como pensá-lo? Com que critérios, com que métodos, com que orientação fundamental básica de pensamento — já que queremos fugir a todo esquema mecânico de interpretação, numa tentativa de abordar um problema não só para a ciência como para a compreensão de todo um grupo da sociedade brasileira que até agora tem aparecido como peças de um tabuleiro de xadrez, movíveis ao sabor de decisões alheias à sua vontade. Num país que se diz mestiço, com um vasto contingente de sua população de origem africana, sem falarmos no aspecto sociopsíquico que isso implica, é surpreendente o desinteresse por essa presença na realidade nacional. Segundo o professor João Baptista Borges Pereira, entre 1965 e setembro de 1971, ocasião do I Encontro Internacional de Estudos Brasileiros, apenas dez autores haviam assinado livros em que o negro brasileiro era o tema.[1]

---

* Texto não publicado, localizado no acervo de manuscritos da Coleção Eduardo de Oliveira e Oliveira, na Unidade Especial de Informação e Memória da Universidade Federal de São Carlos (SP). Escrito em meados da década de 1970, como possível capítulo da dissertação de mestrado/ tese de doutorado em sociologia na USP. (N. O.)

Recentemente, em banca de exame para defesa de tese de doutoramento, um dos examinadores chamava a atenção para o problema das ciências sociais no Brasil e o *colonialismo cultural*. Ele advertia que esse colonialismo pode não só atingir as preocupações teóricas como ultrapassá-las, chegando muitas vezes o próprio objeto de estudos a se vincular mais às preocupações dos "centros de decisões" do que propriamente às das áreas ditas "periféricas".

Com as atenções monopolizadas, cientistas sociais se desviariam de problemas internos, que requerem reflexões mais de caráter centrípeto e não o contrário, levando a um afastamento das reais preocupações internas e seu conhecimento. No caso, tratava-se de problema de fertilidade e demografia.

Imbuídos dessa preocupação e vendo-nos como elementos do Terceiro Mundo, e pertencentes à etnia estudada, traduzimos a nossos propósitos a seguinte asserção:

> Não se pode pedir a um negro [brasileiro] que se exprima como um branco europeu. Questão de estilo. Como não se pode pedir a um condutor de povos que se exprima como esteta. "Questão de método", diria Jean-Paul Sartre. A ação exige essa penhora total do ser por algumas ideias fortes, algumas *ideias-força*. Nos países por construir, nas nações por se fazer, [...] o intelectual não deve ter medo de repetir-se. É um professor.[2]

Mas aqui tocamos num ponto em que é preciso que nos detenhamos. Referimo-nos acima ao intelectual. Cultura no Brasil tem sido, e continua a ser, queiramos ou não, uma identificação e determinação de "elite", e todos sabemos as denotações que o termo encerra. "Feita abstração da massa

O poder branco 151

de escravos e dos povos primitivos, inteiramente ao abandono, dentro da própria sociedade livre, em que coexistiam os mais diversos estágios da civilização", diz o professor Fernando de Azevedo, "a classe dirigente distinguia-se excessivamente do resto da população do país, não só do ponto de vista do aspecto exterior, do nível e do estilo de vida e dos interesses essenciais, mas, sobretudo, da cultura."[3]

Compreendemos, entretanto, que os detentores dos meios de compra desses bens com isso não se constituíam (como não se constituem) numa elite intelectual, digamos uma intelligentsia.

Posto isso, o que resta ao grupo negro e aos elementos dele saídos — cuja personalidade-status é representada exatamente como negação de "elite", e por conseguinte não identificável como detentora de "cultura" (excluindo-se, claro, os casos de exceção; individualidades, sempre em abstração do grupo negro) — diante das condições de possibilidade a ele oferecidas inerentes a essa mesma sociedade, além daquelas que lhe são atribuídas enquanto subgrupo detentor de configurações específicas? Só lhe resta ser excepcional. O mundo, como que organizado, diz: "*Surpreende-me*, se é que queres ter direito a alguma coisa".

Nós não queremos ser diferentes nem excepcionais. Queremos ter o direito a ser "ordinários", porque o ser diferente seria negar nossa universalidade.

Também não queremos ir *além de nossas forças*, mas sim usar de todas as nossas forças.

Por uma ontologia do negro

> A escravidão e a colonização esvaziaram o negro de suas virtudes, de sua substância, para fazer dele um "assimilado", esse negativo do branco em que o parecer substituiu o ser: um nada.
>
> LÉOPOLD SÉDAR SENGHOR, *Négritude et humanisme* (1964)

O problema da escravidão negra transcende as fronteiras nacionais, assim como o problema de seu produto — o elemento escravizado, o negro.

Na época do descobrimento da América, a escravidão havia começado a desaparecer de boa parte da Europa ocidental. Dois séculos antes, Felipe, o Belo, numa ordem em que liberava os servos dos Valois, fazia-o no pressuposto de que "toda criatura humana que é formada à imagem de Nosso Senhor deve geralmente ser livre por direito natural",[4] outro tanto fazendo Henrique VII da Inglaterra, do qual se diz que liberou alguns vilões de suas propriedades "porque no princípio a natureza fez a todos os homens livres, e então a lei das nações reduziu alguns ao jugo da servidão".[5]

Isso nos leva a acreditar, junto com Edmundo O'Gorman, que na verdade a escravidão negra está associada com a "invenção da América". As viagens africanas promovidas pelo príncipe Henrique de Portugal prepararam o caminho para o primeiro cruzamento do Atlântico. Quando Colombo chegou a Lisboa em 1477, o tráfico de escravos negros era uma empresa florescente.

Tendo o trabalho negro se tornado indispensável para a colonização das Américas, os traficantes europeus cons-

O *poder branco* 153

truíram lentamente um sistema comercial que transformou profundamente a cultura africana, impedindo o crescimento de qualquer outro comércio ou intercâmbio que não o tráfico entre a Europa e o continente africano — contribuindo assim, amplamente, para o aviltamento e a degradação de sua população, tanto internamente como no Novo Mundo, desenraizando-a e submetendo-a a um sistema de força e a novos padrões, relegando assim toda uma raça a uma posição subordinada.

Por mais de três séculos as potências marítimas competiram entre si na tarefa lucrativa do tráfico negreiro, transportando de 15 a 20 milhões de africanos a essa parte do mundo,[6] já que a instituição se estendia desde o rio São Lourenço (Canadá) até o rio da Prata (Argentina).

As teorias relativas à problemática da escravidão e do elemento escravizado têm sofrido as mais diversas interpretações. Como nos informa David Brion Davis, os autores (principalmente) do século XIX tendiam a exagerar a oposição histórica entre a escravidão e o cristianismo, a subestimar a função econômica capital da escravidão no desenvolvimento das Américas e a ler a história como uma luta entre as criaturas da luz e as criaturas das trevas.[7]

Por muito tempo, e até recentemente, acreditou-se que os franceses, e especialmente os espanhóis e os portugueses, tivessem dispensado aos escravos um tratamento mais liberal e os considerassem como seres humanos que só haviam perdido uma parte de sua liberdade exterior, enquanto nas colônias inglesas e no Sul dos Estados Unidos os escravos estavam legalmente privados de todos os direitos de pessoa, propriedade e família, sujeitos à vontade de seu dono e ao poder policial do Estado, que lhes vedava educação, movimentos livres e emancipação.

Historiadores e sociólogos, e entre eles Frank Tannenbaum e Gilberto Freyre, chegam quase a afirmar que na América do Norte a escravidão negra era muito mais cruel do que na América Latina, e Stanley M. Elkins argumenta que o grande contraste não residia no bem-estar físico do escravo, mas sim no reconhecimento de sua humanidade básica.[8]

Comentando a posição de Elkins, David Brion Davis, num trabalho em que discute exaustivamente a problemática histórica da escravidão negra no mundo moderno,[9] adianta que não pretende provar que as diferenças de religião, economia e estrutura social não tinham relação alguma com a instituição da escravidão negra, mas sim apontar que a importância dessas diferenças nacionais e culturais foram exageradas e que todas as colônias americanas onde havia escravos compartiam certos pressupostos e problemas centrais.

Davis pontua que Elkins tomou grande parte de sua armação conceitual do livro de Frank Tannenbaum, *Slave and Citizen: The Negro in the Americas*,[10] não deixando porém de ressaltar que esse historiador foi dos primeiros a revelar a importância da escravidão negra para o desenvolvimento total das Américas. A comparação, entretanto, entre escravidão latina e anglo-americana, a seu ver, padece de três debilidades básicas: supor que a legislação norte-americana, contrariamente à da América Latina, recusou reconhecer o escravo como pessoa moral; ignorar o fato de que a opinião "clássica" sobre a escravidão, tal como aparece corporizada na cultura latina, inspirou-se tanto em Platão e Aristóteles como em Cícero e em Sêneca (o que a nosso ver indica que a concepção

O poder branco 155

de escravo seria a concepção aristotélica, de que "alguns homens são escravos por natureza", e que os escravos no Brasil estiveram, por conseguinte, sob a égide do direito romano que determinava *"non tam vilis quam nullus"*[11]); e pensar que a escravidão negra na América Latina foi uma instituição relativamente mutável, supondo que certas leis humanitárias dos séculos XVIII e XIX eram típicas em toda a América Latina, através de sua história.[12]

As posições de Gilberto Freyre, Frank Tannenbaum e Stanley M. Elkins são amplamente discutidas em recentes trabalhos de autores norte-americanos, que felizmente se estão encarregando de proceder a uma *revisão* de nossa literatura histórico-sociológica concernente ao negro, cujo interesse não parece atrair nossos cientistas sociais.

Endossando conclusões de David Brion Davis, partimos da premissa de que a escravidão negra foi um fenômeno singular ou *Gestalt*, "cujas variações foram menos significativas do que os padrões de unidade". De que a escravidão negra no Novo Mundo não foi uniforme e estática, sendo uma instituição econômica e social que mudou tanto no tempo como no espaço, e não fugindo o Brasil, entretanto, a uma determinante básica para sua economia colonial: o recurso à mão de obra escrava.

Com isso pretendemos fugir a posições idealistas, que, não tomando a instituição servil de uma perspectiva hemisférica, isolam o Brasil de um processo globalizador, atribuindo-lhe características particulares, deformando assim o processo como um todo.

Também para nós, "diferenças dentro do Novo Mundo, entre anglo-saxões no Norte e latinos no Sul, entre as colônias protestantes e católicas, aparecem, num exame mais detido, como tangenciais".[13] O mesmo queremos pensar do negro.

Se o escravismo moderno, num aspecto, pode ainda ser visto com relação à sequência clássica escravidão na Antiguidade — servidão — capitalismo, e/ou caracterizar-se por ser essencialmente capitalista, ele é, porém, *exclusivamente negro*. Mesmo sendo em tese análogo à escravidão da Antiguidade, a nosso ver funcionalmente dela se distingue não só por "inserir-se num contexto totalmente diverso",[14] mas, e isso nos parece sumamente importante, por estabelecer uma relação de autoridade baseada na cor.

Em nenhuma sociedade antiga estava traçada tão claramente como na América a distinção entre escravo e trabalhador livre, já que senhor e escravo não pertenciam a uma raça comum, advindo a cor pois como um signo de condição servil, trazendo, assim, uma consciência de diferenças raciais.[15]

Não é nosso propósito discutir aqui as abordagens que veem o Brasil como uma sociedade pré-capitalista ou uma sociedade tradicional, tomando a abolição como marco para a passagem a uma sociedade capitalista moderna,[16] nem aquelas cujo enfoque central é dado ao sistema capitalista "internacional [...] como unidade explicativa".[17] Particularmente, o que nos interessa é o capitalismo enquanto sistema social, detentor de relações de produções específicas, e não a existência de práticas econômicas que podem ser qualificadas de capitalistas.

Tomamos a escravidão negra no mundo colonial como um recurso para acumulação de capital, representando-se pois o escravismo não como uma componente a-capitalista, mas sim como uma criação capitalista. Entretanto, dentro desse processo, o que nos interessa é o negro. É dele que nos que-

O poder branco

remos ocupar como produto desse processo e dessas relações, já que, no momento em que a economia nacional prescinde dele como fator de acumulação, vai, através da hipocrisia da abolição, suprimi-lo do sistema social de trabalho para a garantia da "liberdade dos brancos". A relação senhor/escravo deve ser vista na dependência capital/trabalho.

Alguns autores, num tipo de consciência culposa, para justificar a escravidão, pretendem que os negros, ao serem feitos escravos no Novo Mundo, já haviam sido feitos escravos em sua própria terra, e que a servidão dos negros nas Américas teria tirado estes do estado selvagem para a civilização.

Estudos recentes mostram que a escravidão praticada na África não tinha muita coisa a ver com aquela praticada no Novo Mundo e que é talvez um erro colocá-las sob uma mesma denominação. Dão-nos como exemplo a economia Ashanti,

> da qual os escravos participavam, tendendo essa mais a uma autocracia. [...] A produtividade da mão de obra "servil" jamais foi utilizada para contribuir no processo de acumulação econômica. [...] Possuir escravos não significava com efeito pertencer a um grupo particular da sociedade, tirando sua renda de seus imóveis por destinação.[18]

Os escravos não eram explorados como agentes econômicos, nem destituídos de personalidade: um bem móvel, como em nossa sociedade. Não havendo pois qualquer mecanismo de exploração econômica, não havia também qualquer obstáculo intransponível para sua liberação. Assim, quando um escravo passava de um senhor africano a um senhor do Novo

Mundo, sua obrigação mudava de natureza e de extensão. O povo sujeitado é considerado como de raça inferior, dentro de um sistema de escravidão e — o que é mais grave — *vê-se* como de raça inferior, num processo colonizador.

O escravo negro trabalha porque é negro, e não por ser escravo, o que leva à caracterização de apresentar-se o negro como um ser biologicamente inferior e também como produto de uma cultura inferior.

Os negros foram dispersos pelo mundo, separados por línguas, pela política e pela história de seus colonizadores; não obstante, a experiência do negro é uma só. Para compreendermos esta identidade, buscamos suas origens na escravidão e no colonialismo.

Como recurso teórico tomamos escravidão como um sistema, e o colonialismo, forjador do "ser colonizado", como "situação", capaz de forjar um tipo de personalidade. Consideramos, pois, a escravidão como um sistema de trabalho forçado, de organização social, de disciplina racial e de classe, centrada como signo de condição servil, moldando uma consciência de diferenças raciais.

Descansando a economia no trabalho escravo, e uma vez que o trabalho estava associado com a raça africana, olhavam-se os negros e mulatos como meros instrumentos de produção, privados de toda personalidade humana. Quaisquer que tenham sido, insistimos, as variações nacionais e regionais dentro da colônia, o negro foi em todas as partes uma posse, um bem transferível.

A ideia de *ser colonizado*, que adaptamos da perspectiva de Albert Memmi,[19] é a de uma realidade de fato, uma "situação" humana capaz de fazer do negro um ser colonizado no

O *poder branco*   159

sentido de jamais ser o autor de sua própria situação; daí a necessidade de sua descolonização. Como diz Memmi, "o colonizado parece condenado a perder progressivamente a memória: suas instituições estão mortas ou esclerosadas".[20]

Com apoio no alcance que uma análise das raízes históricas dos momentos por nós considerados como de conscientização do negro brasileiro possa nos oferecer, para verificarmos se, "no passado como no presente, os modos dominantes de pensamento são suplantados por novas categorias quando a base social do grupo, de que são características essas formas de pensamento, se desintegra ou se transforma sob a pressão da mudança social",[21] tomamos como modelo operacional para o seu conhecimento dois conceitos por nós selecionados: o de *negridade* e o de *negritude*.

A ideia de operarmos com um conceito — ainda por ser desenvolvido — a que chamamos de negridade, em contraposição à negritude, conceito esse já universalmente reconhecido, surgiu-nos de um trecho do "Manifesto à gente negra brasileira", de Arlindo Veiga dos Santos, presidente da Frente Negra Brasileira,[22] datado de 2 de dezembro de 1931, época em que os movimentos sociais do meio negro estavam no ápice em São Paulo. Manifesto esse que proclamava o seguinte: "A nossa história tem sido exageradamente deturpada pelos interesses em esconder a face histórica interessante ao negro, aquilo que se poderia dizer a 'negridade' de nossa evolução nacional".[23]

Entendemos, pois, a negridade como aquele momento em que "o escravo, ao transformar-se em negro livre, assume outra posição, alienada. Trata-se, por assim dizer, de uma mutação dentro da alienação, um momento de mediação entre a pura condição de passividade (ser-objeto) e a negatividade capaz de conduzir à superação dialética".[24]

Momento anterior à negritude, a negridade não se apresentaria como uma ideologia, mas sim como uma contraideologia:

Ela representa o produto dinâmico da absorção dos valores em que se assentava a ordem legal (e, por conseguinte, o próprio estilo de vida dos "brancos") pelo "negro". [...] Não era um fim em si mesmo nem o alvo supremo, perseguido conscientemente como tal. [...] estamos diante de uma contraideologia, construída para minorar as frustrações psicossociais de uma categoria racial e, eventualmente, para auxiliá-la na luta direta pela modificação rápida do *status quo*.[25]

A noção de contraideologia pode ser melhor explicitada quando a entendemos por

não revelar ou manifestar as contradições inerentes à ideologia a que se opõe: pelo contrário, cria contradições para os mesmos que a sustentam. Isso, naturalmente, favorece a situação de domínio ou autoridade existente. Ocorre o contrário quando a oposição é "real": a ideologia do grupo subordinado põe em questão a validade da ideologia do grupo dominante, e por conseguinte põe em questão a legitimidade de seu poder.[26]

Indagamos se teriam sido os movimentos sociais dos meios negros de São Paulo as primeiras tentativas para a correção das contradições entre um substrato legal e uma realidade social.

O *poder branco* 161

Servindo-nos da abordagem fenomenológica de Sartre como base para uma ontologia do negro, tomamos o conceito de intencionalidade, partindo de uma formulação elementar dessa intencionalidade: "Toda consciência é consciência de alguma coisa".[27]

Se a consciência é sempre "consciência de algo", é que tal consciência se determina genericamente e profundamente por ser apenas uma relação com esse "algo", ou (na sua terminologia) um "nada". Sartre considera a consciência como uma operação do nós, vindo isto a radicar no que ele concebe como a fatalidade de nossa liberdade. Esta liberdade consiste em que, tendo nós consciência de nós, temos consciência de que *não somos* esse algo.[28]

A consciência, na medida em que é projeto, que aspira a poder ser — que seria a característica da consciência para-si, que é o poder negar a coisa em-si, para que a supere —, implica um "recuo" (tomando o termo não num sentido "espacial", mas de estrutura intrínseca da mesma consciência); implica uma distância necessária para a determinação do objeto, supondo-se uma consciência da consciência (que seria a negridade).

"Visando-se a si só como consciência (nada), e não *como* aquilo de que é consciência, não o consegue a não ser *lateralmente*."[29]

Na medida em que Sartre compreende a consciência como um jogo de espelhos, o momento por nós compreendido para o negro em seu nível de consciência como de negridade é um momento que poderemos caracterizar, para permanecer dentro da mesma imagem, como um momento *reflexo*. Na medida em que a liberdade para Sartre reside na possibilidade de dizer "não" — de possibilitar um "recuo" em face de um objeto, "deslocarmo-nos" dele, cercá-lo da negação que o determina e, paralelamente, afirmarmo-nos como subjetividade, como autoconsciência, como indivíduos, e assim, transcendendo o próprio objeto, projetar-se para além dele, visá-lo em significação e integrá-lo num complexo de significações (negar, e por que se nega) —, recusa-se [o negro] a si próprio a condição de "coisa", afirmando em si a condição de um para-si contra um em-si, implicando dessa forma a liberdade no próprio ato "intencional": isso seria a negritude.

A negritude, diz Sartre, "para empregar a linguagem heideggeriana", é o ser-no-mundo do negro. É o ser-para-si sartriano, na medida em que ambos os conceitos se relacionam com formas antológicas de existência.[30]

O recurso à dialética sartriana permite-nos compreender melhor esses dois momentos. Quando pensamos que "a escravidão e a colonização esvaziaram o negro de suas virtudes, de sua substância, para fazer dele um 'assimilado', esse negativo do branco em que o parecer substituiu o ser: um nada",[31] temos que a noção de "parecer" implica a noção de "ser" (segundo a concepção em-si e por-si).

Expliquemos:

> O em-si é o ser opaco, impenetrável [ao nosso nível de análise, o escravo, "coisa"]; o para-si é o ser translúcido [momento compreendido como negridade, da contraideologia] que em vão se esforça por atravessar aquele em-si. O em-si está fechado a toda possibilidade e a toda impossibilidade, irremediavelmente condenado a seu ser, que é por isso ser gratuito, abusivo. O ser-em-si, o ser que é, não tem relação alguma com nada, nem

O *poder branco* 163

sequer consigo mesmo: é, e nada mais. E ainda esse "nada mais" lhe é alheio, porque constitui uma negação que exige a presença da realidade humana. Mas essa negação não afeta o ser-em-si, não o penetra: não surge, como queria Hegel, por uma dialética interna do próprio ser. O princípio desse ser-em-si é o da identidade. Compacto, empastado de si mesmo, *plein d'être*, o ser-em-si não pode nem sequer não ser o que não é. É. Não descobrimos a negação no ser-em-si: descobrimos na negação o ser-em-si. Por sua impenetrabilidade, o ser-em-si tampouco pode ter ordem e não a ter. Ordem é um conceito humano: é minha própria condição a que, na ordem, unifica meus conhecimentos.[32]

A negritude, como a entendemos, não é aquela em que "a própria expressão *negro* continha [...], para aquele que havia alcançado o ideal de 'branqueamento social', um resquício de desprezo, [surgindo pois] a 'vergonha da negritude'",[33] mas a negritude enquanto tal quer ser liberação dessa ideologia. Não é também "mística sem lugar no Brasil", como diz o sr. Gilberto Freyre.[34]

A negritude,[35] lato sensu, é uma ideologia que se apoia sobre os valores do mundo negro, não só entre os negros da África como entre os negros da diáspora, seja nos Estados Unidos, nas Antilhas ou no Brasil. É um conjunto de valores dos povos negros, e a maneira de o negro viver esses valores. Podemos encará-la historicamente como uma atitude militante, e também historicamente como uma realidade objetiva.[36]

Para Senghor, trata-se de um conceito de duas faces. Uma objetiva (uma cultura) e outra subjetiva (um comportamento). Interessa-nos aqui mais seu aspecto subjetivo, no nível do comportamento de seus portadores, com o que se coloca a problemática: "1. Existem para os negros problemas específicos pelo simples fato de que eles tenham a pele negra ou pertençam a uma etnia diferente da dos brancos e amarelos?; 2. Quais são esses problemas e em que termos se apresentam?".[37]

Traçando uma proto-história da negritude — quando ainda não identificada como tal, nem mesmo com a palavra, e sem se autodeterminar por tal —, podemos considerar que começa com W. E. B. Du Bois,[38] que lidera o que ficou conhecido como o Movimento de Niágara.

Du Bois encontrou-se em julho de 1905 na cidade de Niagara Falls, Canadá,[39] com 29 homens de catorze estados da União norte-americana, fundando aí uma organização para o alcance dos direitos dos negros americanos. Em suas soluções advogavam liberdade de expressão, sufrágio universal masculino, abolição de distinções de casta baseadas em raça e cor, o reconhecimento dos princípios de irmandade humana e dignidade do trabalho e um esforço de união para realizar os alvos de uma nação onde os cidadãos fossem semelhantes.

Propunha ele que a imagem do negro como uma criança retardada tinha que ser apagada da cabeça do branco. Era uma questão de transformar o negro tanto de dentro como de fora. Dizia ele: "Recusa-se ao negro, tratado como um sub-homem, uma parte de seus direitos em todos os domínios, trate-se de economia ou de política, de cultura ou de bem-estar social".[40]

É a discriminação operando como idealizador de exploração de classes, encontrando até em certos casos falsos fundamentos de fatores físicos, de educação menor etc. O negro é

O poder branco 165

imediatamente identificado, numa escala valorativa, com os escalões inferiores de hierarquia profissional. Como podemos observar por um anúncio do Banco União Comercial (cf. *O Estado de S. Paulo*, 6 jul. 1973), o contínuo é negro. Mas é contínuo por ser negro, ou é negro por ser contínuo?

Uma etapa subsequente a Du Bois, de grande significação e com ampla repercussão nos meios negros de São Paulo, foi o movimento encabeçado por Marcus Garvey. Esse cidadão, de origem jamaicana, mas militante nos Estados Unidos, havia declarado que o único futuro para o homem negro era voltar ao continente de onde seus ancestrais tinham vindo. Esse movimento atinge grande sucesso por volta de 1920 com a Garvey's Universal Negro Improvement Association. Pregando a glorificação da raça e da cor, convidava seus semelhantes a juntarem-se numa volta à África. Foi o propalado movimento Back to Africa.

Em seu *Philosophy and Opinions of Marcus Garvey*, postula o seguinte:

Declaramos que a África deve ficar livre, e que a raça negra deve ser emancipada do cativeiro industrial e da servidão. [...] Sofremos por trezentos anos; dessa forma, achamos que chegou o momento em que apenas aqueles que sofreram conosco podem interpretar nossos sentimentos e nosso espírito. [...] Estudiosos honestos da história podem lembrar o dia em que o Egito, a Etiópia e Timbuktu pairavam acima da Europa, acima da Ásia. [...] Por que, então, perdermos a esperança? Homem negro, você já foi grande certa vez [...] você forçará o mundo a respeitá-lo. [...] Eu tenho uma visão do futuro, e vejo o retrato de uma África redimida, com sua bela civilização [...]. Levantem-se, homens; saiam do lamaçal e empurrem suas esperanças até as estrelas.[41]

Comentando manifestações de caráter ideológico entre os negros no Brasil (identificação enquanto negritude), Fernando Henrique Cardoso adianta-nos que houve "até a formulação vaga da reivindicação da qualidade de africanos pelos negros de Porto Alegre e a identificação lírica com a África: 'A África, pátria de heróis como Menelik, dará ainda muito o que fazer ao orgulho dos brancos recalcitrantes'";[42] sonho que Marcus Garvey iria propor nos Estados Unidos trinta anos depois.

Manifestações do garveyismo entre nós corroboram nossa proposição do negro como um ser universal em busca de soluções que têm sua base num mesmo nível de identidade, conforme vemos em publicações da imprensa negra paulista.[43]

Paralelamente ao garveyismo (1918-28), os negros norte-americanos chamam a atenção mundial através do movimento com base em Nova York conhecido como a Harlem Renaissance, e que tomou várias formas. Encontravam-se músicos como Duke Ellington e Louis Armstrong, cantores e atores como Paul Robeson, Bessie Smith, Ethel Waters etc. Referindo-se a esses movimentos, José Correia Leite, militante negro dos meios paulistanos, assim se exprime, denotando um certo grau de identificação: "Em 1920 apareceram notícias dos primeiros êxitos dos negros na música. Dizia-se que os primeiros ragtimes eram 'coisa de negro'".[44]

Harlem torna-se um centro que atraía negros vindos de outras partes dos Estados Unidos, que para ali iam num tipo de êxodo em busca de novas oportunidades no Norte. Desse movimento surge o que ficaria conhecido como a Negro Ren-

O *poder branco*

aissance, que congregava um grupo de escritores e pensadores negros, entre os quais destacavam-se Langston Hughes, Alain Locke, Countee Cullen, James Weldon Johnson, Claude McKay.[45] São esses os poetas e pensadores que vão inspirar o que ficou conhecido verdadeiramente como Movimento da Negritude.

O aparecimento em Paris de uma revista marcando o início de uma literatura negra de expressão francesa, a *Légitime Défense*, influenciada pelo movimento norte-americano, não só elogia a posição daqueles escritores como, defendendo a personalidade antilhana que por trezentos anos havia estado sob o colonialismo francês, desperta a consciência de alguns africanos e descendentes de africanos em Paris.

Em seu manifesto, propunha que em vez de "fazer um ponto de honra de que um homem branco pudesse ler todo seu livro sem adivinhar sua pigmentação", o escritor devia assumir sua cor, sua raça, fazer-se o "eco dos rancores e aspirações de seu povo oprimido", em suma, assumir a negritude.[46] Tal foi a mensagem que os estudantes negros de Paris escutaram — e em particular Aimé Césaire, Léon Damas e Léopold Sédar Senghor, que teorizaram sobre o que mais tarde ficou conhecido, com uma característica particular, como Movimento da Negritude.[47]

Diz Senghor, referindo-se àqueles tempos:

Os sábios, os artistas e os escritores europeus nos ensinaram a melhor conhecer a vida africana não em seu sabor vivo, mas em seus valores insubstituíveis de civilização. O papel dos negros americanos foi outro. Eles nos ensinaram não bem a nos revoltarmos moralmente, mas sobretudo a nos organizarmos socialmente, senão politicamente, e acima de tudo a *criar*. Os poetas da Negro Renaissance que mais nos influenciaram são Langston Hughes, Claude McKay, Jean Toomer, James Weldon Johnson, Sterling Brown e Frank Marshall Davis. Eles nos provaram o movimento *en marchant*: a possibilidade de, criando antes obras de arte, fazer renascer e respeitar a civilização negro-africana.[48]

Em que consiste esse movimento quando verdadeiramente a palavra "negritude" a ele incorporada adquire e passa a ter um sentido específico?

O termo, diz Senghor, foi inventado em 1932 por Aimé Césaire, o qual

> forjou a palavra segundo as regras mais ortodoxas do francês: [...] [buscou] em -*ité* (do latim -*itas*) e -*itude* (do latim -*itudo*) [o que dava por conseguinte em francês *négrité* e *négritude*]. Esses dois sufixos, empregados desde o baixo latim com a mesma significação, passaram hoje a designar palavras abstratas tiradas de adjetivos. Exprimem, pois, a situação ou o estado, a qualidade ou o defeito, e a maneira de os exprimir.[49]

Partindo da definição de *latinité* — "maneira de escrever ou de falar latim: caráter latino; civilização latina. O espírito da latinidade; sobre este modelo pode-se também definir a negritude: maneira de se exprimir do negro. Caráter negro. O mundo negro, a civilização negra".[50]

O inventor da palavra assim a define: "a negritude é o simples reconhecimento do fato de ser negro, e a aceitação desse fato: do nosso destino de negro, de nossa história e de nossa cultura".[51]

O poder branco 169

Para Senghor, aí estão contidas duas definições complementares do conceito. A palavra — e dela partindo o conceito — tem um duplo sentido: objetivo e subjetivo. Assim, objetivamente "a negritude é um fato, uma cultura. É o conjunto dos valores econômicos e políticos, intelectuais e morais, artísticos e sociais, não apenas dos povos da África negra, mas ainda das minorias negras das Américas, Ásia e Oceania", e, subjetivamente, é a "aceitação desse fato",[52] um comportamento, uma maneira ativa de viver esses valores.

Podemos conceber a negritude visando o conceito de sua acepção mais geral e, num sentido particular, no nível de consciência racial militante, no que englobamos os movimentos lançados por personalidades ou por um grupo de negros, como nos Estados Unidos primeiro o Movimento de Niágara e o garveyismo, e posteriormente a Negro Renaissance; nas Antilhas o movimento conhecido como Escola Haitiana (tendo à frente o escritor Jacques Roumain) e, na África, o movimento francófilo que se caracteriza particularmente por ter incorporado a palavra e autodenominar-se de Négritude.

Voltando à problemática da negritude.

"Existem para os negros problemas específicos pelo simples fato de que eles tenham a pele negra ou que eles pertençam a uma etnia diferente da dos brancos e dos amarelos?"

Uma incursão pela imprensa negra de São Paulo sugere-nos, além do garveyismo, a identificação com o problema africano, uma evocação de Toussaint Louverture e a cada vez mais unânime identificação com o negro norte-americano. Não só mais próximo geograficamente mas também produto de exportação (os Estados Unidos, que exportaram Coca-Cola, hoje exportam ideologia), o Black Is Beautiful está se tornando uma constante entre os negros.

Fatos mais recentes, como o Baile do Calouro Negro (o sétimo [1974]), remetem-nos à inquirição da identidade comum. Pensamos o negro como produto de uma longa e intensiva socialização em uma categoria étnica, daí encarnando (ou corporificando) uma personalidade-status que lhe é imposta à personalidade social.

Como num leitmotiv, voltamos à nossa premissa, numa tentativa de melhor explicitar o que entendemos do negro como um "ser colonizado" —

"A ESCRAVIDÃO E A COLONIZAÇÃO ESVAZIARAM
O NEGRO DE SUAS VIRTUDES, DE SUA SUBSTÂNCIA,

[Os] batuques olhados pelo governo são uma coisa, e olhados pelos particulares da Bahia são outra diferentíssima. Estes olham para os batuques como para um ato ofensivo dos direitos dominicais, uns porque querem empregar seus escravos em serviço útil ao domingo também, e outros porque os querem ter naqueles dias ociosos à sua porta, para assim fazer parada de sua riqueza. O governo, porém, olha para os batuques como para um ato que obriga os negros, insensível e maquinalmente de oito em oito dias, a renovar as ideias de aversão recíproca que lhes eram naturais desde que nasceram, e que todavia se vão apagando pouco a pouco com a desgraça comum; ideias que podem considerar-se como o garante mais poderoso da segurança das grandes cidades do Brasil, pois que se uma vez as diferentes nações da África se esquecerem totalmente da raiva com que a natureza as desuniu, e então os de agomés vierem a ser irmãos

O poder branco

com os nagôs, os gêges com os haussás, os tapas com os sentys, e assim os demais; grandíssimo e inevitável perigo desde então assombrará e desolará o Brasil. E quem haverá que duvide que a desgraça tem o poder de fraternizar os desgraçados? Ora, pois, proibir o único ato de desunião entre os negros vem a ser o mesmo que promover o governo indiretamente a união entre eles, do que não posso ver senão terríveis consequências. (Conde dos Arcos, apud Nina Rodrigues, *Os africanos no Brasil*. São Paulo: Companhia Editora Nacional, 1935, pp. 234-5.)

PARA FAZER DELE UM 'ASSIMILADO',

O conde de Assumar recomendava "aos vigários e às varas eclesiásticas que só aceitassem homens brancos como padrinhos de batismo e testemunhas de casamento dos negros, a fim de que esses sacramentos não fossem motivo de subordinação de negros a negros, e com isso se tornasse possível o enfraquecimento do poder que os africanos adquiririam contra a população branca". (Arquivo Público Mineiro, Códice II-s.c., fl. 171, v. In: Luiz Mott, "A escravatura: O propósito de uma representação a El-Rei sobre a escravatura no Brasil". *Revista do IEB*, São Paulo, USP, n. 14, 1973, p. 130.)

ESSE NEGATIVO DO BRANCO EM QUE O PARECER SUBSTITUIU O SER: UM NADA."

Em seu nº 18, ano XXXIX, p. 15, de 28 de janeiro de 1967, a revista *O Cruzeiro*, comentando o nascimento da filha do inegavelmente negro Pelé — sr. Edson Arantes do Nascimento —, estampava o seguinte: "O Registro de Nascimento tem o número 90008. O livro é A-81, folha 252. O nome é Kely Christina Cholby Nascimento. Cor, branca. Os avós maternos são Guilherme Cholby

Filho e Idalina dos Reis Cholby. Paternos: João Ramos do Nascimento (Dondinho) e Celeste Arantes do Nascimento".

— e chamarmos a atenção para sua emergente "descolonização". O afloramento de uma consciência racial em São Paulo data do primeiro quartel do século (1929), saindo de uma órbita regional para estender-se a todo o Brasil com a proposta do I Congresso da Mocidade Negra.

> Negros de São Paulo e do Brasil, o Congresso da Mocidade Negra é o verdadeiro e único caminho para tratarmos da edificação da nossa obra de resistência: para a formação definitiva da nossa frente única, para a consolidação firme de nossas ideias, é a base fundamental da regeneração de nossa coletividade, forte e unida. Sejamos leais pois, nessa jornada grandiosa, que será unicamente do negro para o negro, porque ninguém fará por nós, e se não levantarmos agora para o futuro será tarde demais.[53]

Trata-se a nosso ver da primeira manifestação de negritude assumida, mas não concluída. É um momento desta luta do negro, em busca de sua identidade, através dos movimentos que tiveram início em São Paulo em 1924, que será objeto de nossas preocupações.

O que impediu a esses "a quem inculcaram sabiamente o medo, o complexo de inferioridade, a tremedeira, a submissão, o desespero e o servilismo"[54] de representarem-se como ser?

Sobre a democracia racial no Brasil*

O BRASIL FOI TIDO por muito tempo como uma democracia racial. Onde todas as raças e credos conviviam em harmonia. Um melting pot. (Quem dizia? Índice de analfabetismo.)

Essa ideia advinha de historiadores, viajantes que numa visão impressionista soltavam suas impressões daquilo com que tinham contato de imediato. Para isso também contribuiu uma ideia muito difundida de que a escravidão na América Latina (católica) tinha sido mais suave do que a escravidão nos países anglo-saxônicos. Essas teorias, hoje combatidas como anticientíficas, levaram a novos estudos em que a escravidão, como um sistema único e específico, é vista em seus aspectos nacionais e regionais.

Baseada na hipótese de uma democracia racial e uma perfeita convivência entre os homens, a Unesco (órgão internacional que se preocupa com os destinos da humanidade), depois da catástrofe da última guerra, instituída pelos alemães, resolveu buscar um modelo em que pudesse se apoiar para propor uma compreensão e uma possível solução dos problemas raciais.

---

* Texto não publicado, localizado no acervo de manuscritos da Coleção Eduardo de Oliveira e Oliveira, na Unidade Especial de Informação e Memória da Universidade Federal de São Carlos (SP). Escrito em 1976, apresenta reflexões de uma provável palestra ou conferência. Título atribuído pelo organizador. (N. O.)

Assim é que em 1950, munido dessa hipótese, chega ao Brasil Alfred Métraux, para constituir um grupo de pesquisas que abordasse o problema em diferentes pontos da nação. Ficou distribuído geograficamente da seguinte forma: São Paulo, Rio de Janeiro e Bahia.

Logo no primeiro *survey* a hipótese teve que ser reformulada. Apareciam, através de entrevistas, situações de conflito não manifesto e que precisavam ser conhecidas em profundidade. Assim, da hipótese de uma democracia racial passou-se para uma ideia oposta; que necessitava um conhecimento de como os grupos (brancos e negros) manipulavam suas formas de comportamento para um tipo de acomodação social. Desse trabalho surgiram três livros: *Brancos e negros em São Paulo*, de Roger Bastide e Florestan Fernandes; *O negro no Rio de Janeiro*, de Costa Pinto; e *Brancos e pretos na Bahia*, de Donald Pierson, livro esse que recentemente foi revisto pelo autor dada uma perspectiva da época, distorcida, da sociedade baiana.

Isto posto, vamos tentar lidar já com uma outra ideia, um tanto quanto difundida, que acredita na existência de uma questão racial não definida e que tenta compreendê-la de uma maneira algo anedótica, mas que encerra um componente negativo para o negro.

Diz-se comumente que no Brasil não existe preconceito racial porque o negro conhece o seu lugar — isto é, não incomoda. Nós pensamos diferente: ele não conhece outro lugar. Quando souber da possibilidade de um outro lugar, reivindicará o lugar que de direito lhe pertence na sociedade. Vejamos de uma maneira geral alguns aspectos históricos da experiência do negro no Brasil para compreendermos a sua presença hoje.

Sobre a democracia racial no Brasil 175

A escravidão já tinha sido erradicada da Europa como instituição — se bem que ainda se encontrava gente em regime de servidão —, com a concepção do escravo considerado "não somente vil como nulo" (*non tam vilis quam nullus*), quando é restaurada nos séculos xv-xvi para servir aos interesses econômicos das nações conquistadoras do Novo Mundo, e dessa vez baseada na cor. Essas nações eram Portugal, Espanha, Inglaterra, Holanda, França e Dinamarca.

Os primeiros negros introduzidos em Portugal datam da metade inicial do século xv — por volta de 1450. Acredita-se que os primeiros introduzidos no Brasil tenham vindo já com as naus que aqui aportaram. Depois, como empregados dos colonos que aqui ficaram, isso por volta de 1535, conforme documentos. No início, os portugueses apenas estavam interessados na posse da terra e não na sua exploração. Com o advento da cultura de cana-de-açúcar, cultura extensiva que requer farta mão de obra, recorreu-se à importação do braço africano. O tráfico entre a África e o Brasil vai dos anos 1530 até 1850, quando é proibido, mas permanece clandestino até 1870 quando se necessita de mais braços para a cultura do café, que tem seu apogeu em São Paulo, Vale do Paraíba, de 1850 em diante. Os negros vinham das mais diversas procedências da África. Norte, Sul, Leste e Oeste. O fato de a África ser um continente de população negra (ao sul do Saara) fez sempre com que se acreditasse tratar-se de um só grupo racial. Diz um historiador que o dia em que se entenda que um sueco difere menos de um português do que um nigeriano de um bosquímano — natural da África do Sul — poder-se-á começar a compreender melhor aquele continente.

Explicamos isso para melhor podermos sentir o negro brasileiro hoje.

Importavam-se indistintamente negros de todas as partes sem se levar em consideração suas diferenças raciais, culturais, linguísticas etc. A distribuição das raças negras é a seguinte:

África: etiópica, melano-africana, negrilha, koisan

Ásia: melano-hindu

Oceania: negrito, melanésia

Dentro da África, entre as várias raças e etnias, existem 77 línguas subdivididas em dialetos.

A escravidão teve como base (para sua manutenção) a desorganização social e cultural dos grupos negros. Assim é que se dissolviam famílias, importavam-se mais homens do que mulheres (causando um desequilíbrio sexual), misturavam-se grupos fetichistas e ágrafos (que desconheciam qualquer forma de notação escrita) com grupos islamizados que liam, escreviam e professavam a fé maometana. Por aí podemos calcular o resultado para todo um grupo de um tal processo dirigido de forma ordenada durante quase quatrocentos anos — de 1535 a 1888, quando se dá a abolição da escravatura (o que é feito juridicamente, mas de *fato*, na prática, o que se viu e o que se vê até hoje é o total abandono de um contingente populacional que foi escravo — e sua escravidão foi baseada na cor como determinante de inferioridade racial). Lógico que ao longo de toda a história do Brasil os negros se revoltaram, mas não podemos esquecer que um povo submetido a tal forma de socialização fica marcado psiquicamente. A estrutura familiar foi sempre destruída, a mulher negra sempre vista como reprodutora, e o produto de seu ventre visto pela sociedade escravista como um capital.

Sobre a democracia racial no Brasil 177

Ao longo dos séculos, na medida em que a economia precisa da — ou rejeita a — mão de obra negra, a relação entre senhores e escravos se altera. O desenvolvimento cultural e científico na Europa vai influir na concepção de homem. Entre os séculos XVII e XVIII, com o desenvolvimento do racionalismo, fruto da revolta protestante e do Iluminismo inglês e francês, com os enciclopedistas, vão ser discutidas a natureza e a validade da escravidão.

A Revolução Industrial na Inglaterra também vai influir para a extinção do tráfico negreiro entre o Brasil e a África, assim como as ideias liberais vão exigir do Brasil um pronunciamento sobre sua escravidão interna. O Brasil fica independente para ver-se *livre* sem libertar seus escravos — o que é uma contradição, e não aparecida na luta de independência norte-americana. Torna-se um país livre com escravos.

Por questões econômicas nacionais e internacionais, em cujas minúcias não vamos entrar aqui, o Brasil começa propondo a extinção da escravidão a longo prazo, para depois resolver-se pela Lei do Ventre Livre, de 1871 (todo filho de escrava nasceria livre). Com isso dava-se uma informação à opinião mundial, mas não passava de uma farsa... Vejamos:

Imediatamente após vem a Lei dos Sexagenários: todo escravo depois dos sessenta anos era considerado livre. Livravam-se de uma peça morta (atribuindo uma liberdade fictícia) enquanto tinham garantido o "liberto" (entre aspas) em pleno vigor.

A economia do Norte e Nordeste (cana-de-açúcar e algodão) já estava desintegrada por volta de fins do século XIX; desde o fechamento do tráfico os senhores do Norte viviam da venda de escravos para São Paulo, Rio e Minas, produtores de café, inaugurando assim o tráfico interprovincial. São Paulo desenvolve também um tipo de economia no qual seus recursos não são mais aplicados apenas em escravos, mas em empresas (transportes/indústrias/urbanização), passando o escravo a ser um peso morto como consumidor e beneficiário de bens de serviços; além de revoltado com o regime servil, causando rebeliões que punham em perigo a economia do país.

Recorre-se ao imigrante e ao trabalho assalariado como solução para uma mão de obra não mais operante, no momento exato em que se decreta a abolição da escravatura. O negro sai da condição de escravo sem qualquer pecúlio, sem qualquer fundo, fosse ele em dinheiro ou em terras. Assim, sai da escravidão para garantir não sua liberdade, mas a liberdade dos brancos, que podem a partir daí especular economicamente com outro tipo de relação de produção.

É esse o homem que entra no processo de uma nação que no início do século se propunha industrializar-se, urbanizar--se etc. Ele entra totalmente desqualificado... Como escravo, sempre foi considerado coisa... A educação era negada por lei.

A abolição se dá em 1888 — há exatamente 88 anos.

A primeira geração de filhos de escravos tenta por volta de 1920 começar movimentos em prol do negro, propondo, como eles diziam, *a segunda abolição, a verdadeira*, já que a primeira não tinha sido em proveito do negro...

Os movimentos negros começam em 1924 e se estendem até 1935. Constitui-se a Frente Negra Brasileira, congregando 200 mil filiados. Talvez seja o primeiro partido de âmbito nacional. É fechada em 1937 por Getúlio Vargas, que impõe uma ditadura que vai até 1945.

Sobre a democracia racial no Brasil 179

Alguns jornais negros, que têm início em Campinas mesmo antes da abolição, funcionam até 1958-60 — de maneira irregular.

O preconceito racial no Brasil está tão imbuído em seu povo que o negro continua sendo uma pessoa de segunda categoria. Essa é a ideia que temos dele, e sem nos darmos conta convivemos com ela...

Uma democracia racial verdadeira não se importa se o parceiro do lado é branco, negro, amarelo ou vermelho... Mas a nossa democracia, ela é democracia enquanto o negro tender a aproximar-se do branco... Propõe-se um branqueamento (com o que a mulher negra é usada como objeto — porque o branqueamento se dá numa só direção, o homem branco com a negra, e não ao contrário. Não há uma idealização diferente sobre a mulher negra; ela é objeto e como tal ligada à ideia de prostituta. Quando o inverso se dá, é a branca que não é levada em consideração. Envolver-se com um negro não é uma boa recomendação).

Enfim — a nossa democracia racial é democracia enquanto for para o branqueamento e não para o empretecimento. O valor positivo é o branco. Não fora isso a nação não ofereceria como um dote do mais alto valor o atributo de raça branca à filha do indiscutivelmente negro Pelé.

Finalizando, gostaria apenas de mostrar algumas estatísticas sobre o grau de escolaridade dos negros. Desde 1960 que, sendo uma democracia racial, não se computa mais nos recenseamentos a cor dos indivíduos. Somos todos um só povo, uma só raça, um mesmo irmão. Se eu quiser saber a situação do negro na escala de trabalho, no nível escolar, na situação de saúde, no nível de moradia, no índice de criminalidade ou de aproveitamento, simplesmente não posso, porque sabê-lo ou comprovaria ou negaria essa democracia.

Do ponto de vista pessoal eu não vejo o Brasil como uma democracia racial, mas não posso responder pela população não branca brasileira. Quem diz isso são os brancos, que têm tudo na mão (sobretudo a imprensa). Não se fez um referendum entre os negros para saber o que eles realmente pensam.

A substantivação da negritude*

Cientes e conscientes da usurpação sofrida, questionando o seu lugar no concerto universal, um grupo de negros da África e das colônias de expressão francesa, vítimas todos do colonialismo em seus próprios países, e vítimas também do colonialismo na França, se organizam e se rebelam contra a visão do mundo negro em que eram tidos. Desse encontro é que vai surgir o que ficaria conhecido como Movimento da Negritude.

Estando os negros de expressão portuguesa desvinculados desse processo (com que se beneficiam os negros de expressão francesa), da mesma forma que os contatos entre os negros do Brasil e aqueles da África de expressão portuguesa jamais foram estabelecidos para o desenvolvimento de uma consciência unitária do problema, o reflexo de uma consciência de *negritude* no Brasil se dará por intermédio do que se estava realizando nos Estados Unidos, como veremos mais adiante.

Do grupo de Paris constavam Léopold Sédar Senghor, Léon Damas e Aimé Césaire. Alguns fenômenos importantes

---

* Texto não publicado, localizado no acervo de manuscritos da Coleção Eduardo de Oliveira e Oliveira, na Unidade Especial de Informação e Memória da Universidade Federal de São Carlos (sp). Escrito em meados dos anos 1970, provavelmente como parte da pesquisa de mestrado/doutorado em sociologia do autor. (N. O.)

estão na origem desse movimento, como o conhecimento por elementos desse grupo do pensamento de W. E. B. Du Bois e do que se passava nos Estados Unidos, principalmente o que transcorria entre o grupo negro organizado do movimento Negro Renaissance.

W. E. B. Du Bois, o eminente negro americano nascido em 1868, vai interessar àquela juventude africana e das ilhas, em Paris, pelo que afirmava publicamente ao dizer: "Eu sou um negro, e me regozijo desse nome; [...] sou orgulhoso do sangue negro que corre em minhas veias".[1]

Dotado de inteligência excepcional, de uma formação intelectual rigorosa, deixará registrada sua passagem pelas universidades Fisk (universidade só para negros no Tennessee), depois Harvard e posteriormente Berlim. Tendo tido uma posição bastante significativa nos Estados Unidos na afirmação do negro norte-americano e de seus destinos dentro do país, vai ser o grande opositor de Marcus Garvey, que, através de um programa político-cultural intitulado Back to Africa, incitava os negros a voltarem para o continente africano, com o que de certa forma favorecia a política racista norte-americana.

As ideias e o pensamento de Du Bois vão influenciar a formação e a doutrina de homens como Kwame Nkrumah e Jomo Kenyatta. É ele o secretário da 1 Conferência Pan-Africana, organizada em Londres pelo jurista Henry Sylvester Williams em 1900, ficando, depois da morte deste, de 1919 até 1945 à frente da direção do movimento que protestava contra a política imperialista na África, luta essa feita bem antes de os próprios africanos lutarem pela sua independência.

O outro movimento norte-americano que iria calar fundo entre os jovens africanos e antilhanos foi a Black Renaissance,

A substantivação da negritude

nos Estados Unidos, mais particularmente no Harlem, tendo à frente os poetas Langston Hughes, Claude McKay, Countee Cullen e Sterling Brown, entre outros. O propósito era o de afirmar a dignidade do homem negro como negro. Seu manifesto assim se expressava:

> Nós, criadores da nova geração negra, queremos exprimir nossa personalidade negra sem vergonha nem medo. Se isso agrada aos brancos, ficamos contentes. Se não os agrada, pouco nos importa. Sabemos que somos bonitos. E também feios. O tam-tam chora e o tam-tam ri. Se isso agrada às pessoas de cor, ficamos contentes. Se não lhes agrada, pouco nos importamos. É para amanhã que construímos templos, templos sólidos como nós sabemos edificar, e estamos de pé no topo da montanha, livres dentro de nós.[2]

Esse é o primeiro grande movimento que chamará a atenção sobre o problema negro, propagando-se até Haiti, Cuba, Antilhas Francesas e chegando à França, onde penetrará as elites africanas que lá estavam.

Uma outra grande contribuição para a consciência de negritude é o Movimento da Escola Haitiana, que se vai estender de 1929 a 1932.

O Haiti, que se havia tornado independente graças à luta do escravo Toussaint Louverture, que chefiou a revolução da libertação, e Dessalines, consciente do papel do negro nessa luta de libertação e de seu papel na cultura do país, tem entretanto uma literatura, como também em outras colônias, feita nos moldes do colonizador, que era vista por uns como literatura de turismo e por Léon Damas como uma literatura de decalcomania, produto de uma burguesia negra que imitava tudo o que era francês e que tinha vergonha de sua cor.

Quando a ilha é ocupada pelos norte-americanos e os franceses não os defendem, desperta-se uma consciência nacional que vai levar os haitianos a se voltarem sobre si mesmos e descobrirem sua verdade nativa. Lançam aí três revistas, *La Nouvelle Ronde*, *La Revue Indigène* e *Les Griots*, concentrando-se entre seus combatentes na figura de Jean Price-Mars, que diz que "só teremos chance de sermos nós mesmos se não repudiarmos nenhuma parte de nossa herança ancestral. Pois bem! Essa herança é de uns oito décimos uma dádiva da África".[3]

Entretanto, o que realmente vai desencadear a concretização do movimento é o manifesto aparecido na revista dirigida por estudantes martiniquenses intitulada *Légitime Défense*, que defendia a personalidade negra antilhana, que durante trezentos anos de escravidão e colonização se viu sufocada. Criticando de maneira um tanto quanto severa o que definiam como a "mediocridade da literatura antilhana" feita pelos intelectuais negros locais, denunciavam-na como uma "pura imitação do Parnaso francês", como uma "paródia fora de moda". Denunciavam-nos como sendo velhos escravos que estavam amarrados pelo medo de ser mal julgados pelo senhor, de quem pretendiam permanecer como modelo fiel. *Légitime Défense* vai pregar não só a liberação do estilo como a liberdade de imaginação e do temperamento negro, e propõe que, "em vez de fazer um ponto de honra de que um branco possa ler todo o seu livro sem conhecer sua pigmentação, o escritor deve assumir sua cor, sua raça e se fazer o eco dos ódios e das aspirações de seu povo oprimido".[4]

A substantivação da negritude 185

Num artigo aparecido na revista, intitulado "Misére d'une poésie", Étienne Léro faz uma crítica acirrada do pensamento nas ilhas, o que, entre outras coisas, custaria a supressão das bolsas de estudo, perseguições políticas e a retirada de pensões fornecidas pelas famílias. Podemos ler entre outras coisas o seguinte:

> É profundamente inexato falar-se de sua poesia antilhana. A maioria da população das Antilhas não lê, não escreve nem fala francês. Alguns membros de uma sociedade mulata, intelectual e fisicamente abastardada, literariamente alimentada de decadência branca, se fizeram, junto da burguesia francesa que os utiliza, os embaixadores de uma massa que eles abafam e, pior ainda, renegam por ser muito escura.[5]

Descendentes da burguesia das ilhas, sabendo-se ameaçados pela segurança paterna — como seria o caso de Léon Damas, cuja família corta toda forma de ajuda, tendo ele que trabalhar à noite no mercado do Halles para poder estudar —, esses estudantes não tinham dúvidas quanto ao risco a que se propunham, pois já estampavam no primeiro número que "esta pequena revista, instrumento provisório, se se quebra, saberemos encontrar outros instrumentos", o que seria o *L'Étudiant Noir*. O periódico circularia de 1935 a 1940, reunindo todos os estudantes negros de Paris, e, sendo um jornal corporativo e de combate, tinha por objetivo "o fim da tribalização e do sistema clânico em vigor no Quartier Latin". A proposta era de que deixassem de ser estudantes martiniquenses, guadalupenses, guianenses, africanos ou malgaxes, para não serem mais do que estudantes negros. O jornal, pretendendo avançar o pensamento do grupo de *Légitime Défense*, além de reivindicar a liberdade criadora do negro fora de toda imitação ocidental, propunha que era preciso ir mais além, indicando os meios pelos quais o negro poderia "se liberar da canga dessa assimilação; esse meio era a volta às fontes africanas".[6]

Estava assim concretizado um sistema de ação que levaria ao movimento da negritude stricto sensu.

Essa negritude surgida em Paris se define como "uma cultura e uma maneira de vida, e, primeiramente, e mais que tudo, um grupo de valores do mundo negro e uma forma de vivê-los".[7] Procurando seus fundamentos "pré-históricos", se assim podemos dizer, sua legitimação como uma realidade objetiva, podemos compreendê-la como a luta dos povos negros em sua afirmação como ser — a negritude, segundo a concepção sartriana, é o ser-no-mundo negro; daí também considerar-se como um humanismo, colocando também o negro no centro do universo, criador e criatura da cultura. Tenta-se assim, através dela, conhecer o papel dos negros no mundo.

Como ela é conceituada e teorizada? Quem a cria?

O termo foi inventado pelo pensador, romancista e poeta martiniquense Aimé Césaire, e não por Senghor, como frequentemente se acredita. Ele forjou o termo segundo as regras ortodoxas do francês. Dos sufixos *-ité* (do latim *-itas*), que daria *négrité*, e *-itude* (do latim *-itudo*), que daria então *négritude*. Esses dois sufixos, que eram empregados com o mesmo significado desde o baixo latim, passariam a formar palavras abstratas tiradas de adjetivos, passando essas palavras a exprimir a situação ou o estado; a qualidade ou o de-

A substantivação da negritude

feito...; e a maneira de se exprimir. Para melhor se entender a palavra *négritude*, faz-se necessário se traçar uma analogia com *latinidade*, que comporta as seguintes definições: maneira de escrever ou de falar latim. Caráter latino. O mundo latino. A civilização latina, dizendo-se mesmo, "o espírito da latinidade". Assim, sobre esse modelo poder-se-ia também definir *négritude*, "maneira de exprimir" do negro. O mundo negro; a civilização negra.[8]

Césaire, além de forjar o termo, é junto com Léopold Sédar Senghor e Léon Damas um de seus defensores e propagadores. Ele a define como "o simples reconhecimento do fato de ser negro, e a aceitação desse fato; do nosso destino de negro, de nossa história e de nossa cultura".[9]

Segundo Senghor, a palavra, partindo do conceito, tem um duplo sentido. Objetivo e subjetivo.

Objetivamente é um fato: uma cultura "é o conjunto dos valores — econômicos e políticos, intelectuais e morais, artísticos e sociais — não somente dos povos da África negra, mas ainda das minorias negras da América, da Ásia e da Oceania".[10]

Subjetivamente, a negritude "é a aceitação desse fato de civilização [...], na civilização negra por fazer, renascer e realizar. [...] Assumir os valores de civilização do mundo negro, os atualizar e fecundar".[11]

A palavra, visando o conceito em sua acepção mais geral, mais ampla, pretende englobar os movimentos culturais e políticos lançados por uma personalidade ou por um grupo de negros. Assim sendo, pode-se pensar no Movimento de Niágara em 1905 nos Estados Unidos; na Negro Renaissance, também nos Estados Unidos; no Movimento da Escola Haitiana, nas Antilhas na década de 1930, culminando no manifesto publicado pela revista *Légitime Défense*, e, na África, o movimento *francophone* com sede em Paris, e temporariamente cognominado de Négritude.

Assim, a inspiração para esse movimento provém dos movimentos norte-americanos, sobretudo aqueles liderados por Alain Locke e Du Bois, cuja revista *The Crisis* muito influenciou os negros residentes em Paris, assim como as proposições de Marcus Garvey. É significativo que tanto os movimentos norte-americanos como o garveyismo tenham influenciado os grupos negros de São Paulo em suas primeiras manifestações de autoconsciência, de consciência racial — que extrapolavam fronteiras, mas seu âmbito e conteúdo são pouco conhecidos.

Dessa negritude assim teorizada vão surgir divergências e críticas em vista dos caminhos tomados. Os africanos de língua inglesa questionarão a validade do termo, preferindo usar o *african-personality*, e os norte-americanos optarão por *blackness*.

Entretanto, a crítica maior não é tanto à negritude, mas à posição que Senghor assumiu dentro do movimento em seu posicionamento político, sua adesão à política colonialista francesa, o que faz com que alguns de seus críticos vejam a negritude, no caso particularmente de Senghor, como uma "maneira negra de ser branco". Léon Damas e Aimé Césaire se afastarão para liderar uma luta cultural e política em prol da preservação de uma posição de luta anticolonialista e anti-imperialista.

Um dos críticos mais acirrados da negritude, Adotevi a vê como uma estética do bizarro, pretendendo que a negritude deve ser política antes de ser poética, com o que concorda-

A substantivação da negritude 189

mos. Diz ele que a negritude dos anos 1930 anunciava confusamente Lumumba e os cismas de hoje, e vê nela "uma atitude intelectualmente inadmissível dessa escola[, que] faz desviar ciente e perigosamente para fins reacionários de sujeição ao estrangeiro o movimento original de negritude",[12] vendo nela uma tese fixista, com o que não concordamos. A negritude de Senghor pode ser assim considerada, mas não a negritude como a concebemos, como uma categoria de possibilidade objetiva.

Concordamos plenamente com as críticas que faz a Senghor, e aqui transcrevemos algumas delas, e aí está a fonte do que afasta (e tem mantido confusa a opinião pública e intelectual) Senghor do pensamento negro contemporâneo:

> Frequentemente se diz que o negro é o homem da natureza. Ele vive tradicionalmente da terra e com a terra, dentro e através do cosmos. É um ser sensorial, um ser de sentidos abertos, sem intermediação entre sujeito e objeto; sujeito e objeto ao mesmo tempo. Ele é primariamente sons, cheiros, ritmos, formas e cores; ele é tato antes de ser olhar, como o branco europeu. Ele sente mais do que vê: ele se sente. É em si mesmo, em sua carne, que ele recebe e sente as radiações emitidas por todo ser-objeto existente. Abalado, ele responde ao chamado e se abandona, indo do sujeito ao objeto, do eu ao tu, nas ondas do outro. Ele morre para si mesmo para renascer no outro. Essa é a melhor maneira de conhecê-lo. Isso quer dizer que o negro, tradicionalmente, não é desprovido de razão, como tentaram me fazer dizer. Mas sua razão não é discursiva; ela é sintética. [...] É outro modo de conhecimento. A razão negra não empobrece as coisas, ela não as molda em esquemas rígidos, eliminando os

sucos e as seivas; ela flui nas artérias das coisas, ela abraça todos os contornos para se alojar no coração vivo do real. A razão branca é analítica por utilização, a razão negra é intuitiva por participação.[13]

E Adotevi comenta que isso diz Senghor depois de Lévy-Bruhl ter negado sua concepção de mentalidade primitiva, e acrescenta que "compreende-se mal" como, vinte anos depois de Lévy-Bruhl se retratar, Senghor, temperado de Gobineau, diz: "A raça branca é analítica por utilização, a raça negra é intuitiva por participação".[14]

Um outro comentarista de Senghor, Marcien Towa, citado por Adotevi, conclui pelo seguinte:

A constituição biológica do negro senghoriano, fazendo dele um místico e um emotivo, lhe interdita [...] toda a esperança de poder rivalizar com o branco sobre o terreno da razão e da ciência. [...] O negro, enquanto permanecer assim, não tem lugar, ao menos não lugar igual ao do branco, em um mundo fundamentado na razão e na ciência.[15]

Podemos concordar que, vista dessa perspectiva, a negritude possa ser "um desejo de eunuco; esterilidade móvel. Metástase"...[16] Essa sim, a de Senghor, mas não aquela que Léon Damas queria como "a reestruturação do mundo [...] um trabalho de revolução e não de agitação [...]".[17]

PARTE III

Intervenções

De uma ciência para e não tanto sobre o negro[*][1]

NÃO DEIXA DE SER SIGNIFICATIVO que esta seja a XXIX Reunião Anual da Sociedade Brasileira para o Progresso da Ciência, e que seja a primeira vez que se trata de negros (que eu saiba). Que no Brasil existem negros e cientistas, é um fato consumado, do que deduzimos que não existem cientistas propostos a se dedicarem a seus estudos e problemas não apenas de maneira eminentemente acadêmica, mas sim de forma mais sistemática. E por que não pragmática?

Primeiramente uma definição neste estudo se impõe: a de se ver o negro brasileiro como um *brasileiro negro*, desconfigurado do universo de atribuições herdadas do passado escravista, e que seja um trabalho de natureza histórica no nível de sua identidade.

Sem valor social durante a escravidão, com a perda do único valor que lhe era atribuído, o econômico, é jogado dentro do sistema social no estatuto de liberto sem qualquer acumulação primitiva, fosse essa de capital ou escolar.

---

* Texto escrito para a conferência apresentada na XXIX Reunião Anual da SBPC, realizada de 6 a 13 de julho de 1977, em São Paulo. Publicado em *Diário do Paraná*, Curitiba, Suplemento Especial, 17 jul. 1977, pp. 4-7. (N. O.)

Sem um referencial nacional com que se pudesse identificar de maneira positiva, historicamente se vinha identificando com figuras africanas (Menelik)[2] ou mesmo com problemas africanos, como as lutas anti-imperialistas, como a guerra da Etiópia com a Itália.[3] Essas atitudes eram comuns às gerações negras de primeira metade do século. Ultimamente os negros se vêm identificando com as nações jovens libertas da África, e com seus líderes, com o que projetam seus problemas e sua identidade para além do continente.

Se em nível sociopolítico isso pode ter algum significado, em nível de identidade nacional distancia-se ele de sua realidade e de problemas mais imediatos. No afã de encontrar-se, na busca de sua identidade, não encontrando internamente os parâmetros necessários que possam dar sua dimensão, na busca de um equacionamento que lhe traga o equilíbrio desejado e necessário, volta-se para a África, à procura de valores com os quais possa identificar-se e integrar-se. É desse indivíduo, dessa personalidade existente entre nós, complexa, problemática social e psicologicamente, que a ciência entre nós não só se tem ocupado pouco, como, assim mesmo, sem a necessária constância.

Nosso propósito com esta comunicação é o de chamar a atenção para a necessidade de se desenvolverem estudos que tratem da realidade do negro brasileiro, mas que proponham soluções a essa realidade, que se faz problemática.

Visto isso, e em tanto quanto cientistas sociais, perguntamos se estão as ciências sociais, e em particular a sociologia, servindo aos propósitos que dizem ser seus fundamentos. Se a sociologia, como a história, a antropologia, a filosofia, existindo numa sociedade em que a cor, a etnicidade e a classe

De uma ciência para e não tanto sobre o negro 195

social são de primordial importância, poderá pretender uma neutralidade valorativa. Como poderá apresentar um conjunto de declarações e premissas básicas, preocupações e prioridades, que possam ser úteis àqueles que têm interesse não só em entender e aplicar esses conhecimentos a seus estudos e trabalhos[4] (como definições básicas, conceitos e construções teóricas que utilizem as experiências e história dos afro--brasileiros) como também contribuir para a compreensão da experiência de vida do negro, pelo próprio negro, e seu destino humano?

As pesquisas realizadas, a nosso ver, não têm conduzido a resultados práticos. Um fator importante para o qual chamamos a atenção é que os estudos sobre o negro brasileiro têm como comparação outros grupos étnicos, mormente no que concerne ao binômio abolição/imigração, levando por conseguinte a comparações com italianos, alemães, poloneses etc.

Não é levado em consideração um fator primordial. Os negros vieram involuntariamente; foram escravizados e tiveram garantida uma cidadania de segunda classe, daí, a nosso ver, não poderem ser analisados da mesma forma que os europeus. Foram levados a criar uma cultura forte, que existe dentro ou na periferia da cultura principal, vivendo pois, dentro de um quadro de pluralismo cultural. O brasileiro negro é um herdeiro negro, com valores e uma cultura a proteger, não devendo por isso ser medido contra um grupo de normas estranhas e alheias a sua experiência e realidade. É necessário, pois, desenvolver um novo marco de referência que transcenda os limites dos conceitos criados pela sociologia geral. É necessário desenvolver e manter uma ofensiva intelectual total, contra a falsa universalidade desses conceitos, sendo preciso para isso que se abandone essa estrutura parcial de referência, criando novos conceitos que levem, através do conhecimento, à libertação de um tipo de realidade em que nós negros nos encontramos hoje.[5]

É necessário também lembrar que a sociologia eliminou a totalidade da existência negra de suas teorias mais amplas, exceto quando essa existência aparece como categoria desviante, além do fato de que, tendo tomado as ciências naturais como modelo, ela se tem comprometido com um ideal de "objetividade" — objetividade essa identificável com neutralidade (como se essas duas instâncias fossem redutíveis entre si), confundindo assim julgamento de valor com afirmação de fato, e tornando assim a "objetividade" sinônimo de imparcialidade.

Não cogitava essa sociologia que os negros questionariam sua condição de "objetos", de "categorias sociológicas manipuláveis", para se tornarem "sujeitos ativos", e que começam a questionar a pretensa objetividade dessa sociologia.

O que entendemos então como uma ciência *para* e não *sobre* o negro?

A maioria dos trabalhos *sobre* negros trazem, a nosso ver, uma característica por demais dogmática, e isso pode ser verificado pela incidência no binômio raça/classe, tipo de redutivismo quase simplista que não define a natureza do problema além do estrito ponto de vista econômico.[6]

Aqui abre-se uma questão ainda não suficientemente abordada e levada avante entre nós, que se refere a algumas das limitações teóricas de Marx com relação à perspectiva do negro. Tomamos como ponto de partida algumas das reformulações teóricas feitas por Fanon.

De uma ciência para e não tanto sobre o negro 197

Cientista social negro, identificado com o Terceiro Mundo e conhecedor de uma realidade semelhante à nossa, faz ele a seguinte pergunta: "Até que ponto o marxismo, tentando provar que é universal, não é também etnocêntrico?".

Fanon pretendeu transcender as limitações do marxismo levando em consideração a situação do negro.[7]

Numa breve sinopse se podem sumarizar as polaridades de ambas as teorias:

1. Marx eleva o proletariado como a classe revolucionária e subestima desdenhosamente o papel de outras classes e grupos; Fanon, por outro lado, eleva o campesinato e o lumpemproletariado.
2. Marx focalizou as áreas urbanas, enquanto Fanon acentua as áreas rurais.
3. Marx viu a Europa como o estágio no qual o moderno drama do conflito seria trabalhado; Fanon por sua vez apontava para o Terceiro Mundo.
4. Marx estava apenas parcialmente comprometido com o uso da violência revolucionária; Fanon via a violência como uma necessidade absoluta no processo revolucionário.
5. Marx enfatizou a fidelidade de classe e o conflito de classes; Fanon ressaltou e reconciliou os conflitos de classe e "raça".
6. Marx negou nacionalismo por internacionalismo; Fanon viu o nacionalismo como o degrau necessário para o internacionalismo.
7. Enquanto Marx confia na classe burguesa para o progressivismo e "revolucionismo" na Europa, Fanon via a burguesia do Terceiro Mundo como inepta, imitativa e inútil.

198　　　　　　　　　　　　　　　　　　　　　*Intervenções*

8. Marx sustentou uma concepção quase totalitária da imediata situação pós-revolucionária; Fanon rejeitou isso em favor do completo comunalismo liberal.[8]

As análises tradicionais da sociologia devem ser seriamente questionadas em sua relevância com relação aos estudos sobre negros. Em relação a elas, devem ser propostos modelos alternativos de análise.

Uma outra característica dos estudos sobre o negro, e que nos chama a atenção, é que parecem ser mais dirigidos para detectar seus aspectos negativos do que propriamente levar a uma compreensão da situação histórico-social da vida desses grupos, pois, segundo os critérios mais geralmente adotados, eles são vistos como patológicos; daí a ênfase em estudos que, se não levam o título, pelo menos têm como premissa "a personalidade patológica dos negros". Esse tipo de enfoque contribui para manter nos brancos uma falsa visão do negro e seu grupo, inoculando, pois, na sociedade a tendência a ver o negro como exclusivamente um câncer patológico social.

Conscientemente, ou inconscientemente, o que uma tal ciência está propondo, no caso do negro, é a concomitância de duas moralidades que através dela se mantêm em perfeito equilíbrio. Se por um lado o Brasil enfatiza a cultura negra, tem-se como uma democracia racial e vende para o exterior uma imagem de uma sociedade de melting pot (diga-se, sociedade essa muito consciente de suas diferenças de cor), por outro lado a personalidade negra é simplesmente vista como um produto de patologia social, no nível individual e grupal. Para se estudar o negro, o que via de regra se toma é ou o conceito de marginalidade, com o que se estabelece, a nosso

De uma ciência para e não tanto sobre o negro 199

ver, um viés metodológico, qual seja: imagem negativa — negro/ fator positivo — branco; ou a *norma padrão*, modelo nem sempre bem esclarecido, tirado da classe média, obviamente branca, o que, em nível prático, canalizará não só a uma exploração do negro, como também sua exclusão social. Sendo a norma aquela já preestabelecida socialmente, o passível de desvio a essa norma dogmaticamente prescrita (e branca, insistimos) é o negro.

Vejamos a que isso pode conduzir em termos de raciocínio, e as consequências daí decorrentes:

Padrão normal — o certo — o branco
Sendo negro, será... *o negativo do branco*
Por conseguinte, será... *menos do que o branco*
Sendo menos do que o branco
E *menos do que normal*, como ser humano,
Sendo *menos do que normal* como ser humano,
não há razão por que não possa ser explorado.

É lógico que, com esse esquema de configurações preestabelecido, necessariamente o negro vai *render menos*.

Tendo rendido menos *humanamente* (como resultado da exploração), tornar-se-á, em vista disso, *mais explorável*, por ser menos humano... e assim sucessivamente.[9]

Suas consequências, no nível prático, e isso é o que nos preocupa, vão se refletir no entendimento de sua pessoa, no trabalho, e na identificação com subemprego, atributo a que é imediatamente remetido.

Ainda, nos estudos sobre o negro, e também sobre a família negra, os alvos visados são o desemprego, a ilegitimidade, a "desorganização" familiar, a estrutura matriarcal da família etc., sem realmente se estabelecer uma correlação entre essas variáveis e o que de fato precisa ser estabilizado, se o emprego ou a família, para uma análise acurada do problema. Em torno da família negra se tece uma abundância de mitos, distorções e estereótipos, sendo que a maioria das pesquisas sociológicas ou antropológicas conduzidas nessa área tem visto a família negra como uma entidade patológica, enfatizando sua fraqueza, em vez de sua força.[10]

As análises são feitas ignorando a existência de uma subcultura negra, a força de uma comunidade negra e a própria família negra que permitiu à gente negra sobreviver num meio hostil, por mais de quatrocentos anos. Ora, o que se faz, afinal, ao estudar, analisar e descrever a patologia que alegadamente constitui a vida desses grupos é acentuar o comportamento etnocêntrico do pesquisador, que, na medida em que os estuda, faz de seus partícipes os responsáveis por aquela situação. Jamais o sistema social é visto como a fonte dessa perspectiva marginal. Esses estudos são mais, ao fim de contas, estudos de relações raciais entre negros e brancos do que propriamente da natureza da vida do negro. Evidencia-se, assim, a necessidade de se conhecer o problema em sua natureza mais profunda.

A noção de desvio e marginalidade nada mais é do que uma invenção de um grupo que usa seus próprios padrões como o ideal pelos quais outros devem ser julgados.

E aqui chamamos a atenção dos cientistas sociais para um fato nem sempre levado em consideração: como a ciência social pode (independente de sua vontade) tornar-se um veículo de propaganda para promover a imagem negativa da vida do

De uma ciência para e não tanto sobre o negro 201

negro, e podendo conter todas as armadilhas superficiais de uma monografia "objetiva" de pesquisa científica (a ser aceita por professores e editores).

Os pesquisadores não se preocupam em trazer dados que mostrem em que a extensão do não cumprimento de certas atribuições, e mesmo certas leis, pode ser a causa de tais "anomalias" — como a exclusão do emprego por questões raciais. Citam essas pesquisas, quase sempre, o número ilegítimo de filhos, lares destruídos, falta de educação, crimes, drogas... Tratam do problema negro/desemprego sem levar em consideração um problema histórico que justificaria todo um programa voltado a ele.[11] Repetimos: esse tipo de abordagem não apenas contribui para como reforça a imagem negativa do negro. A inferência sem dúvida será: bem-estar branco/patologia negra.[12] A criminalidade do negro é sempre vista como de alta taxa, sem se pensar que pode ser irrelevante, se comparada com seu padrão de vida e o padrão universal prescrito. O que uma tal concordância universal reflete, nos estudos sobre o negro, é muito menos indicativo de uma pretensa objetividade, percepção, validade e fidedignidade da metodologia empregada do que de uma preocupação quase histórico-cultural com a documentação da falha dos negros. É preciso que os cientistas sociais saibam que podem fazer o papel de propagadores desse folclore e que a sua falta de envolvimento com as consequências pode ser confundida com "objetividade científica".[13]

Num estudo *para* o negro, a nosso ver, seria antes de tudo necessário estudar os problemas do negro (ou do grupo assim chamado) de maneira que se colocasse o seu destino num marco de referência mais amplo da experiência humana — e não apenas as falências sociais do negro; e, no quadro particular da sociedade brasileira, que se tem como mestiça, ele precisa ser encarado como estando dentro de uma sociedade que tem consciência da cor de seus indivíduos (altamente consciente das diferenças de cor) e agindo mais facilmente sobre os não brancos do que sobre os italianos, portugueses ou judeus. Assim, torna-se impossível à sociologia manter uma neutralidade valorativa em suas abordagens. É preciso que se desenvolvam noções de pluralismo cultural e que a experiência negra entre nós seja abordada de uma perspectiva da transculturação. Faz-se também necessário um trabalho dirigido que provoque mudanças entre o negro e a sociedade brasileira (ocasionadas por mudanças na organização social e econômica) com repercussão na comunidade e em instituições negras. Também se faz necessária uma revisão dos conceitos que foram entre nós mais desenvolvidos na abordagem do problema negro — os de integração e assimilação. A integração precisa ser vista como envolvendo a aceitação dos negros como indivíduos na organização social e econômica, e a assimilação (que envolve a integração), compreendida nas mais profundas camadas da vida social organizada do país.[14]

A ideia de integração tem sido mais voltada para os aspectos superficiais da crescente (?) participação do negro na organização econômica, social e política da nação, mas nenhuma atenção tem sido dada ao fato de que a integração requer a interação da vida organizada do negro com a sociedade mais ampla. E isso não se verifica.

Por exemplo: a nova classe média negra, recém-aparecendo quantitativamente, se vê confrontada com os problemas de

De uma ciência para e não tanto sobre o negro 203

assimilação, e os intelectuais não lhe oferecem uma faceta compreensiva do seu problema, tendo em vista seu desejo de encontrar aceitação dentro dos padrões e ideais da sociedade branca. Deveriam ser desenvolvidos estudos dos processos, de como os povos em uma sociedade chegam a colocar valores positivos em traços raciais e de como os fatores políticos e econômicos influenciam essas valorações.

Às ciências sociais dever-se-ia atribuir um novo papel: o de criar uma ideologia para as massas negras, traçando uma conexão entre essa ideologia e uma análise social para a sua luta de libertação, mormente intelectual. Prover à gente negra condições de começar a construir um pensamento, baseado em uma análise, que conduza a um compromisso com sua busca de identidade. Nesse aspecto, a sociologia tem lidado, no que concerne ao negro (fugindo assim às implicações pragmáticas), principalmente com dois modelos teóricos: um baseado em atitudes e o outro em comportamento. A abordagem de atitude focaliza o preconceito — isto é, o uso de generalizações prejulgando um grupo de gente ou instituições na orientação de ações contra eles. A abordagem comportamental é baseada em discriminação; tratamento diferencial de gente que pertence a certos grupos identificáveis. É esse enfoque que geralmente passa por análise de problemas raciais. As duas abordagens são realmente, no fundo, "dois perfis diferentes da mesma cara, que é a face escondida do racismo".[15] Adianta-nos um outro cientista social: "As teorias como preconceito e discriminação [fazem com que se olhem] as árvores, ignorando a natureza essencial da floresta". Com isso ele nos quer remeter a um conceito que fala ao sistema total, o conceito de "racismo", até agora não suficientemente desenvolvido entre nós. Através desse conceito, atinge-se a natureza essencial da ordem social como é percebida pelo negro. Enquanto os conceitos de preconceito e discriminação podem ser úteis no nível analítico da teoria — porque são facilmente operacionáveis e quantificáveis —, racismo é a descrição teórica mais apropriada do problema, precisamente por capturar o caráter qualitativo da opressão. Assim, a compreensão do problema escapa à teoria estática descritiva de preconceito e discriminação. A ciência social tem construído uma série de termos para explicar o negro e suas experiências. Tem pretendido mais classificar a realidade social, e não explicar sua natureza essencial.

Nós advogamos por uma ciência social mais significativa e prática no que se refere à realidade do negro, para o que se fazem necessários requisitos como:

1. premissas básicas de uma nova perspectiva,

2. um "focus" básico metodológico,

3. uma direção ideológica

e um corpo de conhecimentos que seja aplicado, e útil quando aplicado, ao problema que o negro enfrenta. As teorias sobre economia, educação, personalidade possivelmente não podem ser as mesmas para a gente negra e a gente branca. O branco brasileiro nunca foi escravo. As teorias aplicáveis, e seus modelos, devem ser aquelas derivadas das experiências dos negros; como elas são percebidas e reagidas pelos negros. É preciso que o cientista analise em verdade e profundidade a estrutura de classe negra; as condições econômicas negras; a psicologia da negritude; e traduza essas fórmulas para uma ação de vivência prática. O que os economistas, por exemplo, devem fazer é incluir o fator racial em suas análises eco-

De uma ciência para e não tanto sobre o negro 205

nômicas. Se a dinâmica de discriminação racial for incluída nas teorias e modelos econômicos, uma nova economia deve emergir com diferentes tipos de relações entre oferta e procura. Desde que a discriminação tem tido um tão importante papel na vida dos negros, e desde que eles têm ficado fora dos modelos teóricos econômicos, é fácil concluir que essas teorias e modelos não se aplicam, por conseguinte, aos negros. A classe dominante não erigiu barreiras apenas econômicas no avanço da produtividade negra, mas também barreiras psicossociais e políticas.

Para a emergência de uma tal ciência será preciso que adotemos uma premissa que pressuponha uma *descolonização* das ciências sociais, o que pressupõe que se deva conseguir dessa ciência que se identifique com os interesses das classes e grupos sociais oprimidos. Robert Blauner clarifica esse ponto. Diz ele: "A pesquisa científica não existe no vazio. Suas teorias e práticas refletem a estrutura e os valores da sociedade". Numa sociedade em que as diferenças de raça e classe são evidentes,

> os processos de pesquisa social exprimem tanto a opressão de raça como a de classe. O controle, a exploração [...] que são componentes genéricos da opressão social existem na relação do pesquisador com o pesquisado, mesmo que suas manifestações possam ser sutis, e mascaradas por ideologias profissionais. [...] Os problemas da vida e necessidades dos grupos estudados somente afetam o cientista indiretamente; eles são raramente o ponto de partida para a teoria e a pesquisa.[16]

E isso nos conduz a uma de nossas preocupações básicas no caso dos estudos do negro. O papel que pode representar o cientista identificado com sua etnia ou classe social; o que poderá trazer modificações e contribuições às teorias e aos métodos aprendidos da sociologia geral, baseados em sua própria experiência de vida como negro, e seu empenho para a liberação sociopsíquica e econômica de sua gente de todo vestígio de opressão; incluindo, sem dúvida, a opressão da ciência social mais geral. Daí invocarmos a necessidade de formação de intelectuais negros (ou mesmo brancos) devotados à tarefa de esclarecer a natureza da experiência negra — mas de dentro.

Voltando a nossas perguntas anteriores:

1. Está a sociologia servindo aos propósitos que diz serem seus fundamentos?
2. São relevantes suas análises dos fenômenos sociais que estão afetando a vida dos negros? Para quem?
3. Pode continuar a tomar a posição de que seu papel é simplesmente o de observar, classificar, analisar esses fenômenos em vez de se empenhar na mudança social?[17]

Com relação aos estudos sobre o negro, diz Roger Bastide o seguinte:

O sábio que se debruçar sobre os problemas afro-americanos encontra-se, pois, implicado, queira ou não, em um debate angustiante, pois é da solução que lhe será dada que sairá a América de amanhã. Ele deve tomar consciência de suas decisões — não para dissimular o que lhe parece a realidade — mas para perseguir, no decorrer de suas pesquisas, uma outra pesquisa, paralela, sobre ele mesmo; uma espécie de "autopsicanálise"

De uma ciência para e não tanto sobre o negro 207

intelectual, e isto, seja ele branco ou negro. Estamos aqui no centro de um mundo alienado, onde o sábio se acha, contra sua vontade, também alienado.[18]

Cabe a nós, como negros, denunciar que, enquanto aparecerem impunemente nos jornais da *soi-disant* capital científica da nação (São Paulo) anúncios como os aqui estampados,[19] tanto as ciências sociais como aqueles com elas identificados têm que rever seus critérios do que entendem por ciência e cientista, honestidade e responsabilidade social.

Fazemos nossas as palavras de Paul Baran, quando diz: "O genuíno intelectual possui pelo menos duas características — o desejo de dizer a verdade, e a coragem de fazê-lo".[20]

Quinzena do Negro da USP:
Notas de planejamento*

ESCOPO MÁXIMO. Trazer o negro, mesmo que por quinze dias, para o centro de preocupações e interesses. Fazer com que deixe de ser invisível — aparecendo só através do carnaval e do futebol — para surgir como homem, criador e criatura.

Um outro aspecto: trazer ao conhecimento público como a ciência está lidando com esse fenômeno. Como ele está sendo visto por brasileiros e por cientistas estrangeiros.

Ainda como uma outra modalidade da quinzena (que se pretende tornar bienal), o evento pretende revelar trabalhos feitos fora de São Paulo e do Brasil para acabar com uma certa balcanização do conhecimento. O que se faz no Rio não se conhece cá, e vice-versa, o mesmo acontecendo com a Bahia, Belo Horizonte, o Norte e o Nordeste. E isso em prejuízo do conhecimento. Daí a dificuldade dos meios de comunicação, a inexistência de publicações especializadas — tudo leva à necessidade de um encontro dessa natureza.

Pretende-se também revelar cientistas sociais negros trabalhando na área de relações raciais. Isso tem um duplo as-

---

* Texto não publicado, parte do acervo pessoal de Gabriel Priolli Netto. Notas escritas durante o planejamento da Quinzena do Negro, evento que Oliveira organizou na USP e que se deu entre 22 de maio e 8 de junho de 1977. Título atribuído pelo organizador por sugestão de Gabriel Priolli Netto. (N. O.)

pecto positivo. Não só revelar o empenho destes elementos voltados para o estudo de uma situação que lhes diz respeito diretamente, como revelar também ao público o negro em papéis que geralmente não lhe são atribuídos. Em termos de projeção isso é altamente positivo para os valores novos que vão surgindo: ver pessoas com quem possam se identificar, e não apenas o que cairia dentro do quadro de exceção, mas, como acontece com a Quinzena, cinco conferencistas negros entre um total de dez.

A proposta de uma Quinzena do Negro pode ser compreendida a partir de uma asserção de Joaquim Nabuco, que é a seguinte: "Depois que os últimos escravos houverem sido arrancados ao poder sinistro que representa para a raça negra a maldição da cor, será ainda preciso desbastar, por meio de uma educação viril e séria, a lenta estratificação de trezentos anos de cativeiro, isto é, de despotismo, superstição e ignorância".[1]

O negro saiu do estatuto servil sem qualquer acumulação primitiva, fosse de capital ou intelectual, sem valor social durante a escravidão e depois destituído de valor econômico, como se encontram hoje os descendentes de escravos no Brasil. Não esqueçamos que no próximo ano se cumprirão noventa anos da abolição da escravatura, e, se a nação não quis se fazer até agora essa pergunta, os próprios negros começam a questionar-se.

É evidente sua busca de identidade e é preciso que se organizem manifestações em que ele encontre uma projeção valorativa para começar a elaborar a compreensão de sua pessoa dentro da realidade nacional.

Os movimentos de libertação da África e a projeção do negro africano no mundo; o destaque ao papel do negro norte-americano no panorama mundial e a indicação de Young para embaixador da ONU, tudo isso tem reflexo interno, e o negro brasileiro quer saber-se, dirigir-se e destinar-se.

Através de conferências, para as quais convidamos elementos envolvidos quase que exclusivamente com uma ciência social em torno de relações raciais, pretende-se tratar e questionar as várias teorias e metodologias postas em prática para a compreensão do negro entre nós. Foi pensado também convidar cientistas sociais negros que vêm se dedicando a este trabalho para que fique conhecido o que vêm fazendo dentro de suas especializações, e como este trabalho pode ser visto de uma maneira geral.

São eles: Clóvis Moura, Jonas de Araújo Romualdo, Beatriz Nascimento, Maria Célia Viana e Eduardo de Oliveira e Oliveira. Norteou-se o trabalho para que os temas discutidos não fossem tanto *sobre* mas *para* o negro. Que ao final o público, negro e branco, possa entrar em contato com uma realidade que não tem sido frequentemente discutida.

A ocasião também é propícia para se recuperar autênticos valores afro-brasileiros, cooptados socialmente e que podem servir de mecanismos positivos na projeção de uma imagem valorativa com a qual o negro não se envergonhe de identificar-se. Basta de Bonequinhas do Café[2] e Xicas da Silva. Assim sendo, como restituindo o lugar a seu dono, Mário de Andrade é incorporado à Quinzena como um valor mais que real na realidade brasileiro-africana, de quem só nos podemos orgulhar. Não esqueçamos que eram seus atributos negroides o objeto das ofensas que Oswald de Andrade lhe dirigia.

Quinzena do Negro da USP: Notas de planejamento

A apresentação de um ciclo sobre o negro na filmografia brasileira prende-se ao fato de se verificar como este elemento é apresentado pelo artista criador, e como é recebido pelo público leigo. Para tal, foi pensado um questionário baseado em atitudes e opiniões do qual se poderá inferir de que maneira o cinema está contribuindo ou não para acentuar uma marca secularmente dirigida.

Por sua vez, o Museu de Arqueologia e Etnologia da USP inicia uma mostra de seu acervo afro-brasileiro com o que se terá a oportunidade de aprofundar a definição antropológica do homem brasileiro e de suas raízes.

Complementando a sequência de eventos, na Pinacoteca do Estado se dará a mostra A Imprensa Negra de São Paulo, cobrindo os anos de 1918 a 1965. Esta mostra possibilitará conhecer todo um trabalho desenvolvido no início do século pela segunda geração de escravos em que ficará evidenciado, entre outros, o papel do negro como criador e criatura da cultura.

Entretanto, o escopo primordial da Quinzena é trazer para a pauta diária de nossa experiência o interesse por este elemento que permeia a sociedade brasileira de norte a sul e que muito pouco participa dela. Propor, através da discussão, o real conhecimento das relações entre brancos e negros, nas quais, no dizer de Roger Bastide, estas raças mais se acotovelam do que convivem;[3] e também chamar a atenção para a educação que se faz necessária a brancos e negros para uma melhor avaliação e conhecimento de si mesmos, para que se dê a síntese cultural sem preocupações apriorísticas de embranquecimento e para que se construa uma civilização que seja "a obra de todas as raças" — ou não será.

A PROPOSTA DE UMA "QUINZENA DO NEGRO"[4] pode ser compreendida já a partir de uma pequena nuance semântica — na contração da preposição "de" com o artigo "o" está implícita a ideia de um trabalho voltado para revelar o negro como sujeito, e as preocupações desenvolvidas durante esse trabalho são voltadas para compreendê-lo como sujeito e como esse atributo está sendo vivido por ele nos dias de hoje.

Basicamente encerra-se uma preocupação em se fazer um trabalho para o negro e não sobre o negro. O escopo principal é o de trazer para serem questionadas publicamente as teorias e técnicas que estão sendo desenvolvidas ou que devem ser desenvolvidas, para se lidar com o elemento negro no nível prático.

Também está implícita a ideia de se chamar a atenção da sociedade brasileira, frequentemente omissa em reconhecer e conhecer um problema que foi criado por ela. O problema do negro é um problema criado pelo branco. É o branco que lhe adjudica este atributo não o vendo como homem, através de representações fenomênicas, secularmente manipuladas, em tempos e espaços diferentes dependendo das condições históricas inerentes a cada realidade sociopolítica e econômica.

Então, se faz necessário que essas experiências sejam conhecidas para que se possa estabelecer uma discussão que possivelmente conduzirá a um diálogo. Já que ao negro jamais se perguntou ou se pergunta qualquer coisa, é necessário então que ele venha à tribuna para colocar suas questões.

Por exemplo: a ideia de democracia racial não é algo que tenha partido dele. Nunca se fez um referendo para saber sua opinião sobre a coisa. Daí se coloca a necessidade de se provê--lo de oportunidade para que ele revele o que pensa a respeito.

Quinzena do Negro da USP: Notas de planejamento

Outra preocupação da Quinzena é de que se trate do negro contemporâneo, em sua experiência atual. Como é que ele, sem valor social ao tempo da escravidão, ao perder seu único valor, o econômico, encontra-se nos dias de hoje? Qual sua experiência? E aspirações?

É mais do que evidente que o negro brasileiro está em busca de sua identidade como ser. Trata-se agora, não esqueçamos, da quarta geração de descendentes de escravos. Nos idos dos anos 1920 e 1930, a segunda geração, através de movimentos sociais e políticos, tentou, conforme seu consenso na época, a segunda abolição.

E nesta busca de identidade é necessário que o negro tenha a oportunidade de discutir sua problemática, e que sugira os meios de fazê-lo. Daí, uma programação em que se pretende revelar o negro como criador e criatura na sociedade brasileira.

Trabalhos muito sérios e importantes o veem sempre como "os pés e as mãos do senhor de escravos".[5] Sem cabeça. Mesmo alguns marxistas, que muito contribuíram para desmistificar toda a engrenagem construída em cima do negro pela Escola do Recife (Gilberto Freyre e outros), esquecem frequentemente uma ressalva do próprio Marx. Diz ele a certa altura, tratando do negro:

> O capital não é uma coisa, mas uma relação social entre pessoas, estabelecida através do meio das coisas [...]. Um negro é um negro. Em algumas circunstâncias ele se torna um escravo. Apenas sob certas circunstâncias ele se torna capital. [...] Fora dessas circunstâncias ele deixa de ser capital, da mesma forma que o ouro não é intrinsecamente dinheiro, ou o açúcar o preço do açúcar.[6]

É esse indivíduo que nos preocupa em termos de comportamento humano; e a relevância do fenômeno da escravidão para uma antropologia. Daí um tão amplo programa.

Com a parte de conferências pensou-se dar um panorama geral do que se está fazendo atualmente nos diversos campos das ciências sociais, sobretudo o que têm sido reformulações de conceitos. Ao lado disto, verificou-se também um cuidado em trazer cientistas sociais negros, que tragam sua experiência no campo da especulação científica. A ideia é de se começar a constituir uma "escola de relações raciais".

A parte relativa ao cinema, "O negro na filmografia brasileira", tem principalmente a finalidade de trazer de uma maneira englobada este personagem dentro de um quadro de representações e veiculado por um dos meios de maior audiência atualmente, que é o cinema. Como esta Quinzena encerra também um cunho didático (para brancos e para negros — ambos precisam ser educados), espera-se poder levar adiante uma pesquisa ao nível de opinião, para se confrontar a visão da crítica cinematográfica em termos de filmografia, e de como o personagem negro é inferido por esta crítica, e de como um público leigo assimila a imagem do negro veiculada.

Já a colaboração do Museu de Arqueologia e Etnologia da usp, integrando-se à Quinzena, é também não só uma oportunidade, mas também um momento para a reflexão de como se aprofundar a definição antropológica do homem brasileiro e suas raízes.

Finalizando, na Pinacoteca do Estado, acontecerá a exposição A Imprensa Negra de São Paulo, onde se poderá verificar uma faceta atuante dessa comunidade nas primeiras décadas do século. Todos os jornais expostos pertencem às coleções dos srs. José Correia Leite, Henrique Cunha e Raul Joviano do Amaral.

Através desse programa, esperamos contribuir para que a opinião pública se sensibilize e comece a agir de maneira mais consciente diante de uma realidade que necessita ser tratada, conhecida, vivida e confrontada.

Endossamos o que aventa o professor Florestan Fernandes, que "é preciso que se tenha em mente que o preconceito e a discriminação não degradam nem os seus portadores nem as suas vítimas. Ambos são expressões da maneira pela qual a sociedade e a cultura organizam o comportamento dos seres humanos".[7]

Da negritude*

> Mergulhar até as raízes de nossa raça e construir sobre
> nossa base profunda não é voltar ao estado selvagem: é a
> própria cultura.
>
> Claude McKay

Não faz muito tempo, em um semanário de São Paulo, em carta de leitor endereçada à redação, o signatário, referindo-se à realidade nacional, a caracterizava como saindo da "negritude", a caminho de alcançar uma situação privilegiada no contexto mundial. Como fica bem claro e notório, aí a negritude aparece em analogia a obscurantismo, negatividade etc.

Essas frequentes alusões a cor e significado, secularmente postas em uso, conotam aos grupos étnicos com os quais são identificadas atribuições fenomênicas que fazem com que seus representantes, portadores dessas conotações, passem a ser vistos a partir desse referencial de configurações.

Numa entrevista nada feliz a *O Estado de S. Paulo*, de 30 de maio de 1971, o sr. Gilberto Freyre (cuja obra temos em consideração, mas nem tudo o que diz e pensa), a quem nada pode escapar, mormente em se tratando de negros, como um

---

* Publicado originalmente no *Jornal da Tarde*, São Paulo, Caderno Contraponto, 5 mar. 1977, p. 18. (N. O.)

Da negritude 217

Goethe dos trópicos — detentor do saber universal — traça, em torno da negritude, algumas considerações que valem ser comentadas para, ao lado do que pretendemos expor, serem um tanto quanto confrontadas. A entrevista tem por título "Negritude, mística sem lugar no Brasil", pretendendo ver negritude entre nós como uma mistificação, chegando ele mesmo a dizer que "motivos evidentemente extracientíficos e que nada têm que ver com justiça sociológica ou justiça histórica" sejam a razão pela qual alguns intelectuais brasileiros e estrangeiros estejam atualmente abordando o assunto.

Também ali caracteriza a negritude como um mito: como oposto à *solução* (o grifo é nosso) brasileira "que a tendência para uma crescente morenidade exprime e até simboliza", com o que, segundo aquele sociólogo, se alcançará uma metarraça.

Uma tal programação de genes como *solução*, não bem explicada do quê, necessitaria um tipo de sociedade racialmente discriminatória, e que faria inveja a qualquer geneticista do Terceiro Reich.

Mas voltemos à negritude, mormente num momento em que a televisão brasileira, numa apologia ao desenvolvimento do país e de seu povo, resolve exaltar a contribuição de cada uma de suas raças e o que faz, classificando-as em branca, índia e mulata... Ora! Mulato não é raça (antropologicamente falando). É, antes, mesmo a negação dela. Sua etimologia, remetendo a mula, o faz um híbrido de branco e negro, devendo, portanto, o herdeiro de um tal cruzamento ser, em síntese, um estéril. A prática, entretanto, revelou-se outra.

Essa ideia de mulato como raça, é possível que a devamos ao sr. Gobineau, que por cá andou e não só desenvolveu teorias como atribuiu ao mulato qualidades superiores ao negro quando, ao referir-se a este, diz que, "para pôr suas faculdades em evidência é preciso que ele se alie com uma raça diferentemente dotada".[1]

O Brasil, no afã de branquear-se, tem se debatido entre várias correntes de pensamento... A dos arianistas, como Oliveira Viana, e a dos miscigenistas, de quem o sr. Gilberto Freyre é um dos mais lídimos representantes. São eles que prenunciam a extinção do tipo negroide entre nós, em prol de um tipo racialmente genuíno, miscigenado, e cujo fenótipo, como tudo faz crer, fuja àquelas características visivelmente mais negro-africanas. Não levam eles em consideração que a ênfase posta no branquear-se nada mais é do que negar, em todos os níveis, não só os valores negros como seus portadores. Mas, requerendo o assunto um certo rigor didático, sejamos "genéticos" e voltemos à negritude.

Comecemos pela distribuição das raças negras no mundo. Na África, encontram-se as raças: etiópica, melano-africana, negrilha e koisan. Na Ásia, a melano-hindu e, na Oceania, a raça negrito melanésia.[2] Como resultado da escravidão negra e do tráfico negreiro, os negros podem hoje ser encontrados no Novo Mundo, desde o Alasca até a Terra do Fogo.

É na África que, há cerca de 2 milhões de anos, os pré-homínidas começaram a emergir (os australopitecos), ou, segundo a classificação de alguns, os para-homínidas. Existia uma afinidade de civilização entre os negros da África, da Ásia e da Oceania. Os grupos chamavam a todos esses negros de etíopes, distinguindo-os, porém, como os etíopes orientais (os asiáticos) e os etíopes ocidentais — os propriamente africanos.

Era a opinião unânime dos antigos que a Etiópia teria sido o berço da humanidade, no Sudão meroítico.

Da negritude 219

A raça humana era aí considerada como espontânea e tendo nascido nas regiões superiores da Etiópia, onde os dois princípios da vida, o calor e a umidade, se encontram combinados no mais alto grau. É também nessa região que os primeiros vislumbres da história nos mostram a origem das sociedades e o berço primitivo da civilização. Desde uma antiguidade que precede os cálculos ordinários da crítica histórica, aparece uma organização social completamente estabelecida, com sua religião, suas leis e suas instituições. Os etíopes se vangloriavam de terem sido os primeiros a estabelecer o culto da divindade e o uso do sacrifício. Lá também se teria iluminado o facho da ciência e das artes. É a esse povo que se deveria atribuir a invenção da escultura, o emprego dos caracteres de escrita e enfim a origem de todos os desenvolvimentos que constituem a civilização avançada.[3]

Comentando sobre os etíopes, assim se exprime Diodoro da Sícília:

Eles se dizem os primeiros homens e dão provas que creem evidentes. Acredita-se que tendo nascido no país e não tendo vindo de qualquer outra parte, devem ser chamados de autóctones [...]. Os etíopes também dizem que foram eles que instituíram o culto dos deuses, as festas, as assembleias solenes, os sacrifícios, em uma palavra, todas as práticas pelas quais nós honramos a divindade. [...] Um dos mais antigos e estimados poetas da Grécia lhes rende este testemunho quando introduz na *Ilíada*, Júpiter e os outros deuses indo à Etiópia para assistir aos festins e sacrifícios que eram preparados a todos: "Júpiter hoje seguido de todos os deuses/ Recebe dos Etíopes os sacrifícios" (*Ilíada*, 1, 422).[4]

E ainda: "Ontem, para visitar a santa Etiópia/ À beira do oceano... Júpiter se foi... (*Ilíada*, 1, 423)". Os etíopes também diziam que o Egito era uma de suas colônias, que aí tinha sido implantada por Osíris, que os egípcios tinham deles, como de seus ancestrais, a maioria de suas leis: deles é que tinham que sepultar seus mortos com tanta pompa; a estrutura e a escrita tinham nascido entre os etíopes. Assim, a primeira raça que teria ocupado o Egito, a raça negra anou, teria descido gradualmente o Nilo e fundado as cidades de Esneh, Erment, Qouche e Heliópolis...[5] Enfim, tratava-se de uma civilização vinda da Etiópia (Núbia e Sudão), tendo entrado no Egito e civilizado a terra.

Acredita-se, também, que no Pleistoceno uma

migração de negroides do tipo Hotentote teria, partindo da África Austral e Central, submergido a África do Norte, a Algéria, a Tunísia e o Egito e levado à força à Europa Mediterrânea uma nova civilização: a Aurignaciana. Esses bosquímanos teriam sido os primeiros a gravar na rocha desenhos e a talhar figurinhas de calcário representando mulheres adiposas, grávidas. É a esses africanos que a bacia interior do Mediterrâneo [presumivelmente] deve o culto da fecundidade e da Deusa Mãe? [...] E é na África do Sul que se encontrou, até hoje, o mais importante estoque de ossos humanos.[6]

Comentando esse fato, Cheikh Anta Diop, historiador senegalês, diz concordar com o fato de que até a quarta glaciação só havia negroides platirrínios. Diz ele que um sábio da África do Sul havia declarado que os primeiros homens eram negros, fortemente pigmentados, e que somente no curso

Da negritude 221

dessa glaciação, que durou 100 mil anos, é que a diferenciação dessa raça negroide em raças distintas teria sido feita, em consequência de uma longa adaptação da fração isolada e aprisionada nos gelos: estreitamento das narinas, despigmentação da pele e das pupilas.[7]

Isto posto, vejamos *negritude*, lato sensu, e sua identidade com a personalidade negro-africana que mais perto nos toca.

Trata-se de "uma cultura e uma maneira de vida. E, primeiramente, e mais que nada, um grupo de valores do mundo negro e uma forma de vivê-los".[8]

Partindo dessa definição, e levando em consideração as digressões anteriormente feitas, se fizermos uma proto-história da negritude podemos datá-la desde a descoberta do homem até a importância dos etíopes e grupos étnicos negros na civilização mediterrânea — e isso pensando não apenas no sentido geográfico, mas também cultural. Mas, se pensarmos em negritude de uma maneira particular, stricto sensu, quando se constitui em movimento e se autodenomina como tal, então a situaremos nos anos 1930, em Paris, quando engloba em sua conceituação as raças negras no mundo. Vejamos de uma perspectiva particular, como é vista pelos povos africanos e seus descendentes, deixando de lado as populações negras da Índia e da Oceania.

Procurando seus fundamentos "pré-históricos", sua legitimação como uma realidade objetiva pode ser compreendida como a luta dos povos negros em sua afirmação como ser. A negritude é o ser-no-mundo do negro; daí também considerar-se um humanismo, colocando também o negro no centro do universo, criador e criatura da cultura. Tenta-se assim, através dela, conhecer o papel dos negros no mundo, a ideia que os antigos tinham deles, na Antiguidade mediterrânea, já que a história com H tem sido a história do Ocidente e não dá às civilizações mediterrâneas um papel preponderante.

Dois autores negros, um norte-americano e um camaronês, desenvolvendo pesquisas nesse campo, publicaram duas obras de importância fundamental para o conhecimento do papel do homem negro na Antiguidade clássica. O norte-americano é Frank M. Snowden Jr., cuja obra se intitula *Blacks in Antiquity: Ethiopians in the Greco-Roman Experience*, e o autor africano é Engelbert Mveng, com *Les Sources grecques de l'histoire négro-africaine depuis Homère jusqu'à Strabon*.

Tratam eles, e muito justamente, como diz Senghor, de levantar o papel dos negros àqueles tempos. Mveng adianta que os gregos, "fundadores da civilização europeia, sustentaram durante mil anos, de Homero a Estrabão, que os etíopes — como eles chamavam a todos os negros — eram os homens mais antigos da terra, os mais belos, e que tinham fundado a lei, a religião, criado e inventado a escrita [...]".[9]

Mas, se perguntarmos quais as fontes que lhe permitiram chegar a uma tal conclusão, sabemos que seus trabalhos têm por base as pesquisas de uma missão arqueológica francesa, a qual, apoiando-se em descobertas feitas no vale do Omo, na Etiópia, sustentou que a presença do homem na África datava de cerca de 3,7 milhões de anos, acreditando-se mesmo que no Neolítico os negros ocupavam, além da África, todos os bordos do Mediterrâneo, o Oriente Médio e o Sul da Ásia, e que tiveram um papel importante nas civilizações históricas do Egito, na Suméria e na Índia.

É de se compreender o empenho dos pensadores negros no levantamento de sua participação na história da humanidade,

Da negritude   223

pois vem de longe a ideia de vê-los diferenciados do resto dela, num estágio primário da evolução do homem (como pretendeu por largo espaço de tempo o sr. Lévy-Bruhl), portador de uma mentalidade pré-lógica. Isso não impediu que Fanon, com seu espírito de atualidade, e consciente da realidade do negro no momento atual, se manifestasse sobre todas essas buscas dos negros em torno de sua historicidade com o seguinte comentário: "Que se encontre um Platão negro é mais um enriquecimento para a história da humanidade, mas, o que isso me explica sobre a exploração da criança negra de Guadalupe, que trabalha ininterruptamente das oito horas da manhã até alta noite?".[10]

Enfim, trata-se muito justamente de propostas para dissipar dúvidas sobre o pensamento negro africano, que também se afirma "como um valor superior ao ato, a intenção prevalecendo vis-a-vis da ação", ou melhor,

> o africano é consciente, também, de que apenas o conhecimento libera o ser humano dos enredos da matéria e lhe permite alçar-se acima das condições ordinárias da existência. [...] O saber é menos dogma do que ideias vividas — práxis. [...] O conhecimento não é um fim em si, mas apenas o meio mais seguro de alcançar o domínio de si mesmo e do universo. [...] A negritude é, pois, como o humanismo [...] o homem se fazendo ao fazer o mundo.[11]

Mas essa negritude stricto sensu, como é teorizada e conceituada? Quem a cria?

Trata-se de uma nova ideologia nascida nos fins do século passado, que se apoia sobre os valores do mundo negro, primeiro entre os negros da diáspora, nos Estados Unidos, nas Antilhas, depois na própria África e também no Brasil.[12] Tem-se como pai dela, antes da invenção da palavra e de sua conceituação, W. E. B. Du Bois, filósofo e historiador norte-americano. Propunha ele que a imagem do negro como uma criança retardada tinha que ser apagada da cabeça do branco. Era uma questão de transformar o negro tanto de dentro como de fora. Que a existência de uma civilização negra — diferente, mas igual —, por tanto tempo negada, tinha que ser reconhecida. Dizia ele que as coisas negras e os negros eram tratados como "artigos de segunda categoria".

Negavam que os africanos pudessem ter uma civilização, pelo menos uma civilização igual, ainda que diferente, sendo então negado o direito de a cultivar, de reclamar para ela uma igualdade — não idêntica, mas complementar.

Du Bois defendeu essa posição num encontro realizado na cidade de Niagara Falls, Canadá,[13] em 1905, quando reuniu-se com um grupo de pensadores negros para traçar uma teoria de ação. Acontecimento que ficou conhecido como Movimento de Niágara e que iria desencadear toda uma sequência de atitudes por parte dos negros norte-americanos, culminando no questionamento dos seus direitos civis. Mas passemos finalmente à negritude que nos interessa conhecer: aquela que assim se autodenomina.

O termo foi inventado pelo pensador, romancista e poeta martiniquense Aimé Césaire e não por Léopold Sédar Senghor, como frequentemente se acredita. Informa-nos Senghor que ele forjou o termo segundo as regras ortodoxas do francês. Dos sufixos -ité (do latim -itas), que daria negrité, e -itude (do latim -itudo), que daria então négritude. Estes dois sufixos,

Da negritude 225

empregados com o mesmo significado desde o baixo latim, passariam a formar palavras abstratas tiradas de adjetivos, passando estas palavras a exprimir a situação ou o estado; a qualidade ou o defeito... e a maneira de os exprimir. Para melhor se entender a palavra *négritude*, que se trace uma analogia com *latinidade*, que comporta as definições: maneira de escrever ou de falar latim. Caráter latino. O mundo latino. A civilização latina, dizendo-se mesmo, "o espírito da latinidade". Sobre este modelo, poder-se-ia também definir *négritude*: "Maneira de exprimir do negro. O mundo negro; a civilização negra".[14]

Césaire, além de forjar o termo, é junto com Senghor e Léon Damas um dos defensores e propagadores da *négritude*.

Não entraremos aqui no mérito do desenvolvimento da problemática em termos político-ideológicos, nem sobre as questões suscitadas entre *négritude* de expressão francesa e a *négritude* dos povos africanos de língua inglesa, que optam pela denominação de *african-personality*, assim como os norte-americanos adotam o termo *blackness*.

Césaire a define como "o simples reconhecimento do fato de ser negro, e a aceitação desse fato; do nosso destino de negro, de nossa história e de nossa cultura".[15] Complementando essa caracterização, incorporamos uma definição de cultura que nos parece fundamental: "uma reação racial do homem sobre o seu meio, tendendo a um equilíbrio intelectual e moral entre o homem e esse meio".[16]

Ainda segundo Senghor, a palavra "*négritude*", e partindo dela o conceito, comporta um duplo sentido: objetivo e subjetivo. Objetivamente a *négritude* é "um fato, uma cultura: é o conjunto dos valores econômicos e políticos, intelectuais e morais, artísticos e sociais — não somente dos povos da África Negra, mas ainda das minorias negras das Américas, Ásia e Oceania". E subjetivamente,

> a aceitação desse fato de civilização [e aqui também preferimos incorporar a ideia de civilização como "o conjunto dos conceitos e técnicas de um povo em um dado momento de sua história"] [...] na civilização negra por fazer renascer e realizar. [...] Assumir os valores de civilização do mundo negro, os atualizar e fecundar, sendo necessário, com as contribuições estrangeiras, para vivê-los por si próprio, mas também para fazê-los viver *para* e pelos outros.[17]

A palavra, visando o conceito em sua acepção mais geral, mais ampla, pretende englobar os movimentos culturais e políticos lançados por uma personalidade, ou por um grupo de negros. Assim sendo, pode-se pensar no Movimento de Niágara em 1905, nos Estados Unidos; na Negro Renaissance, também nos Estados Unidos, na década de 1920; no Movimento da Escola Haitiana, nas Antilhas, na década de 1930, culminando no manifesto publicado pela revista *Légitime Défense*; e, na África, no movimento "*francophone*", com sede em Paris, propriamente cognominado de Négritude.

Assim, a inspiração para este último movimento surge da Renascença Negra, liderada por Alain Locke, e de Du Bois, cuja revista *The Crisis* muito influenciou os negros norte-americanos e aqueles do Caribe e da África residindo em Paris, assim como, sem dúvida alguma, as proposições de Marcus Garvey.

É altamente significativo que o garveyismo e os movimentos norte-americanos que vão influenciar pensadores africa-

Da negritude 227

nos e antilhanos para uma proposta político-cultural tenham influenciado, *antes*, os grupos negros em São Paulo em suas primeiras manifestações de autoconsciência — com o que reivindicamos, last but not least, nossa parcela de *négritude* no contexto histórico mais amplo, fazendo com que, concretamente, ela deixe de ser a "mística" prognosticada pelo erudito de Apipucos.

Essa negritude que assim se define propõe uma problemática: existem para os negros problemas específicos pelo simples fato de que eles tenham a pele negra ou que pertençam a uma *etnia* diferente da dos brancos e amarelos? Quais são esses problemas e em que termos se colocam?[18]

As premissas do movimento surgido na França eram de pôr abaixo o sistema de valores ocidentais postulando que, em termos de raça, "nenhuma possui o monopólio da beleza, da inteligência ou da força".[19]

Adiantavam também que a simples "pretura", sozinha, não poderia prover a negritude. O escritor negro deveria expressar-se dentro de um quadro cultural correspondendo ao seu sentido de identidade racial. Um poeta deveria tornar-se um porta-voz de sua raça, pois esperava-se que ele instilasse em seu povo um sentimento de identidade com o que ele considerasse serem seus únicos (mesmo que submersos) valores.

Mas, voltando ao sr. Gilberto Freyre, que para contrapor "negritude" diz ser "daqueles que pensam que o aspecto estético da miscigenação é de considerável importância sociocultural";[20] que esse aspecto pode contribuir muito para uma nova valorização de homem miscigenado como ser eugênico e estético e, através de sua eugenia e de sua estética, para sua ascensão social; para sua integração. Não reconhece ele que da negação do negro como eugenia e estética todos os seus valores de cultura e civilização automaticamente são também negados.

O sociólogo pernambucano faz parte daquela corrente de pensamento que, à semelhança dos Estados Unidos, acredita, através do processo de miscigenação, no desaparecimento do negro no Brasil nos próximos dois ou três séculos.

O eminente sociólogo norte-americano Franklin Frazier, diante de seu próprio destino e da ameaça da extinção de seu grupo, fazia apenas um apelo, que nos parece oportuno repetir. Dizia ele:

> É possível que num futuro distante os negros desaparecerão fisicamente da sociedade americana. Se esse é o nosso destino, que nos deixem desaparecer com dignidade e que nos deixem legar um memorial significativo — na ciência, na arte, na literatura, na escultura e na música — de nossa passagem por cá.[21]

Brasil, abolição, noventa anos... Noves fora?*

Introdução

A xxx Reunião Anual da Sociedade Brasileira para o Progresso da Ciência tem como determinante básica "fronteiras do conhecimento". Esse simpósio, denominado "Confronto", levando em consideração essas fronteiras, reúne quatro cientistas negros que extrapolam esses limites, mesmo que fronteiriços, por um denominador comum — o grupo étnico ao qual pertencem dentro da sociedade brasileira e, lato sensu, diante do mundo ocidental.

Aqui viemos para, no transcurso do nonagésimo aniversário da *abolição jurídica* do estatuto servil, nos irmanarmos para um confronto com a sociedade mais ampla. Pressupõe-se que é ofício da ciência, e do cientista, a luta pela melhoria das condições de vida, em seu sentido mais amplo.

Aqui estamos para discutir o negro. Primeiro, com o propósito de fazê-lo constar como um "problema", sem o que toda e qualquer ciência feita *sobre, para* ou *em cima* dele terá

---

* Texto não publicado, localizado no acervo de manuscritos da Coleção Eduardo de Oliveira e Oliveira, na Unidade Especial de Informação e Memória da Universidade Federal de São Carlos (SP). Comunicação apresentada na xxx Reunião Anual da SBPC, realizada de 9 a 15 de julho de 1978, em São Paulo. (N. O.)

seus objetivos limitados se não houver claramente a consciência de que é um problema; e um problema nacional. Segundo, que é um problema de natureza política, e que só politicamente poderá ser resolvido. Historiemos:

- Os portugueses tocam a África em 1420, por uma questão política de expansão econômica.
- Os primeiros negros são trazidos ao Brasil, na segunda metade do século XVI por uma política econômica de mão de obra e demográfica.
- O tráfico negreiro é uma empresa eminentemente econômica — um bem de capital. Sua abolição é uma política de interesses, primordialmente entre a Inglaterra, o Brasil e os grandes mercados consumidores da época.
- A abolição da escravidão negra no Brasil, a começar pela gradual, está implícita à política econômica regional com relação ao mercado de trabalho.
- Da Lei do Ventre Livre (que leva d. Pedro II, por questões de política diplomática, a uma falácia com os abolicionistas europeus Cochin, La Boulaye e outros) até propriamente a abolição tout court, também por questões de política econômica, estende-se às últimas consequências a sorte e o destino de uma grande parte de brasileiros, até que, em 1888 (para usar uma feliz expressão de Emília Viotti), "garantida a liberdade dos brancos", decreta-se a abolição da escravidão negra no Brasil.

Pois bem! Nós estamos num fórum científico, e é de política científica com relação ao negro que cuidaremos aqui.

Brasil, abolição, noventa anos... Noves fora?

Façamos um balanço. Comecemos pensando quantos somos, para saber quem somos e então questionarmos nossos destinos. Existe uma grande controvérsia quanto ao número de africanos entrados no Brasil antes da extinção do tráfico. Desde 15 milhões para os três séculos e meio que durou o tráfico, a 6 milhões ou 5 milhões, segundo Calógeras.

Maurício Goulart estima em 3,6 milhões, coincidindo com Simonsen e Taunay. Sérgio Buarque endossa essa asserção e acredita que, para a taxa estipulada por Maurício Goulart, duas autoridades norte-americanas, Philip D. Curtin e Noël Deerr (respectivamente *The Atlantic Slave Trade* e *The History of Sugar*), estabelecem estimativas próximas.[1]

Já as inferências quanto ao número de africanos transportados ao Novo Mundo e aqui chegados vivos, um estudioso de estatísticas de populações, Kuczynski, conclui que 15 milhões para todas as Américas seria uma cifra um tanto quanto conservadora, acreditando num total de 50 milhões ou mais.[2]

Se realmente o Brasil incorpora 36% dos africanos trazidos às Américas,[3] já é tempo, em nível de história social e política, de conhecer que papel vêm representando os negros na sociedade brasileira e que perspectivas lhes esperam.

Não é propósito nosso questionar aqui se o Brasil é ou não uma democracia racial, mas sim questionar a atitude da sociedade brasileira diante do negro e do que foi feito dele. Segundo Roy Nash, "os brasileiros são o mais daltônico dos povos, a ponto de olhar na cara um homem negro e não ver mais do que um homem",[4] ao que nós concluímos: não reconhece o problema que esse homem representa, uma vez que a contradição em que ele (o negro) vive ainda não colocou em xeque a própria estrutura desta sociedade. Como exemplo desse daltonismo, podemos ver que o Brasil sempre se justificou tomando os Estados Unidos como parâmetro para questionar sua questão racial interna, com o que durante anos tranquilizou sua consciência. Como bem acentuou Costa Pinto: "Para o Brasil e os brasileiros, o negro vai muito bem, obrigado, desde que se continuem linchando negros no Alabama".[5] Esse tipo de história ou sociologia inferencial é feito segundo as conveniências de dominação. Chega-se mesmo a acentuar a não existência de legislação na história das relações entre negros e brancos no mundo português, quando essas relações datam do mundo ibérico com as *Ordenações Afonsinas* no século xv; as *Ordenações Manuelinas* no século xvi; e as *Ordenações Filipinas*, publicadas em 1603, em que a escravidão era sancionada.

Quando — no Século das Luzes, e mais radicalmente no século xix — se coloca o problema, as relações entre negros e brancos no Brasil prescindem de legislação; estavam regulamentadas pela "natureza dos costumes". Nesse período, o sistema repressivo do Estado (como até hoje) não pode ser captado na análise do próprio Estado, uma vez que a violência estava na própria condição do ser escravo à disposição de seu proprietário, que legislava na vida cotidiana em função de seus interesses sobre a existência ou não do ser escravo. Do que se conclui que não era necessário substantivar uma legislação no nível do aparelho do Estado pois as relações se davam no nível do imediato.

Para se dar uma dimensão maior ao problema não podemos perder de perspectiva a noção de quantos somos, para

Brasil, abolição, noventa anos… Noves fora?

lidar com todas as formas de racionalizações manipulatórias; não só para melhor conhecer e compreender o grupo, como para poder incidir sobre ele. Passemos de estimativas hipotéticas para entrarmos em estimativas estatísticas.

O aspecto quantitativo

Segundo Perdigão Malheiro, tínhamos em 1798, para um total de 3 248 000 de indivíduos, o seguinte número de não brancos:[6]

Não brancos		Brancos
Negros	1 361 000	
Pardos	221 000	
Libertos	406 000	
Índios	250 000	
Total	2 238 000	1 010 000

Em 1817, temos o seguinte:

Não brancos		Brancos
Pardos e pretos	1 000 000	
Libertos	80 000	
Mestiços	800 000	
Subtotal	1 880 000	
Índios (bravios e domesticados)	600 000	
Total	2 480 000	820 000

234   *Intervenções*

Em 1818, teremos o seguinte quadro:

Não brancos				Brancos
ESCRAVOS		LIVRES		
Negros	1 728 000	Pardos e pretos	585 500	
De cor	202 000	Indígenas	259 400	
Subtotal	1 930 000	Subtotal	844 900	
Total			2 774 900	1 043 000

Até então tínhamos conjecturas. O primeiro recenseamento nacional se dá em 1872. O "Quadro geral da população livre considerada em relação aos sexos e raças" acusa um total de 8 419 224 pessoas para a população livre:

	HOMENS		MULHERES	
	Não brancos	Brancos	Não brancas	Brancas
Pardos	1 673 971		1 650 307	
Pretos	472 008		449 142	
Caboclos	200 948		186 007	
Total	2 346 927	1 971 772	2 285 456	1 815 289

Quanto ao "Quadro geral da população escrava considerada em relação ao sexo":

	População escrava	
	HOMENS	MULHERES
Pardos	252 824	224 680
Pretos	552 346	480 956
Total	1 510 806	

Brasil, abolição, noventa anos... Noves fora? 235

Somando a população não branca livre, temos 4 632 383.

Mais a população escrava: 1 510 806.

Temos o total de não brancos: 6 143 189.

Para 3 787 061 de brancos.

O primeiro censo nacional em que a cor aparece como categoria censitária é o de 1872 — o último o de 1960, só agora (dezembro de 1977) divulgado, por razões de impropriedade no critério de avaliação étnica. Através dos anos a cor vem sendo carregada de significado valorativo, tornando-se uma categoria complexa. Se o declarante que preenchia o formulário era não branco, negava a identidade racial; se era o recenseador que deveria atribuí-la, envergonhava-se de fazê-lo, com receio de ofender o recenseado.

O "Quadro para cor, por sexo, segundo grupos de idade" no VII Recenseamento Geral, de 1960, é o que segue, e os números gerais são:

Total da população: 70 191 370
Pretos e pardos: 26 823 279[7]
Brancos: 42 838 639
Amarelos: 482 848

A importância por nós atribuída a saber quantos somos está na razão direta da importância em compreender por que nos negam. Não é o caso de se buscar uma história quantitativa do negro, mas quiçá buscar as razões por que ela nunca foi feita.

A credibilidade em termos demográficos, sociais e políticos é algo que fica a desejar.

236 *Intervenções*

| Grupos de idade | COR | | | | | |
| | Totais | | Brancos | | Pretos | |
	Homens	Mulheres	Homens	Mulheres	Homens	Mulheres
TOTAIS	35 059 546	35 131 824	21 403 444	21 435 195	3 022 635	3 094 213
0-4 anos	5 687 512	5 505 877	3 427 327	3 333 198	446 836	429 419
5-9 anos	5 170 579	4 987 844	3 050 730	2 969 654	430 879	408 693
10-14 anos	4 297 589	4 263 367	2 534 956	2 522 254	366 275	365 050
15-19 anos	3 452 198	3 722 613	2 034 124	2 204 150	310 842	341 760
20-24 anos	2 993 680	3 244 240	1 831 245	1 977 265	265 601	295 383
25-29 anos	2 545 283	2 700 565	1 597 273	1 671 461	224 144	247 486
30-34 anos	2 254 266	2 265 538	1 444 925	1 437 098	189 114	198 744
35-39 anos	1 973 919	1 992 655	1 236 776	1 242 345	173 897	182 725
40-44 anos	1 658 476	1 578 883	1 032 807	984 138	152 798	148 782
45-49 anos	1 392 602	1 320 727	870 446	831 201	126 528	121 936
50-54 anos	1 110 873	1 050 074	708 498	662 429	99 976	103 496
55-59 anos	822 979	769 041	535 533	497 743	73 531	73 427
60-64 anos	720 653	682 309	461 200	430 948	69 084	69 956
65-69 anos	399 676	388 000	267 395	258 002	35 658	35 964
70+ anos	530 745	609 613	345 356	387 456	54 326	67 235
Idade ignorada	48 516	50 478	24 853	25 853	3 146	4 157

Brasil, abolição, noventa anos... Noves fora?

COR					
Amarelos		Pardos		Sem declaração	
Homens	Mulheres	Homens	Mulheres	Homens	Mulheres
253 687	229 161	10 355 530	10 350 901	24 250	22 354
29 008	26 995	1 782 860	1 714 898	1 481	1 367
33 588	30 808	1 654 135	1 577 538	1 247	1 151
33 574	32 030	1 361 707	1 342 945	1 077	1 088
29 600	27 179	1 076 218	1 147 899	1 414	1 625
24 902	23 095	869 789	946 439	2 143	2 058
19 703	17 700	702 210	762 205	1 953	1 713
15 582	14 225	603 112	614 135	1 533	1 336
14 029	12 784	548 011	553 672	1 206	1 129
11 814	10 168	460 016	434 910	1 041	885
10 908	8 687	383 968	358 132	752	771
9 150	6 762	292 611	276 813	638	574
6 477	5 433	207 019	192 032	419	406
6 012	5 282	184 000	175 695	357	428
4 064	3 646	92 383	90 127	176	261
4 758	3 927	126 035	150 600	270	395
518	440	11 456	12 861	8 543	7 167

O aspecto qualitativo

Na tentativa de inferir a percepção racial do brasileiro, Marvin Harris projetou uma pesquisa que foi desenvolvida da seguinte forma, para avaliar o sistema de controle da identidade "racial" do brasileiro negro.[8]

Levando em consideração "uma parcial subordinação" — apontada por alguns observadores — da identidade "racial" à identidade de classe, exemplificada na tendência para indivíduos de camada similar socioeconômica serem categorizados por termos "raciais" similares, independente dos contrastes fenotípicos, e levando também em consideração o adágio "O dinheiro branqueia", usou ele, como instrumento de avaliação, um conjunto de 72 desenhos de rostos construídos a partir de uma combinação de três tipos de tom de pele; três formas de cabelo; dois tipos de lábios; dois narizes, e dois tipos de sexo. Os desenhos eram apresentados numa ordem que fora estandardizada ao acaso. A palavra "cor" era usada como último recurso. O conjunto de desenhos foi mostrado a cem brasileiros natos — 39 mulheres e 61 homens com sede em cinco estados diferentes:

- 28 pessoas na Bahia
- 30 em Alagoas
- 12 em Pernambuco
- 7 no Ceará
- 8 em Brasília
- 15 em São Paulo

Foram tomados indivíduos desde classe alta urbana até classe baixa rural. Os indivíduos eram também de tipos raciais os mais diversos.

Brasil, abolição, noventa anos... Noves fora? 239

Diz Harris: de um ponto de vista estritamente de contagem léxica, a amostra respondeu com 492 categorizações diferentes. Vinte e cinco por cento da amostra respondeu com quinze ou mais categorizações. Cada desenho era identificado com pelo menos vinte combinações lexicais diferentes.

Os desenhos foram analisados em relação às respostas--padrão, sendo utilizados apenas doze dos termos mais empregados, cada um dos quais ocorrera cem vezes. Eram eles: "moreno", "branco", "mulato", "preto", "negro", "alvo", "moreno claro", "cabo-verde", "sarará", "escurinho" e "escuro".

Ficou evidente que cada um dos termos mais popularmente usado era uma combinação particular de: cor da pele; forma de cabelo; largura do nariz; e espessura dos lábios. Foram assim encontradas as seguintes combinações léxicas:

- Branco africano
- Branco amarelo
- Branco índio
- Branco mestiço
- Branco nagô
- Branco sarará
- Caboclo preto
- Claro branco
- Índio moreno
- Índio preto
- Moreno caboclo
- Moreno cabo-verde
- Moreno escuro claro
- Moreno mestiço
- Moreno preto

- Moreno sarará
- Mulato branco
- Mulato caboclo
- Mulato índio
- Mulato mestiço
- Mulato sarará
- Negro branco
- Negro mulato escuro
- Negro preto
- Preto amarelo
- Preto claro
- Preto louro
- Preto mestiço
- Preto moreno
- Preto negro
- Preto sarará

Diante dessa complexidade léxica para exprimir o *não branco*, nos perguntamos se essas articulações não são mecanismos de dominação. Nossa preocupação está voltada para a busca de um modelo epistemológico e metodológico que clarifique a natureza da ambiguidade no cálculo "racial" brasileiro, que está aguardando, para sua compreensão, o desenvolvimento de métodos válidos de análises cognitivas transculturais. Com isso também queremos questionar algumas colocações tão populares entre os cientistas sociais, e mormente os cientistas políticos, para um tipo de *marximização* da questão racial, reduzindo-a apenas a um problema de classe, um problema econômico, com o que encerram em si mesmo o discurso marxista. Como diz um colega nosso, José

Brasil, abolição, noventa anos... Noves fora?

de Souza Martins, as pessoas se incorporam ao marxismo, mas nem sempre *de* marxismo.

Não é propósito nosso fazer aqui qualquer tipo de crítica ao marxismo, mas sim às pessoas que se incorporam a ele sem se incorporarem dele na compreensão da problemática racial. Nossa preocupação é, nesse momento, traçar algumas considerações que precisam ser levantadas.

O marxismo ortodoxo, num tipo de submissão a esquemas dogmáticos, estabeleceu um tipo de determinismo do problema racial reduzindo-o a apenas uma única instância — um problema de classe, um problema econômico; e isso num tipo de subserviência a um outro tipo de dogma, o de que a história é uma luta de classes, sendo essa a única instância possível não só para a compreensão do problema como para sua solução social e política, pois toma o negro como um dado a priori através de um conceito abstrato de classe. Se entendermos a história também como uma luta de forças, em que determinada classe detém o poder dessa força, e sendo a etnia uma categoria manipulável nesses momentos, em que medida a manipulação de raça não é um mecanismo pulverizador de possível consciência de identidade sociocêntrica do negro no Brasil? Em que medida essa pulverização a que acabamos de nos referir não o impede de assumir uma consciência possível enquanto classe?

Marvin Harris sugere que, "dada a natureza altamente estratificada da sociedade brasileira, deve haver uma razão estrutural positiva e conservadora para manter e maximizar tal confusão e ambiguidade nesse cálculo racial".[9] Objetivamente, diz ele, "existe uma correspondência entre raça e classe no Brasil [...], quanto mais negroide o fenótipo, mais baixa a classe".[10] Pergunta: não estará em toda essa ambiguidade "a prevenção no desenvolvimento de uma ideologia racial que pode muito bem ser o reflexo das condições que controlam o desenvolvimento das confrontações de classe?".[11]

Engels, em carta de 25 de janeiro de 1894 a Heinz Starkenburg (um outro social-democrata alemão), sobre a questão de saber qual o lugar que têm a raça e o indivíduo na concepção do materialismo histórico, responde: "Nós consideramos as condições econômicas como o que condiciona, em última instância, o desenvolvimento histórico. Mas a raça é ela mesma um fator econômico".[12]

Dois exemplos ilustram de maneira significativa o que acabamos de caracterizar. Em *Ensaios sobre os melhoramentos de Portugal e do Brasil* (1821), Francisco Soares Franco acentuava que "a casta preta é hoje a dominante no Brasil". Daí sugerir que se

> estimulasse a mestiçagem e se favorecesse o mestiço, desenvolvendo-se a emigração de europeus e proibindo-se a importação de negros. Os brancos substituiriam os negros nas cidades marítimas, já nos ofícios, já no serviço doméstico, enquanto os pretos se concentrariam nos sertões, nos trabalhos de minas e plantações.[13]

Apelava ele para o legislador no sentido de que os mestiços não pudessem legalmente casar senão com indivíduos de "casta branca ou índia", promovendo-se assim o "baldeamento" dos mestiços na "raça branca".

Brasil, abolição, noventa anos… Noves fora?

Também Heliodoro Jacinto de Araújo Carneiro, em *Brasil e Portugal ou Reflexões sobre o estado atual do Brasil* (1822), se diz impressionado "com o número de negros e pardos no Brasil — principalmente nas cidades — e com a possibilidade dos brasileiros natos, irritados com a metrópole, se aliarem com eles, negros, sobrepondo assim [...] o sentimento de região ao de raça e mesmo ao de classe".[14]

É aqui que colocamos a questão para esses teóricos que fecham o círculo do discurso marxista quando esse pode ser enriquecido. É preciso que saibamos de uma vez por todas, dentro da sociedade brasileira, quem se está relacionando com quem…, com o nós ou com o eles.

A nosso ver, o negro tem sido perdido de vista dentro das preocupações teóricas dos cientistas políticos como um grupo capaz de ideias fortes e ideias-força, já que esses mesmos cientistas se incorporam da ideia de que o problema é um só e já definido, e que não existe uma diferença específica em nossa sociedade no que se relacione ao negro — esquecendo-se de que igualdade não é uma palavra científica, mas uma ideia política, e que só tem sentido quando assumida.

É de se desejar que esses teóricos reavaliem seus métodos habituais de perceber a realidade social concreta. O negro é o problema brasileiro do subdesenvolvimento. O que nos parece um certo fracasso dessas análises está no fato de que elas não revelam uma perspicácia (talvez pela própria condição de cultura de que os analistas fazem parte — "cultura de elite") de entender o laço entre o negro e os povos coloniais do mundo, o que não os leva a desenvolverem teorias que teriam sido de grande valia para os negros brasileiros. Os inúmeros exemplos que encontramos na historiografia brasileira são do tipo em que os escravos (*res*) são "as mãos e os pés do senhor"...,[15] jamais com cabeça!

Do próprio subdesenvolvimento vieram as escolas nativas de teorias e práticas para alcançar a independência. A liberação das colônias antes da revolução socialista no Ocidente não é o marxismo ortodoxo [...]. Na medida em que os teóricos [brasileiros] não puderem lidar com as implicações do nacionalismo revolucionário, tanto no exterior como em casa, eles continuarão a fazer o papel de revolucionários por procuração.[16]

A iniciativa revolucionária passou ao mundo colonial, e [no Novo Mundo] possivelmente passará ao negro; enquanto isso os marxistas ocidentais teorizam, temporizam e debatem. O sucesso das revoluções coloniais e semicoloniais não é agora, se é que o foi alguma vez, dependente do sucesso prévio do proletariado universal. Na verdade, o reverso pode bem agora ser a verdade; a saber, que o sucesso do último é ajudado pelo enfraquecimento dos destacamentos imperialistas do capitalismo ocidental. O que pode ser verdade do mundo colonial também pode ser uma verdade para o negro [nas Américas], onde pode tornar-se a força condutora, independente e adiante [não necessariamente] desses marxistas, no desenvolvimento de um movimento para a mudança social.[17]

Um dado significativo, que substancio, sem com isso reduzir a um simplismo analítico: o recenseamento por cor de 1940 (dados de Luiz de Aguiar Costa Pinto)[18] para o Rio de Janeiro informa que, se o negro constituía 27% da população

Brasil, abolição, noventa anos... Noves fora? 245

total e 25% da população ativa, se encontrava na categoria de "empregados" numa proporção de 99%.

Compete ao negro advogar, numa instância, que se institucionalizem estudos sobre o negro nas universidades, ao nível de graduação e de pós-graduação, de forma integrativa e curricular, quando as mais diversas disciplinas (a economia, a história, a sociologia, a psicologia, a literatura) formarão um corpo integrado de conhecimentos voltados para sua experiência.

Antes de terminarmos este balanço de noventa anos de abolição e de mais de quatrocentos anos em solo brasileiro, não nos podemos furtar a revelar o que a nação nos propõe como meta possível.

Quando, em 1976, realizava-se o II Festival Mundial de Artes Negras, em Lagos, Nigéria, sendo o Brasil, depois daquele país, o que abriga o maior número de população negra no mundo, reconhecendo no fato uma importância significativa para o evento o *Times* de Londres veio até nós na perspectiva alvissareira de ouvir das autoridades competentes a ratificação do que se acredita no exterior: ser aqui o paraíso racial por excelência e o negro um tipo de orgulho nacional. Numa de suas primeiras páginas do dia 3 de maio de 1976, a manchete do artigo estampava essa joia de brasilidade: "WE ARE GETTING WHITER ALL THE TIME", ou seja, *estamos ficando sempre mais brancos*. No seu primeiro período, o repórter nos informa que "um funcionário do Ministério das Relações Exteriores, de olhos azuis, me disse orgulhosamente: 'Em cinquenta anos o Brasil será uma potência e seremos brancos'".

Mesmo não acreditando nessa prospecção queremos trazer aqui dois comentários que cabem muito bem ao caso. Com relação a uma proposta semelhante da sociedade norte-americana, comentava o sociólogo negro Franklin Frazier: "É possível que num futuro distante os negros desaparecerão fisicamente da sociedade norte-americana. Se esse é o nosso destino, que nos deixem desaparecer com dignidade e nos deixem legar um memorial significativo — na ciência, na literatura, na música, nas artes etc. de que estivemos por cá".[19]

Mas preferimos pensar com Joaquim Nabuco: "Nenhum povo ganha em iludir-se sobre a sua própria etnologia, nem há sentimento mais deprimente [...] para a nação, como para o indivíduo, do que ter vergonha de si mesmo!".[20]

É do destino do negro que dependerá o futuro da nação. É grande nossa tarefa, mas não impossível.

Compete a nós buscarmos a nossa identidade do ser negro — e através desta... O SER HISTÓRICO.

Alternativas do negro na recuperação de sua memória: Crítica da razão bruta*

ATRIBUI-SE A EINSTEIN a seguinte asserção: de que contra a força bruta, quando não se consegue o diálogo ou se fazer entender, o que se tem a fazer é recorrer à mesma força bruta... Em outras palavras, sair-se às vias de fato... Já no que concerne à *razão bruta*, faz-se necessário paciência ou quando muito uma longa espera...

Diante da questão do negro no Brasil, realmente nos encontramos como diante da razão bruta... Em um país onde até 1872 mais de 70% da população era de *não brancos*, e entre eles o maior contingente era de descendentes de africanos, quando se tenta colocar a necessidade de se estabelecer de maneira sistemática estudos para o conhecimento do papel representado pelo negro na história racional, ou sua situação presente, quando visivelmente está fora de todo e qualquer esquema. Não sabem o que queremos.

No preciso caso do brasileiro negro e a recuperação de sua memória, a meu ver trata-se de uma questão prática...

---

* Texto não publicado, localizado no acervo de manuscritos da Coleção Eduardo de Oliveira e Oliveira, na Unidade Especial de Informação e Memória da Universidade Federal de São Carlos (SP). Provável comunicação apresentada pelo autor na XXXI Reunião Anual da SBPC, realizada de 11 a 18 de julho de 1979, em Fortaleza. (N. O.)

248 *Intervenções*

Ele (mais do que ninguém) não pode se prender à divulgada citação: "Os filósofos não fizeram outra coisa do que interpretar, de maneira diversa, o mundo; o que importa é transformá-lo".[1] Ele não pode viver essa experiência por procuração, mas de fato.

Negado que é ainda (em 1975, comentamos um magnífico trabalho sobre a economia escrava cujo título era "As mãos e os pés do senhor"...,[2] de onde se deduz que a cabeça não existe), por conseguinte sua memória também o é... Somente na prática da negação dessa negação é que o negro terá sua memória recuperada.

~~É bem verdade que sua memória, secularmente, tem sofrido as mais diversas formas de apropriação, dívidas e débitos. Para que ela tenha "status" é preciso que seja desconfigurada de sua conotação racial e étnica... Não basta apenas cooptar o negro e detergentizá-lo (Machado de Assis, Castro Alves, Carlos Gomes, para citar alguns mais próximos, sem falar nos políticos do Império).~~

~~Como, à medida que os anos passam, a informação iconográfica desses elementos fica totalmente descaracterizada...~~ Para que nós existamos como sujeitos temos que perder a conotação de raça... Como bem diz Alioune Diop, "uma vez que uma raça tenha engendrado uma civilização, não se pode imaginar que essa raça seja negra".[3]

Tem sido assim secularmente... Para se poder aceitar a civilização egípcia na África, desenvolveu-se toda uma teoria de que se trata de uma civilização indo-europeia. O processo consiste em demonstrar que são essas populações — em estado selvagem — que trouxeram em seu abalo todos os elementos da civilização e os introduziram por toda parte onde

Alternativas do negro na recuperação de sua memória 249

estiveram. A pergunta que vem ao espírito é a seguinte: por que tanta aptidão criadora só se manifestava quando em contato com os negros e jamais no berço primitivo das estepes euro-asiáticas? Por que essas civilizações não criaram a civilização em seus próprios sítios antes de emigrar?

O mesmo se dá entre nós... Quando é para se fazer uma atribuição valorativa e vender uma imagem, tanto para o exterior como para dentro do país, da mestiçagem existente, evoca-se nomes e títulos, como Nilo Peçanha (que consta como exemplo nos textos americanos de que o Brasil é uma democracia racial, tendo mesmo tido um presidente negro — quando a imprensa de oposição racial, na época, ao atacá-lo é na cor que vai investir; ou, mais próximo, Mário de Andrade, que, na polêmica com seu confrade Oswald de Andrade, para contestá-lo será nos atributos africanoides do grande escritor que Oswald encontrará o alvo de seus objetivos).

Mas voltemos à praticidade do caso. Na recuperação da memória negra, dois fatos são concomitantes. Ao lado de quem é persiste outro fator... quantos são. ~~Qual a opinião dos demógrafos, no nível social, político e econômico, da ausência da categoria cor no recenseamento? Essa é uma questão necessária que precisa ser encaminhada ao IBGE, e deve partir através de moção de um fórum dessa natureza.~~

~~Antes de pensarmos em problemas de métodos nos estudos sobre o negro, realmente é preciso que se constituam esses estudos... E aí fundamentalmente está o cerne do problema. A necessidade em nível curricular de graduação, primário, secundário, superior, *de estudo sobre o negro*.~~

[O negro] não é visto como criador e criatura da cultura. Quando se apresenta como criador, perde a identidade, é diluído. Geralmente não lhe dão a fala... E historicamente não teve condições de adquiri-la (*non tam vilis quam nullus*).[4]

ANTES DE ENTRARMOS em nosso breve comentário, gostaríamos de fazer uma pequena digressão.

Temos tentado acompanhar os trabalhos críticos de história comparada das relações raciais desenvolvidos nos Estados Unidos, trabalhos esses que contêm projeções críticas ao processo escravista brasileiro. Sente-se que esses trabalhos são o produto de um confronto do que se tem feito no campo, entre cientistas negros e brancos. É impossível hoje em dia escrever-se nos Estados Unidos desconhecendo-se o pensamento de Franklin Frazier, Nathan Hare, Douglas Davidson, Oliver Cox, Ralph Ellison, Kenneth Clark e outros...

Isso nos reporta a outro fenômeno nem sempre levado em consideração: o da juventude da institucionalização do pensamento científico no Brasil, e com isso dos próprios cientistas. A Faculdade de Filosofia, Ciências e Letras da Universidade de São Paulo foi criada em 1934. A Universidade Howard, para negros, nos Estados Unidos, data de 1867.

O cientista social nos Estados Unidos que trabalha com temas raciais sabe que tem um público não só atento como qualificado e preparado para absorvê-lo, criticá-lo ou aceitá-lo... Nossa democracia racial ainda não nos permitiu um tal confronto.

Qual nossa postura enquanto cientista social, em face de um trabalho e pensamento com o qual não estamos familiarizados e que obviamente não tem em mira um público

Alternativas do negro na recuperação de sua memória 251

específico? Assim, há todo um problema de estilo, de método, a partir de uma postura nossa, a de que,

> estando todo pensamento intimamente ligado à ação, não se tem mais legitimamente o direito de falar de "ciência" da sociedade ou da sociologia. O conhecimento que um ser tem de si mesmo não é ciência, mas *consciência*. Não há uma sociologia conservadora e uma sociologia dialética, mas uma consciência de classe, burguesa ou proletária, exprimindo-se no plano da descrição ou da explicação dos fatos humanos [...].[5]

Isso fazendo com que nos apresentemos com uma consciência racial e de classe. Não teria isso aqui sentido, visto esse público não estar aprioristicamente implícito no pensamento do autor.

Segundo uma caracterização antológica do professor Fernando de Azevedo, cultura no Brasil é elite, e nós, os negros, não só não somos essa elite (por raça e classe) como não fazemos parte das preocupações dessa elite fora do nível de preocupações acadêmicas.

Não somos espectadores da escravidão, mas legítimo produto dela em busca de uma teoria da ação.

A DESTRUIÇÃO DA ESCRAVIDÃO NEGRA na América, no curso do século XIX, costuma ser posta em termos de um processo de depuração progressiva do capitalismo. Sendo esse um sistema baseado no trabalho livre, considera-se que o escravismo se apresenta como um enxerto que o capitalismo comercial ainda pode admitir, mas que, num estágio mais adiantado, tem que ser eliminado.

É com referência ao capitalismo que se define o escravismo moderno. Com efeito, ao mesmo tempo que se constitui como analiticamente fundado na existência de trabalho livre, o capitalismo implica histórica ou empiricamente o estabelecimento de uma constelação peculiar que inclui a escravidão negra no mundo colonial, como recurso para acumulação de capital.[6]

O escravismo moderno se caracteriza, assim, por ser essencialmente capitalista. Nessas condições, embora formalmente análogo ao da Antiguidade (desde que pressupõe um trabalhador-mercadoria — aí discordamos..., entra a cor), funcionalmente dele se distingue, por inserir-se num contexto geral totalmente diverso: enquanto na Antiguidade o trabalho escravo é o fulcro do sistema total, o escravismo moderno é integrante de um complexo determinado pela presença do trabalho assalariado.

Não procede a ideia de uma depuração progressiva do sistema, desde que o escravismo não representa um componente capitalista (como, por exemplo, as relações feudais, eliminadas com o avanço do capitalismo), mas, ao contrário, constituiu-se como uma *criação capitalista*.[7] Nem se pode falar, nesse caso, em extensão do sistema à periferia do mundo capitalista, uma vez que o escravismo se apresenta como a forma pela qual o capitalismo se realiza na economia colonial.

A escravidão negra está associada com a "invenção da América". Na época de seu descobrimento, a escravidão havia começado a desaparecer de boa parte da Europa ocidental. Dois séculos antes, Felipe, o Belo, numa ordem em que liberava os servos dos Valois, fazia-o no pressuposto de que "toda criatura humana que é formada à imagem de Nosso Senhor deve geralmente ser livre por direito natural";[8] outro tanto

Alternativas do negro na recuperação de sua memória 253

fazia Henrique VII da Inglaterra, que liberou alguns vilões de suas propriedades "porque no princípio a natureza fez a todos os homens livres, e então a lei das nações reduziu alguns ao jugo da servidão".[9]

A presença do negro nas Américas constitui-se como uma experiência única. Até bem pouco pensou-se compreendê-la a partir de mundo saxão versus mundo latino, ética protestante versus ética católica, julgando que a escravidão tinha sido melhor nas colônias latinas que nas anglo-saxônicas. Isso é o mesmo que dizer que o câncer da laringe é melhor que o de esôfago. O pensamento científico contemporâneo (felizmente) já aboliu essa dicotomia para compreender a escravidão e a pessoa do escravo como um fenômeno unívoco, ressalvando diferenças nacionais, regionais, quiçá mesmo setoriais.

Os estudos de uma história ou de uma sociologia comparada, no que concerne ao negro nas Américas, são não só escassos como recentes. O que muitos não sabem é que a presença negra neste lado do globo vai do Alasca até a Patagônia; porém, os dois países que comportam um contingente populacional de descendentes de africanos em número significativo são o Brasil e os Estados Unidos da América do Norte.

No momento em que a nação norte-americana comemora o bicentenário de sua Independência, num espírito de identidade racial e continental, nós, um punhado de negros de São Paulo, nos solidarizamos com aqueles ideais e com a presença do negro por uma luta que até hoje tem sido sua bandeira. É para os *brothers and sisters* do outro lado do hemisfério que dedicamos este trabalho, irmanados que estamos, na certeza de que algum dia, de alguma maneira, "WE SHALL OVERCOME".[10]

* * *

- Descobri não apenas uma identidade como africanos — chame-se de "Personalidade africana" ou "Negritude" — mas um lugar especial para inserir no complexo, múltiplo, mas basicamente universal de "identidade do Homem".
- Olhar para a África com nostálgica fabulação...
- Não sugerir que sejamos ainda africanos; lembramos que somos brasileiros — muitas diferenças — pessoais, tribais, culturais.

Da natureza de um centro para o estudo da história, da vida e da cultura do negro*

NOSSA PROPOSTA ESTÁ BASEADA em aspectos que têm por base preocupações que já haviam ocorrido — entre outros — a um Joaquim Nabuco. Entretanto, nunca foram postas em prática. Diz Joaquim Nabuco: "Depois que os últimos escravos houverem sido arrancados ao poder sinistro que representa para a raça negra a maldição da cor, será ainda preciso desbastar, por meio de uma educação viril e séria, a lenta estratificação de trezentos anos de cativeiro, isto é, de despotismo, superstição e ignorância".[1]

1. À semelhança do Museu do Índio ou mesmo do Museu do Ipiranga, que congrega estudos sobre o índio (além da USP, que mantém cursos dirigidos aos estudos sobre o índio no Brasil), faz-se necessário um setor específico sobre o elemento afro-brasileiro, até hoje não científica e sistematicamente estudado, pesquisado, analisado e compreendido.

---

* Texto não publicado, localizado no acervo de manuscritos da Coleção Eduardo de Oliveira e Oliveira, na Unidade Especial de Informação e Memória da Universidade Federal de São Carlos (SP). Escrito em 1976. A proposta apresentada neste texto, pensada inicialmente para ser implementada na cidade de São Paulo, entre 1977 e 1979 foi levada para a Universidade Federal de São Carlos. (N. O.)

Conta a USP com um Centro de Estudos Africanos, com características próprias e metas específicas. Isto é: África e seu universo.

Um centro de estudos sobre o negro, enfatizando o aspecto brasileiro dessa experiência, é altamente significativo. Sendo mais abrangente: em nível nacional, ao estudar a presença negra entre nós, a África estará presente, ao passo que nos estudos sobre a África o negro e sua experiência nas Américas não são levados em consideração.

A filosofia e os propósitos de um centro para o estudo da história, da vida e da cultura do negro podem e devem ser desenvolvidos através de seu programa e atividades.

2. Das atividades em nível acadêmico

De um aspecto meramente acadêmico, um centro de estudos dessa natureza, de um âmbito regional, tomaria medidas como as seguintes:

2.1 Levantamento de documentos na esfera do município (documentos de caráter público e privado) concernentes à vida do negro no município de São Paulo.

2.1.1 Procederia do mesmo modo na esfera do estado de São Paulo, incentivando por meio de contatos, divulgação (através dos mais diversos meios de comunicação) e palestras a necessidade do recolhimento de documentos, de informações (por intermédio da história oral), ou mesmo incentivando doações, pois os documentos, em sua maioria, estão dispersos, podendo ser recolhidos a um setor de documentação sobre o negro no estado de São Paulo que estaria anexo a esse centro.

Da natureza de um centro para o estudo da história

Existe também toda uma documentação no exterior sobre o negro no Brasil que pode ser catalogada, xerocada (segundo o grau de sua importância), trocada ou mesmo doada. (Exemplo disso são os postos negreiros da costa atlântica da África hoje transformados em museus como o Ifan, Institut Fondamental d'Afrique Noire, ou mesmo os arquivos portugueses, até hoje inexplorados suficientemente.)

2.2 Promoção e divulgação em nível público (e não tanto em nível meramente universitário e para universitários) de uma introdução a estudos brasileiro-africanos, com o que se fomentaria o interesse por esse aspecto da história e da realidade nacionais. Seguramente isso interessará a todos, não apenas aos descendentes de africanos, mas aos brasileiros em geral.

Uma vez estabelecido um primeiro contato com um público interessado em aspectos africanos da cultura brasileira, tratar-se-á de especificar-se didaticamente o processo de informação, organizando-se palestras ou cursos de caráter singular através de:

- abordagens históricas
- abordagens antropológicas
- abordagens sociológicas
- abordagens literárias
- abordagens musicológicas etc.

Para um tal programa recorrer-se-á a elementos credenciados em cada área de especialização.

Esta proposta de desenvolver o conhecimento sobre a presença africana no Brasil em nível de informação através de distintas disciplinas terá também o mérito de revelar novos elementos que vêm trabalhando nessas áreas, com o que se estabelecerá um estímulo para pesquisas nos mais diversos campos da historiografia nacional.

2.3 Publicações
Criação de um meio de divulgação escrita; boletim e uma pequena publicação onde os assuntos brasileiro-africanos sejam tratados e propostos. Um veículo dessa natureza é imprescindível para o mantenimento de intercâmbio, seja no âmbito nacional seja no âmbito internacional.

3. Das atividades em nível prático
O município e o estado de São Paulo contam com inúmeras associações que congregam elementos afro-brasileiros, com as mais diversas finalidades, sendo algumas delas mesmo seculares, como a de Nossa Senhora do Rosário na capital, atualmente no largo do Paissandu e cuja sede inicial data de 1711.

Nessas organizações reúnem-se elementos dos mais diversificados.

Recentemente surgiram e continuam a surgir novas organizações, lideradas geralmente por gente jovem, que visivelmente está em busca de uma compreensão de sua identidade.

Esse centro servirá como um setor de informação, podendo colaborar na organização de programas de caráter didático educativo ou mesmo recreativo, dentro de um princípio preestabelecido e dentro de uma finalidade eminentemente cultural.

Da natureza de um centro para o estudo da história

Poder-se-á organizar programas que cumprirão finalidades orientadas, como se pode deduzir do programa anexo, de um "Curso introdutório a estudos brasileiro-africanos", organizado para uma dessas associações. Outras programações como essa poderão ser elaboradas.

O programa anexo foi feito tendo em vista o nível e o interesse dos frequentadores da dita associação.

3.1 Recursos materiais

O centro teria uma sede administrativa junto à Secretaria de Cultura, Ciência e Tecnologia do estado de São Paulo, devendo, porém, encontrar um local de caráter público (casa ou dependência do estado que pode ser requisitada para esse fim) onde será estabelecido um centro de trabalhos e atividades; enfim, um centro de vivência e convivência, aberto a todos, onde se dinamizarão atividades como:

- orientação para uma biblioteca especializada
- orientação para exposições permanentes (que pode abranger livros, documentos, obras de arte, fotografias etc.)
- cursos, conferências, palestras
- orientação didática

3.2 Recursos humanos

Dependendo do desenvolvimento que tome o centro, procurar-se-á recrutar elementos já servindo ao estado que estejam voltados para estudos afro-brasileiros.

4. Sistema de avaliação

As medidas de controle quantitativas (crescimento e abrangência do centro) e qualitativas (assimilação de conceitos e procedimentos para o desenvolvimento da sistemática do trabalho proposto) serão representadas através de cronogramas, executados a médio e longo prazo.

Paralelamente, deverá observar-se uma constante reavaliação de quadros teóricos e práticos em função dos objetivos operacionalizados ou não. Essa reavaliação contínua permitirá detectar as variantes que interferem na consecução das metas propostas, possibilitando também um planejamento.

4.1 Instrumentos de avaliação
- fichas de opinião
- registro de dados de organizações afro-brasileiras já existentes, vinculadas ao centro através de atividades desenvolvidas pela instituição
- registro de contribuições voluntárias de entidades, pessoas físicas ou jurídicas
- relatório mensal de programações desenvolvidas (constando de análises e resultados)

5. Sistema disciplinar
Funcionamento do centro (horário a ser discutido).

A distribuição da carga horária dos responsáveis pela atuação do centro estará a critério do coordenador, obedecendo às cláusulas contratuais estabelecidas pela Secretaria de Cultura, Ciência e Tecnologia do estado de São Paulo.

Etnia e compromisso intelectual*

ESTE TRABALHO ENQUADRA-SE DENTRO de preocupações que têm por base uma sociologia da cultura, e particularmente da cultura brasileira. Na medida em que se faz necessário "descolonizar" o negro brasileiro, para sua liberação e progresso se faz necessária uma mudança; e como "mudar é mudar culturalmente, por um conjunto de valores que lhe são dados por sua cultura",[1] é preciso que a conheçamos, a critiquemos e a renovemos, para encontrar os meios que nos conduzam à ação necessária.

NÃO É, realmente, sem grande margem de dificuldade que nos pomos a redigir esta comunicação, tanto mais breve quanto difícil se nos apresenta fazê-lo. Explicamo-nos.

Primeiramente nos perguntamos da validade e operacionalidade de se escrever "comunicações". Parece-nos que os intelectuais nada mais fazem do que redigir e ditar papers ("comunicação", na linguagem colonizada e preferida do

---

* Publicado originalmente como "Etnia e compromisso intelectual". In: Grupo de Trabalho André Rebouças (Org.), *Caderno de estudos da Terceira Semana de Estudos sobre a Contribuição do Negro na Formação Social Brasileira*. Niterói: UFF, nov. 1977, pp. 22-7. Trata-se de reelaboração da conferência apresentada na Quinzena do Negro da USP. (N. O.)

intelectual luso/bundo/guarani). E segundo, por um outro problema com que nos deparamos. Por ocasião da XXIX
Reunião Anual da Sociedade Brasileira para o Progresso da
Ciência, quando pela primeira vez em 29 anos se cuidou
de negros, em um simpósio intitulado "Brasil Negro", que
coordenamos, apresentamos um trabalho que tinha por título "De uma ciência para e não tanto sobre o negro". Ao
comentarmos recentemente o mesmo trabalho em Bogotá,
após a reunião do I Congreso de la Cultura Negra de las
Américas (realizado em Cáli, Colômbia, de 24 a 29 de agosto
do corrente ano), para um grupo de cientistas sociais no
qual se incluíam alguns negros, um deles (negro), dizendo-
-se acorde com o conteúdo do que acabara de ouvir, tinha,
porém, uma alternativa que lhe parecia fundamental e que,
segundo ele, mudaria totalmente o polo de referência. Suge-
ria "uma ciência *com* o negro". E é aqui então que se coloca
um grande problema:

Quem quer fazê-la poderá fazê-la? A etnia terá um papel relevante nessa acepção? As situações de classe influirão numa
consciência de classe quando esta não estiver adstrita a uma
dupla identidade — raça/classe, tão inerente ao negro que a
priori o desconfigura de outras atribuições? Se é assim, como
se equaciona *negro* e *intelectual* — se é que se equacionam? É
o negro, e particularmente o negro brasileiro, identificável
com tal categoria, ou tem que reivindicar uma tal atribuição?
O que, e quem, é, lato sensu, intelectual, e particularmente
quem o é na sociedade brasileira?

Vejamos, primeiramente, uma definição de intelectual e
procuremos projetá-la sobre o negro — indiscriminadamente;
seja ele da África ou habitante do Novo Mundo: "Intelectual:

Etnia e compromisso intelectual

relativo ao intelecto; que possui dotes de espírito, de inteligência; pessoa que tem gosto predominante ou inclinação pelas coisas do espírito, da inteligência".[2]

Se buscarmos um referencial histórico, podemos ter uma ideia do papel que nos coube na história brasileira para que pudéssemos ter conquistado esses atributos. Conforme assevera Perdigão Malheiro,

a educação é coisa de que pouco ou nada se cuida com relação ao escravo [...]; ele é, por via de regra, reputado ainda mero trabalhador. Os quacres [Estados Unidos], reconhecendo tal necessidade, haviam instituído escolas para essa classe. A França igualmente o fez para as suas colônias, por leis de 25 de junho de 1839 e 18 de junho de 1845. Entre nós, são absolutamente excluídos das escolas mesmo de instrução primária ainda do primeiro grau, tanto os de um como os de outro sexo, *proibição equiparada à dos que sofrem moléstias contagiosas ou não foram vacinados.*[3]

Ainda sobre a condição do escravo, diz ele:

Era apenas um instrumento de trabalho, uma máquina, não passível de qualquer educação intelectual e moral, sendo que mesmo da religiosa pouco se cuidava. Todos os direitos lhe eram negados. Todos os sentimentos, ainda os de família. Eram reduzidos à condição de *coisa*, como os irracionais [...]. Eram até denominados, mesmo oficialmente, peças, fôlegos vivos, que se mandavam marcar com ferro quente, ou por castigo, ou ainda por sinal, como o gado.[4]

Temos aí dois pontos que nos chamam a atenção e que é preciso trazer aqui: "não passível de qualquer educação intelectual" e mais adiante "salvas certas exceções...".[5]

Perguntamos... Mudou muito? Para nós, essa ideia do negro *coisa* ainda permanece hoje na sociedade brasileira. Não estamos absolutamente pensando nas "certas exceções", naqueles negros cooptados pelo sistema, detentores de um protofenótipo que tem servido à sociedade brasileira para que esta, a partir de um caso singular, possa extrapolar para sua autoafirmação (nada convincente aliás, nem para nós nem para ela mesma) ser uma sociedade igualitária.

Ainda para melhor situarmos a sociedade brasileira e o negro nela, vejamos o que diz da cultura brasileira o professor Fernando de Azevedo, quando informa que

> feita abstração da massa de escravos e dos povos primitivos, inteiramente ao abandono dentro da própria sociedade livre, em que coexistiam os mais diversos estágios da civilização, *a classe dirigente* distinguia-se excessivamente do resto da população do país, não só do ponto de vista do aspecto exterior, do nível e estilo de vida e dos interesses essenciais, mas, sobretudo, *da cultura.*[6]

De onde facilmente deduzimos que "cultura" entre nós é um atributo de *elite*, mas "elite", a nosso ver (mesmo que ele se tenha como tal), como um grupo "intelectual"; uma intelligentsia.

Relegados à condição de "intocáveis", e estando a educação basicamente ligada ao aspecto "poder aquisitivo", se estabelece, a partir daí, uma confusão entre escolaridade e inteligên-

Etnia e compromisso intelectual

cia. Assim, não indo o negro à escola, automaticamente não terá inteligência, mas acredite-se que *por natureza*.

Mas que sociedade é essa que espera de nós um papel que não nos possibilitou, e que a priori não nos atribui? Que cultura é essa, caracterizada por Fernando de Azevedo como uma cultura envergonhada, que se esconde atrás de uma maquiagem nada condizente com seus padrões e realidade?

Cientificamente jovem: pois sua primeira universidade (de Direito) foi criada em 1923, por decreto, tendo ficado apenas no papel, e tendo sido o seu único escopo o de conferir ao rei da Bélgica, de visita ao país, um título de doutor honoris causa. Uma universidade propriamente dita, "um conjunto de escolas superiores, destinadas à especialização profissional e científica, [tendo] por função especial assegurar a conservação e os progressos das ciências, tanto pelo ensino como pela pesquisa",[7] só se vai verificar em meados da década de 1930, em São Paulo, com um espírito nitidamente de classe, vindo muito bem preencher as aspirações do meio.

O quadro era: Getúlio no poder, desmantelamento do binômio café-com-leite (isto é, Minas ou São Paulo no poder), daí a necessidade de criar o profissional para defender os interesses da oligarquia destronada.

E mais... De quem descendem, histórica e intelectualmente, os detentores do "conhecimento", que se podem permitir, pelo menos teoricamente, uma situação ideal e privilegiada, serem cartesianos e professarem em cátedra o racionalismo, não discutindo o dogmatismo vigente que os circunda, quando quiçá nem a escolástica seja suficiente para interpretá-lo, mas a patrística de são Tertuliano.

Pois bem! Façamos um retrospecto da sociedade portuguesa na gênese da brasileira e por conseguinte do negro brasileiro, para melhor o situarmos.

Do idioma falado... A língua portuguesa é tida como "o túmulo do pensamento e do saber". Cremos que essa asserção se deve não tanto ao isolamento em que os portadores desta língua se encontram no contexto cultural mundial, mas principalmente aos destinos que tomaram os mesmos portadores dela na história universal após os séculos das descobertas (séculos XV e XVI) — nos quais praticamente os portugueses imperaram —, e o subsequente desenvolvimento do mundo ocidental a partir dessas mesmas descobertas, com o advento de revoluções na história do pensamento (séculos XVI, XVII e XVIII), revoluções essas que Portugal não admitiu em seus territórios. Convém ressaltar que é lá que se verifica uma Contrarreforma, cuja ação se faz sentir "com o máximo de sua intensidade" por toda a Península Ibérica...

Referindo-se à Contrarreforma portuguesa, diz Newton Sucupira que, "se ela preservou a ortodoxia de nossa fé, desligou esses dois países, especialmente o reino luso, da evolução da modernidade europeia". Portugal, diz ele,

que representou um papel gigantesco na epopeia dos descobrimentos e que, com a Escola de Sagres, parecia orientar-se para uma ciência objetiva aliada à prática, esgotou-se com seu grande feito, e não teve forças para prosseguir com a Revolução Comercial, que os descobrimentos tanto impulsionaram. Isolado da fermentação cultural que se processava na Europa, Portugal não foi diretamente afetado por estes três ingredientes básicos na constituição do mundo saído do Renascimento: a ciência po-

Etnia e compromisso intelectual

sitiva, a técnica e o capitalismo. Do espírito renascentista em Portugal, o que realmente se consolidou foi justamente o aspecto literário e formalista, com desdém por tudo o que fosse pensamento e ação técnicos. A filosofia que vigorava era uma escolástica decadente, mumificada em comentários, sem a vitalidade do seu élan originário. Enquanto Galileu, Descartes e outros criavam a física moderna, em Coimbra continuava-se a repetir, e isso por muito tempo, a física de Aristóteles.[8]

Num edital do Colégio das Artes da Universidade de Coimbra, datado de 1746, convém assinalar também que se determinava que

nos exames ou lições, conclusões públicas ou particulares, se não ensine defensão ou opiniões novas pouco recebidas, ou inúteis para o estudo das ciências maiores, como são as de Renato Descartes, Gassendi, Newton e outros; nomeadamente qualquer ciência que defenda os átomos de Epicuro ou outras quaisquer conclusões opostas ao sistema de Aristóteles, o qual nestas escolas se deve seguir como repetidas vezes se recomenda nos estatutos deste colégio.[9]

Parece-nos também bastante significativo o título de um livro de autor português, Santana Dionísio, para uma caracterização precisa de Portugal, com indiscutíveis reflexos no Brasil de então, e obviamente com projeções até hoje, e que é o seguinte: *A não cooperação da inteligência ibérica na criação da ciência* (1941).

Não é sem fundamento que nossa realidade social, econômica e política seja eminentemente dogmática. Não apenas na política econômica, tida como dogmática pelo próprio ministro da Fazenda (sr. Simonsen), como na maneira com que tudo nos é imposto... O dólar sobe dogmaticamente... O depósito compulsório para viagens é estabelecido, e sobe dogmaticamente... E mais um número infindável de soluções são dadas dogmaticamente sem que os intelectuais, ou melhor a "intelligentsia", questione, discuta, ou se sinta contraditória em sua postura racional acadêmica, diante do fato de que é objeto manipulável de uma filosofia que não condiz com a que professa. Mas esse intelectual faz parte da classe dominante, ou se tem como..., e isso principalmente por ser intelectual. Pode pagar o imposto ou obter a isenção, através de seu privilégio, nem sempre adquirido..., de intelectual.

E nós, os negros? Como estamos no mercado do saber? Quanto valemos e o que valemos?

Estatísticas para todo o Brasil, de 1930, informavam que 41% de todos os brancos, em contraste com 73% de negros e 69% de mulatos, eram analfabetos.

Para o Rio de Janeiro, 12% da população branca em idade escolar era analfabeta, subindo para 24% entre os mulatos e 46% entre os negros.

Ainda no Rio de Janeiro, em 1960:[10]

	Brancos	Negros
Com curso primário ou menos	37%	70%
Com curso secundário ou mais	63%	30%
	(1321 indivíduos)	(347 indivíduos)

Ainda para o Rio de Janeiro, em 1940, constituindo 27% da população total, e 25% da população ativa, o negro se encontrava na categoria "Empregados" numa proporção de 99,04%.

Etnia e compromisso intelectual

Nas escolas secundárias, os brancos representavam 91% das matrículas, contra 7,32% de pardos e 1,62% de pretos. Nas universidades, contavam-se 25,2% de brancos para 4,23% de pardos e 0,50% de pretos. Também no Rio de Janeiro, pretos e pardos representavam 61% da população penitenciária, sendo essa proporção mais alta do que representavam os negros na população total. Em São Paulo, sendo o negro 12% da população total, era responsável por 45% dos crimes de furto.[11]

Diante dessas estatísticas (já que para nosso desserviço os últimos censos erradicaram a categoria "cor", fazendo-nos mais uma vez juridicamente um só povo, uma só raça e um só irmão), é evidente que, dado os critérios brasileiros para o reconhecimento do *ser* "intelectual" estarem ligados ao nível de escolaridade, que tem como corolário atribuir a inteligência e o status correspondente, é de se deduzir que nós negros irremediavelmente estamos "por fora". E é aí que se coloca um impasse que ao final das contas não deixa de ser uma solução: como não entrar e não se deixar entrar num papel que para melhor caracterizar recorremos a Roland Barthes, que diz: "Num certo sentido os intelectuais são inúteis. Nos regimes fortes, o intelectual é uma doença!".[12]

Estando "de fora" por natureza, e natureza intrínseca do ser, como deve então proceder o negro cujo *métier* é identificado com o de intelectual quando não é tido como intelectual segundo os cânones preestabelecidos na sociedade vigente, já que é a etnia que mais o identifica — sua aparência e não sua essência?

Primeiramente, é preciso que ele tome conhecimento e consciência de seu grupo, sabendo que sua libertação social, cultural, política e econômica não será possível sem uma teoria das condições dessa libertação, isto é, sem uma ciência das formações sociais. Cumpre a ele também formular um conceito de ciência, necessitando compreender o seu papel, pois ele deve ter em mente que tem sido dentro das formas da ideologia dominante que o conhecimento científico se tem tornado objeto de saber, e que a transmissão desse conhecimento científico não tem decorrido tanto do conceito de ciência mas sim como parte de apropriação de um saber científico que (diante de tudo o que viemos de caracterizar) é uma forma de apropriação de classe; e é a partir disso que endossamos o que propõe Lukács quando diz que "não há uma sociologia conservadora e uma sociologia dialética, mas uma consciência de classe, burguesa, ou proletária, exprimindo-se no plano da descrição ou da explicação dos fatos humanos".[13]

O que nos resta então?

Vivemos num mundo onde a cor, a etnicidade e a classe social são de primordial importância, sendo assim impossível ao cientista (e em particular ao cientista negro) manter uma neutralidade valorativa.

Se tomarmos esse pressuposto como um dado de fato, de que modo, partindo disso, "apresentar um conjunto de declarações [...] e estabelecer as premissas básicas e prioridades que podem ser úteis àqueles que têm o interesse e a necessidade em aplicar esses conhecimentos a seus estudos e trabalhos"?[14] São essas considerações que nos levam à ideia de uma *sociologia negra* (ou uma historiografia, economia, antropologia negras etc.). Ela surge como reação e revolta contra o viés da "sociologia principal" burgueso-liberal; como um passo positivo para o estabelecimento de definições básicas, conceitos e

Etnia e compromisso intelectual

construções teóricas que utilizem as experiências e a história dos afro-brasileiros.

Existe um fator fundamentalmente básico na abordagem do negro que tem que ser levado em consideração (e frequentemente não o é) para desconfigurá-lo de qualquer identidade com outros grupos, como comumente se faz. Vieram involuntariamente, foram escravizados e subsequentemente tiveram garantida uma cidadania de segunda classe. Não podemos ser analisados da mesma forma que os europeus, ou mesmo os judeus, como geralmente se tende a aproximar como problemática. É preciso que evitemos que sejamos medidos por normas estranhas à nossa experiência, com o que evitaremos sermos sempre pensados e analisados como desvios.

Os cientistas negros — influenciados pessoal e intelectualmente por sua experiência de negros — devem estabelecer uma investida "perceptiva", tentando conhecer os fenômenos a serem estudados como sujeito/objetos que são de suas abordagens. Convém também lembrar que a ciência que fez do negro um objeto de estudos jamais pensou que esse objeto questionaria sua suposta "objetividade" quando detivesse os instrumentos necessários para avaliá-la. Existe uma situação objetiva e um estado subjetivo diferentes para brancos e negros. O negro sofre uma imposição cultural na base de padrões universais tradicionais, nos quais encontram-se implícitas a desvalorização de seus valores, uma ameaça à identidade negra individual e uma aplicação cruel e dogmática desses valores, que são opressivos porque geralmente implicam que os negros sejam sub-humanos.

Em que medida o "intelectual negro" deve se libertar dos clichês relativos ao problema negro? O intelectual, lato sensu, é um homem que contribui com ideias originais, novas descobertas e informações no conjunto já existente do conhecimento. Um "intelectual negro" é uma espécie à parte. Nos ombros dele recai uma outra tarefa, a de descolonizar sua mente de maneira que possa guiar outros intelectuais e estudantes na procura de liberdade... O branco não apenas distorceu e destruiu o desenvolvimento dos negros, como também se deseducou a si mesmo.

Cumpre instruí-lo. Os livros sobre negros tratam mais de seus defeitos do que da política de opressão que ocasionou seus problemas. É preciso que nos proponhamos a organizar um programa prático, orientado para as comunidades, nos colocando no campo, para aplicar o pouco da ciência que aprendemos, procurando usar o conteúdo da nossa própria experiência em cada área de trabalho, já que as pesquisas raramente ajudam a resolver nossos problemas.

O cientista negro precisa tornar-se um teórico e precursor da mudança social, a partir de seu próprio grupo — para o que necessita, além do engajamento pessoal, desenvolver novas técnicas e perspectivas.

O problema negro — precisamos ter isso presente — é um problema de origem política, de natureza política, e só de maneira política encontrará sua solução. Dizia Roger Bastide:

> o sábio que se debruçar sobre os problemas afro-americanos encontra-se, pois, implicado, queira ou não, em um debate angustiante, pois é da solução que lhe será dada que sairá a América de amanhã. Ele deve tomar consciência de suas decisões — não para dissimular o que lhe parece a realidade, mas para perseguir, no decorrer de suas pesquisas, uma outra pesquisa,

Etnia e compromisso intelectual

paralela, sobre ele mesmo; uma espécie de "autopsicanálise" intelectual, e isto, seja ele branco ou negro. Estamos aqui no centro de um mundo alienado, onde o sábio se acha, contra sua vontade, também alienado.[15]

O negro "intelectual", encurralado na sua condição primeira e primeva de raça, sujeito/objeto de seu trabalho, não tem outra opção. Não está lidando com *um assunto* (é preciso que ele saiba), mas com *uma causa*. Se ainda pertence ao "Terceiro Mundo" (sic), deve incorporar à sua experiência a noção de que "nos países por construir, nas nações em devir, [...] o intelectual — pensemos o político — não deve ter medo de se repetir. Ele é um professor".[16]

Para que seja genuíno, é preciso que tenha aquelas duas características almejadas (para o verdadeiro intelectual) por Paul Baran: "o desejo de dizer a verdade, e a coragem de fazê-lo".[17]

Posfácio
O pensamento negro radical de
Eduardo de Oliveira e Oliveira

A PRESENTE COLETÂNEA REÚNE pela primeira vez a produção intelectual do músico, publicitário, ativista antirracista, professor e sociólogo Eduardo de Oliveira e Oliveira (1924-80), um dos mais vibrantes e multifacetados pensadores brasileiros do século XX. Nascido no bairro carioca de Madureira, filho de pai operário e sindicalista e de mãe trabalhadora doméstica, estudou na Escola de Música da Universidade do Brasil entre 1943 e 1946 e se engajou na cena musical e teatral do Rio de Janeiro. Para buscar a formação em ciências sociais e prosseguir na área cultural — principalmente no teatro —, em meados da década de 1950 se mudou para a cidade de São Paulo, lugar em que se radicou e onde desempenharia papel de destaque na construção das bases intelectuais e epistemológicas das lutas políticas dos movimentos negros brasileiros dos anos 1970, ao lado de ativistas e pensadores negros como Iracema de Almeida, Beatriz Nascimento, Clóvis Moura e Orlanda Campos.

As memórias construídas pelos ativistas afro-brasileiros desse período sobre sua figura ressaltam a atuação de Eduardo de Oliveira de Oliveira na dupla condição de sociólogo público e mobilizador cultural, alguém que interligava

276   *Contraideologia da mestiçagem*

diferentes gerações de ativistas negros e promovia a conexão e o confronto entre saberes acadêmicos e saberes da práxis popular antirracista. Suas iniciativas tiveram contribuição expressiva na formação do Movimento Negro Unificado (MNU), em 1978, considerado um dos mais importantes grupos do antirracismo brasileiro do século XX. A *Revista MNU* destacou, em 1981, logo após sua morte (dezembro de 1980), a "capacidade de pesquisar e organizar trabalhos a serviço dos grupos e entidades negras fundamentalmente", lembrando que ele "sempre esteve presente nos momentos decisivos do movimento negro brasileiro".[1] Ele foi lembrado diversas vezes como aquele que "nos mostrava o caminho em 1978",[2] nas palavras do poeta Hugo Ferreira.

O poeta e político Eduardo de Oliveira — que, pelo acaso do mesmo nome e de estar no mesmo universo de trabalho na capital paulista, inspirou a alcunha "Eduardo de Oliveira e Oliveira" (os pais do sociólogo tinham igual sobrenome de família) — declarou que seu homônimo foi "o lado belo, dinâmico, inovador e autêntico da nascente negritude brasileira".[3] Nos Estados Unidos, em 1981, o historiador haitiano Pierre-Michel Fontaine dedicou-lhe um tributo no jornal do Centro de Estudos Afro-Americanos da Universidade da Califórnia — subscrito por autores como Thomas Skidmore, Anani Dzidzienyo, Michael Mitchell e J. Michael Turner, que tinham realizado diversas parcerias com Oliveira —, no qual lamentou a perda de uma fonte indispensável de informações e percepções sobre negritude, relações raciais e racismo nos trânsitos afro-diaspóricos entre o Brasil e os Estados Unidos, ao mesmo tempo que ressaltou seu significado para a causa negra no Brasil.

Posfácio

Contudo, a despeito do reconhecimento de seus pares, sobretudo nas fileiras do protesto negro, a produção intelectual, os projetos e a trajetória de pensamento de Eduardo de Oliveira e Oliveira são pouco conhecidos e tiveram escassa recepção no campo do saber científico para o qual mais rendeu esforços: a sociologia. Afora um capítulo de Iray Carone no livro *Psicologia social do racismo: Estudos sobre branquitude e branqueamento no Brasil* (2002) e minha própria tese de doutorado em história (defendida na UFF, em 2018), poucas foram as abordagens de seu pensamento nas ciências sociais. Embora sua persona tenha sido ocasionalmente rememorada após o seu desaparecimento físico, sua obra foi mencionada de forma episódica, quase sempre em referência ao seu texto relativamente mais conhecido, o ensaio-resenha "O mulato, um obstáculo epistemológico" (1974).[4]

A magra recepção na sociologia e nos estudos de relações raciais — um dos mais tradicionais e profícuos das ciências sociais brasileiras — é tanto mais intrigante quando sabemos que já em 1982 o espólio documental de Eduardo de Oliveira e Oliveira foi doado, por seu irmão Evandro, para a Universidade Federal de São Carlos (UFSCar), a 240 quilômetros da capital paulista, instituição em que o autor havia trabalhado nos últimos anos de sua vida. Em 1984, esses documentos foram disponibilizados para consulta no Arquivo de História Contemporânea da UFSCar, atual Unidade Especial de Informação e Memória (Ueim). A coleção é composta de livros de sua biblioteca, artigos, projetos, conferências, cartas (a maioria recebida), cadernos de anotação, fotografias, uma coleção de jornais da imprensa negra paulista e várias centenas de páginas de seu trabalho de mestrado e doutorado em sociologia na

Universidade de São Paulo. O inventário da Coleção Eduardo de Oliveira e Oliveira contém mais de 2200 entradas que registram sua extensa trajetória intelectual. Com quarenta anos de existência, é o mais antigo acervo de um intelectual negro disponível em uma instituição arquivística pública no Brasil.[5]

São Carlos foi um espaço interessante de movimentação política antirracista e palco, nos anos 1970, da atuação de diversos grupos de movimentos negros, com ênfase no teatro negro. Uma dessas entidades, o Grupo Cultural Congada, se mobilizou pela contratação de Oliveira pela UFSCar, onde, de 1977 a 1980, ele trabalhou como pesquisador movido pelo desejo de organizar na universidade um centro de estudos do negro brasileiro que representasse as aspirações e necessidades dos próprios sujeitos em vista de uma "ciência para o negro". Desde o alvorecer daquela década, muito influenciado pelos princípios teórico-políticos da Black Sociology (sociologia negra) afro-americana condensados na coletânea *The Death of White Sociology* (1973), Oliveira construiu a avaliação de que a sociologia dominante — e a sociologia de relações raciais — não refletia adequadamente a identidade dos processos históricos relacionados às experiências negras. Segundo ele, as posturas hegemônicas nas ciências sociais da época, em suas diversas vertentes, tendiam a identificar nos sujeitos negros o exotismo e/ou a corporificação de uma personalidade desviante que teria herdado do passado escravista uma condição de anomia (estado social de ausência de regras e perda de referências, conforme Émile Durkheim) que dificultava sua inserção na sociedade de classes do pós--abolição. O foco era a reificação, não a subjetividade; o objeto, não o sujeito.

Posfácio 279

Houve muitas tentativas para a construção do centro de estudos, mais intensamente entre 1977 e 1978, envolvendo contatos de Oliveira no Brasil, como José Mindlin e Antonio Candido, e nos Estados Unidos, como Michael Mitchell e Dorothy Porter. Por sinal, a ideia parecia inspirada na concepção e estrutura dos centros de estudos negros e afro-americanos que se espalharam pelas universidades estadunidenses desde o final dos anos 1960, na esteira do movimento Black Power, e que Oliveira conheceu em viagens à América do Norte em 1974 e 1975. Nessas oportunidades, observou como uma "universidade a serviço da comunidade" poderia impulsionar o negro brasileiro a "propor seu próprio discurso, relegado que esteve, por questões históricas, até hoje, a um segundo plano",[6] como anotou em um dos projetos vislumbrados para a UFSCar, em 1979.

Embora sem concretização naquele momento histórico, o projeto de Oliveira fomentou a discussão na UFSCar e no seio dos movimentos negros locais que resultaria, em 1991, na formação de um dos primeiros Núcleos de Estudos Afro-Brasileiros do país, o NEAB/UFSCar, casa institucional da professora Petronilha Beatriz Gonçalves e Silva. Foi a partir — também — desse espaço que a educadora engendrou aportes seminais para o desenvolvimento de políticas públicas educacionais antirracistas e de valorização da cultura negra e popular brasileira. Porém, esse modelo bem-sucedido de articulação entre a universidade e os movimentos sociais negros já havia sido posto em prática anteriormente por Oliveira e outros estudiosos e ativistas organizados nas semanas de estudos do Grupo de Trabalho André Rebouças (GTAR), na UFF, em

Niterói, e nas edições da Quinzena do Negro da USP, em São Paulo, entre 1975 e 1977.

Fundado em 1974, o GTAR congregava estudantes negros da UFF em semanas de estudo que contavam com pesquisadores como José Maria Nunes Pereira, Carlos Hasenbalg e o próprio Eduardo de Oliveira e Oliveira (em 1985, a Semana de Estudos do GTAR levou seu nome, como homenagem póstuma). Um dos seus objetivos era mostrar "uma nova forma de abordar as relações raciais concernentes à raça negra que [...] só podem ser entendidos a partir de um estudo proferido do negro enquanto raça",[7] perspectiva que ecoava as teorizações da historiadora Beatriz Nascimento (uma das fundadoras do grupo) no artigo "Por uma história do homem negro" (1974). Nesse artigo, ela lamentava o fato de os intelectuais brasileiros — sobretudo os acadêmicos — não abordarem os estudos do negro a partir de um prisma racial, apegando-se tão somente ao lastro social de classe, o que resultava, segundo ela, em teorias distanciadas e desvinculadas de sua realidade.

Naquele período, a crítica parecia se direcionar, entre outros, a autores como Florestan Fernandes. Mesmo que Oliveira e Nascimento respeitassem e admirassem a obra de Fernandes nos estudos raciais, a tensão entre os conceitos de raça e classe se colocava como urgência sociopolítica que alimentava um embate velado com o marxismo para formar uma autonomia epistemológica propriamente racial do processo social e da análise teórica. Essa abordagem foi compartilhada por Eduardo de Oliveira e Oliveira, que teve em Beatriz Nascimento um apoio capital (como demonstram as correspondências trocadas entre os dois, que podem ser lidas no acervo de Oliveira na UFSCAR e nos documentos de Nascimento no

Posfácio 281

Arquivo Nacional, no Rio de Janeiro) no delineamento de suas interpelações à sociologia e de suas intervenções no debate público, particularmente em São Paulo. Em 1977, o sociólogo foi conferencista da III Semana de Estudos do GTAR, apresentando o artigo "Etnia e compromisso intelectual".

Nesse artigo, clamava por uma visão pragmática nas ciências sociais acerca do tratamento científico da vida do negro brasileiro, questionava a suposta neutralidade dos cientistas sociais no exame das relações raciais e fustigava a noção do negro como desvio. Estaria a sociologia no Brasil cumprindo seus propósitos para a mudança social? Ou seria um conhecimento indiferente, na prática, às necessidades concretas dos grupos sociais marginalizados, notadamente os negros? Na opinião de Oliveira, o intelectual negro teria a função de conduzir o processo de descolonização, instruindo não apenas outros intelectuais, mas a sociedade como um todo, inclusive os brancos, que, ao desumanizarem historicamente o negro, também se deseducaram. Seu compromisso intelectual implicava novos paradigmas e instrumentos teóricos para superar as perspectivas sociológicas que enfatizavam no negro os seus defeitos, sem levar a sério a política opressora na matriz de seus problemas: o racismo, conceito em emergência entre a intelectualidade negra e os movimentos antirracistas dos anos 1970, cujas reflexões informariam as teses de Carlos Hasenbalg no livro *Discriminação e desigualdades raciais no Brasil* (1979). O projeto epistemológico e político de uma "sociologia negra" ensaiava, com Oliveira e seus parceiros de trabalho, "o estabelecimento de definições básicas, conceitos e construções teóricas que [utilizassem] as experiências e a história dos afro-brasileiros".[8] Tal perspectiva sociopolítica se manifestou em toda a extensão de suas pesquisas, em seus escritos e nas suas intervenções como sociólogo público.

O período mais efervescente desse esforço intelectual em nome da autonomia epistemológica do discurso racial negro ocorreu ao lado da formação dos movimentos negros contemporâneos, como o MNU. Foi em meados da década de 1970 que o projeto da sociologia negra obteve maior repercussão entre o ativismo negro em São Paulo. As contribuições de Oliveira para a articulação militante dialogaram com iniciativas de organização coletiva de simpósios da Sociedade Brasileira para o Progresso da Ciência (SBPC, 1977-9), exposições no Masp (1975), seminários nos noventa anos da abolição (1978) e daquele que é o momento culminante de sua produção: a Quinzena do Negro da USP, que, entre maio e junho de 1977, reuniu pesquisadores e estudantes negros no Instituto de Psicologia para discutir "um aspecto que [lhe parecia] da maior relevância — revelar o negro como criatura e criador. Numa palavra: sujeito".[9]

O importante documentário-reportagem *O negro, da senzala ao soul*, da TV Cultura (1977), registrou o evento e gravou uma das raras entrevistas de Eduardo de Oliveira e Oliveira em que seus objetivos foram explicitados em bases claras. Em plena vigência da ditadura militar, que minava oficialmente a discussão racial ao negar a própria existência social do racismo no Brasil — promovia-se a despolitização da imagem nacional pela ideologia da democracia racial —, o autor enfatizava o imperativo do reconhecimento e da representatividade:

Uma das primeiras razões seria trazer para o conhecimento público o que está se fazendo no Brasil ou fora do Brasil em

Posfácio

torno de ciências sociais com relação à problemática racial [...]. Outra coisa que também me pareceu fundamental seria reunir um grupo de cientistas sociais negros que estão trabalhando na área e são voltados especialmente para isso, com uma dupla finalidade: mostrar o trabalho que eles estão fazendo e, segundo, também apresentá-los, eu acho, como uma projeção positiva, para o novo grupo de jovens que estão surgindo e que precisam ver negros em papéis que geralmente não lhe são atribuídos.[10]

Com o estilo preciso e cortante que lhe era característico, Oliveira reflete novamente sobre o pragmatismo científico que a sociologia, sobretudo, deveria assumir — e que deveria transformá-la na relação com a experiência histórica e social do grupo negro:

Isso foi um aspecto fundamental que nós quisemos dar durante essa Quinzena, porque geralmente os trabalhos são feitos sobre o negro, mas não se pensa em que esse trabalho pode ser apresentado e pode ser também usado de uma perspectiva prática, do ponto de vista do próprio negro. Geralmente as pesquisas são feitas, mas sem pensar que essa pesquisa deve ser voltada para a experiência do negro atual, para seus problemas atuais, que ela tenha um cunho prático de servir ao negro. Geralmente serve mais ao cientista.[11]

Essa leitura foi partilhada na Quinzena do Negro por Rafael Pinto, ativista que na época cursava ciências sociais na USP e que um ano mais tarde seria um dos articuladores do MNU, ao se pôr de maneira "bastante clara contra a forma como são levados os estudos negros, o seu caráter intelectualista, ou seja, desligado da realidade do negro, como também a própria forma como se utilizam da cultura negra como forma de status".[12] Reivindicava-se no evento uma refundação dos princípios das ciências humanas e sociais e um reposicionamento epistemológico do negro na condição de sujeito, o que foi igualmente defendido por Beatriz Nascimento em sua conferência "Os quilombos na historiografia brasileira".

Também ela concedeu entrevista para *O negro, da senzala ao soul*, na qual criticou os historiadores que viam no negro apenas o escravo objeto de violência, como na historiografia dos quilombos até então. Segundo a autora, "a história do Brasil foi uma história escrita por mãos brancas". Urgia interpelar a consciência da ciência hegemônica e enegrecer as formas de enquadrar a realidade histórico-social, na busca de uma teoria da ação para o negro brasileiro, ou uma "ideologia para as massas negras", como declarou Oliveira na conferência "De uma ciência para e não tanto sobre o negro",[13] apresentada na XXIX Reunião Anual da SBPC, também em 1977, no simpósio "Confronto", organizado pelo sociólogo e por Beatriz Nascimento, Clóvis Moura e a advogada e ativista paulista Orlanda Campos.

A paisagem política antirracista que estreitou as vinculações entre essa emergente intelectualidade negra e os movimentos sociais era tributária, contudo, de um paciente trabalho de base realizado por Oliveira e seus companheiros durante muitos anos com entidades negras em São Paulo, tanto dos movimentos sociais do meio negro das décadas de 1920-50 quanto do "movimento negro de base acadêmica" — para usar a acepção do geógrafo e antropólogo Alex Ratts, um estudioso da obra dos pensadores negros brasileiros aqui

Posfácio 285

citados —,[14] dos anos 1960-70. A socióloga Flavia Rios, que pesquisa os movimentos sociais negros brasileiros e que prefacia esta coletânea, observou a capacidade de mediação geracional de Oliveira na formação intelectual de "jovens negros interessados nos assuntos referentes à questão racial", ao mesmo tempo que "frequentava as antigas associações negras paulistanas".[15]

Destacam-se seus laços com o Grupo de Trabalho de Profissionais Liberais e Universitários Negros (GTPLUN), liderado pela médica Iracema de Almeida, e a Associação Cultural do Negro (ACN), grupo atuante na esfera cultural paulista que reunia antigos militantes da Frente Negra Brasileira, como Arlindo Veiga dos Santos e José Correia Leite. Oliveira foi seu presidente entre 1968 e 1976, coordenando oficinas profissionalizantes e cursos de madureza para proletários negros da capital paulista. Nesse âmbito, organizou mesas-redondas e exposições, no Masp e na Biblioteca Mário de Andrade, sobre a imprensa negra paulista da primeira metade do século xx. Ao mesmo tempo, o autor galvanizou o entusiasmo de ativistas que, inseridos em movimentos de luta contra a ditadura militar brasileira — e informados por ondas de influência das independências africanas e dos movimentos pelos direitos civis dos Estados Unidos, e ainda por leituras de Frantz Fanon e outros teóricos anticoloniais africanos e do Terceiro Mundo —, afirmavam pela cultura uma identidade negra positiva e denunciavam o racismo no Brasil, questionando o conservadorismo da ideologia da democracia racial.

Oliveira tinha fundado, em 1969, o Coral Crioulo, e dois anos depois, junto da atriz e ativista Thereza Santos, o Centro de Cultura e Arte Negra (Cecan), instituição na qual os dois amigos gestaram a peça *E agora... falamos nós.* O espetáculo, que encenava diferentes etapas da história do negro no Brasil a partir de seu próprio olhar — como o título indica, estreou em 1971 em São Paulo e se tornou um marco do teatro negro brasileiro. O Cecan estaria posteriormente na base da coalizão de entidades e grupos que formou o MNU ao longo da segunda metade da década de 1970.

Em outra margem de atuação, o trabalho de Eduardo de Oliveira e Oliveira no campo político e cultural para a construção intelectual das lutas negras brasileiras de seu tempo se alimentou de e foi inspiração para sua extensa e nunca finalizada pesquisa de graduação, mestrado e doutorado em sociologia na USP, entre 1971 e 1979. Tendo cursado ciências sociais na USP entre 1964 e 1968 — ao que tudo indica, ele foi o primeiro sociólogo autointitulado negro formado nessa universidade —, Oliveira viveu em um ambiente acadêmico de grande vibração política e tomou contato com as obras e com alguns dos maiores pesquisadores de relações raciais daquele tempo, como Florestan Fernandes, Fernando Henrique Cardoso e Octavio Ianni, da Escola Sociológica Paulista. Em um currículo escrito em 1979, deu sentido à sua escolha pela sociologia "em vista de sua experiência de vida, de pertencer a um grupo étnico minoritário e viver no contexto de uma sociedade predominantemente branca, preso aos requisitos e regras impostas pelo grupo racial dominante".[16] Essa experiência seria a mola propulsora da pesquisa que procurou refletir sobre a subjetividade racial na produção da teoria social para solidificar, no campo do antirracismo, as condições intelectuais da resistência política negra no Brasil.

Posfácio

O mestrado iniciou-se em 1971, sob a orientação do sociólogo Ruy Coelho. No projeto "Ideologia racial: Estudo de relações raciais",[17] Oliveira observou que, embora reconhecesse as contribuições de nomes como Gilberto Freyre, Arthur Ramos e Florestan Fernandes para os estudos de relações raciais brasileiras, a maioria desses autores eram indivíduos brancos. Seriam, questiona ele, "seus impulsos e níveis de preocupações os mesmos de um negro?". Sem descurar do "absoluto critério de 'objetividade' da parte do cientista", cogita "se a experiência de vida de um e de outro pode oferecer uma ótica diferente". A partir de sua própria posição como observador privilegiado, Oliveira buscou traçar no mestrado o perfil histórico-sociológico das manifestações ideológicas e contraideológicas afro-paulistanas entre 1900 e 1972, nos desdobramentos das relações raciais na sociedade de classes.

Inspirado por Florestan Fernandes e seu *A integração do negro na sociedade de classes* (1964), ele pensava que, naquele momento (início dos anos 1970), os negros brasileiros ainda não possuíam uma ideologia racial própria, mas estavam em busca de uma definição ideológica que atendesse a seus anseios de representatividade social. Eventos como os Bailes do Burro Negro (1969 e 1970), que celebravam os negros universitários de São Paulo, e a eleição de parlamentares negros como Adalberto Camargo (1966) e Theodosina Ribeiro (1970), entre outros acontecimentos, pareciam indicar que em parte da população negra fermentava uma consciência histórica que poderia torná-la "agente de seu destino". O trabalho de pesquisa, com apoio da Fapesp de 1972 a 1973, consistiu em entrevistas com ativistas, sobretudo da ACN, do Cecan e do GTPLUN, e utilizou-se do teste de Rorschach para entender

288   *Contraideologia da mestiçagem*

aspectos da identidade negra em seus embates cotidianos contra o racismo. Em 1974, com novo orientador (o antropólogo João Baptista Borges Pereira, que assumira a orientação devido ao exílio de Ruy Coelho, em 1973), Oliveira passou para o doutorado direto, o que fez com que o mestrado não fosse defendido.

Entretanto, por meio de uma série de relatórios destinados à Fapesp e à Fundação Ford, podemos compreender a direção que a pesquisa tomou até 1974 (quando sofreu modificações importantes), chegando depois a algum momento de 1979, quando foi abandonada. De acordo com esses relatórios, seu objetivo era incorporar a subjetividade negra em um panorama teórico diferenciado que elevasse os estudos raciais a uma "nova epistemologia"[18] questionadora dos discursos de neutralidade científica. Em uma das poucas partes desse trabalho que sobreviveu, o capítulo "O poder branco", escrito em algum ponto entre 1975 e 1978, o pesquisador se apega às formulações dos movimentos sociais do meio negro em São Paulo (principalmente a Frente Negra Brasileira) que teriam surgido como a primeira manifestação de uma "negritude assumida, mas não concluída". Porém, no compasso das mudanças trazidas pelos "negros da diáspora" entre 1950-60, era chegada a oportunidade, no Brasil, da formulação política de uma identidade comum. Conectado aos movimentos negros no momento mesmo de sua formação histórica, "O poder branco"[19] fez parte de uma tentativa de interpretar sociologicamente o ressurgimento da negritude, ele defende:

[...] afirmarmo-nos como subjetividade, como autoconsciência, como indivíduos, e assim, transcendendo o próprio objeto, pro-

Posfácio

jetar-se para além dele, visá-lo em significação e integrá-lo num complexo de significações (negar, e porque se nega), recusar a si próprio a condição de "coisa", afirmando-se em-si a condição de um para-si contra um em-si, implicando dessa forma a liberdade no próprio ato "intencional": isso seria a negritude.

É nesse sentido que "O mulato, um obstáculo epistemológico" se torna mais inteligível. Resenha do livro *Nem preto nem branco: Escravidão e relações sociais no Brasil e nos Estados Unidos* (1971), do historiador norte-americano Carl Degler, tinha sido o trabalho final de Oliveira para uma disciplina especial da antropóloga Verena Stolcke, que ele cursara no mestrado em antropologia social da Unicamp, em 1973, e foi publicada no ano seguinte na revista *Argumento*, periódico de oposição à ditadura militar. O texto consiste em uma crítica à ideia de que as relações raciais no Brasil seriam essencialmente diferentes dos Estados Unidos pela ausência de oposições polares, devido à categoria intermediária do mulato.

Oliveira sugere que a "saída de emergência do mulato" (*mulatto escape hatch*), que para Degler seria a especificidade das relações raciais no Brasil, era em verdade uma deformação, uma "armadilha preparada" para impossibilitar os afro-brasileiros de constituírem uma identidade comum. O mulato, personificação do mestiço como símbolo da democracia racial e instrumento ideológico do branqueamento social e cultural, seria então para ele um elemento desmobilizador e um obstáculo para a compreensão da natureza profunda dos problemas enfrentados pelos negros brasileiros. Os velhos militantes negros da Frente Negra e da ACN teriam iniciado a reivindicação política do termo "negro" como definição aglutinadora e esse questionamento se transformou em rompimento ideológico pelas mãos dos novos militantes da década de 1970, processo que Oliveira fortaleceu organicamente e quis compreender na pesquisa. É nesse sentido que se pode vislumbrar seus projetos de resistência e suas propostas de ação como contraideologias da mestiçagem.

Outro desdobramento da pesquisa, agora no doutorado em sociologia, pode ser identificado em esboços, resumos e no plano da tese, intitulada *História e consciência de raça* e redigida aproximadamente entre 1978 e o final de 1979. Existem elementos comuns à primeira fase da pesquisa de "Ideologia racial: Estudo de relações raciais", mencionada anteriormente, mas determinadas referências temporais indicam que o texto foi produzido em 1978 ou 1979, sobretudo pela menção em um dos sumários ao MNU, grupo oficialmente fundado, como se sabe, em 7 de julho de 1978. Essa segunda etapa da pós-graduação de Oliveira foi estreitamente relacionada ao contexto social, político e intelectual em que o sociólogo estava inserido no Brasil, sobretudo em São Paulo.

Os diferentes rascunhos e sumários para *História e consciência de raça* mostravam preocupação teórica e buscavam construir estratégias de ação política antirracista no âmbito de uma história global da consciência de raça. Tais sentidos sociopolíticos nutriam-se da experiência dos "movimentos de tomada de consciência do homem negro nas várias nações" — principalmente nas Américas — para iluminar a "autoconsciência do negro no Brasil".[20]

Um dos capítulos se debruçaria sobre a história do conceito de raça e a presença do negro nas Américas "até a abolição" e "após a abolição". No Brasil, seriam investigadas as diferentes

Posfácio 291

manifestações de consciência de raça da população negra organizada no pós-abolição, incluindo o período de "1978 — até hoje — Movimento Negro Unificado".[21] O sociólogo dizia estar convencido do poder do conhecimento na luta contra o racismo e na construção de uma sociedade verdadeiramente democrática, asserção compartilhada pelo MNU, que fazia protestos públicos e defendia bandeiras de luta ancoradas no poder da educação para a composição coletiva de uma autêntica democracia racial. Outras partes examinariam a segregação racial, a condição social do negro e futuros imaginados para o horizonte de libertação popular brasileiro. Entretanto, conforme disse Oliveira no último parágrafo dessa pesquisa que permanece como projeto de emancipação epistemológica:

> Não é pretensão deste trabalho definir o que seja essa plenitude da condição humana. Trata-se, porém, de uma aspiração legítima para todos, inclusive os negros. A história, principalmente dos negros, transborda de exemplos do que ela certamente não é. Não se deseja nessa última breve parte do trabalho acenar a uma utopia, mesmo se convencidos de que as utopias são também uma via de acesso ao conhecimento sociológico. Como para o marxismo no que concerne à consciência de classe, a utopia indica apenas uma direção.

A tese não foi concluída, e o texto final se extraviou. Em fins de 1979, Oliveira havia perdido todos os prazos possíveis com a USP e abandonou o doutorado. Logo após, em maio de 1980, pediu desligamento da UFSCar. Desse momento em diante, sua saúde física e psicológica se deteriorou rapidamente, até o derradeiro momento. Não são poucos os relatos de amigos, militantes do movimento negro e ex-colegas universitários que relacionaram os infortúnios de sua trajetória acadêmica e profissional ao racismo e à homofobia. Há também evidências de que suas atividades possam ter sido sabotadas por professores delatores, instalados na FFLCH/USP, que se alinhavam à visão autoritária dos militares com relação à formação racial brasileira.[22] Em dezembro de 1980, aos 56 anos, ele faleceria em um hospital psiquiátrico na cidade de Itapira, interior de São Paulo, para onde fora levado por Diego Marruecos, parceiro de trabalho no setor da publicidade e amigo de uma vida toda.

Octavio Ianni, em uma homenagem por ocasião de seu falecimento em uma reunião de militantes e intelectuais em São Paulo — o relato é de José de Souza Martins —, em 1982, definiu poeticamente o sociólogo como um "Ícaro negro": um intelectual que sonhara alto e que tentou dar asas aos negros brasileiros na luta contra a alienação humana. Para além das mitologias e de sua condição pessoal trágica, o projeto da sociologia negra pode ser considerado a mais substancial contribuição teórico-política de Eduardo de Oliveira e Oliveira para o pensamento social negro e a sociologia.

Na Parte I, perfilam-se artigos, resenhas e outros manuscritos que podem ser categorizados como ensaios, ou seja, debates abertos que discutem a experiência dos negros no Brasil, bem como contraposições a visões hegemônicas sobre as relações raciais, como as de Gilberto Freyre e do norte-americano Carl Degler. "O mulato, um obstáculo epistemológico", que integra esse bloco, constitui um subsídio teórico fundamental na discussão contemporânea a respeito dos nexos entre identidade racial, relações raciais e colorismo no Brasil. São

Posfácio

igualmente relevantes as observações sobre a história das lutas dos movimentos negros afro-diaspóricos e o enfoque crítico — em sentidos opostos — voltado para autores canônicos como Gilberto Freyre e Roger Bastide.

A Parte II apresenta as pesquisas sociológicas que Oliveira empreendeu entre 1971 e 1979. A pesquisa não foi terminada, mas alguns fragmentos importantes do trabalho sobreviveram. "Projeto de pesquisa" e dois relatórios enviados para a Fapesp representam o mestrado, enquanto a investigação doutoral pode ser conhecida por alguns capítulos inacabados, entre eles "O poder branco" e a descrição curta mas bem delineada "História e consciência de raça (plano da tese)". Esse é um dos documentos mais importantes dessa seção do livro, pois resume pontos que Oliveira advogou no transcorrer de sua vida de sociólogo público, como o exame da autoridade intelectual que os próprios sujeitos negros teriam — e deveriam exigir — sobre os interesses e as perguntas de sua realidade. Os estudos reunidos nessa Parte II, embora parcialmente incompletos, dialogam com o debate sobre as relações entre subjetividade e racismo na produção científica.

Por fim, a Parte III propicia uma imersão em artigos e conferências apresentados na imprensa, em eventos da militância negra e em espaços públicos de debate, como a Quinzena do Negro da USP, as Semanas de Estudo do GTAR, as reuniões da SBPC e o citado documentário da TV Cultura, entre outros momentos, especialmente entre 1977 e 1979. São os anos mais profícuos de Oliveira no panorama intelectual e político de construção do discurso racial negro em São Paulo. Nesses escritos apresentam-se as formas mais acabadas de suas articulações entre o conhecimento sociológico e a necessidade tanto de combater o racismo quanto de promover a mudança social e a transformação cultural de pensamento, de modo prático e propositivo. Os já mencionados "Por uma ciência para e não tanto sobre o negro" e em "Etnia e compromisso intelectual" descrevem as linhas gerais do projeto epistemológico da sociologia negra.

Ao enquadrar as ciências sociais a partir da posição histórica dos próprios sujeitos negros, Eduardo de Oliveira e Oliveira buscava respostas pragmáticas e resoluções efetivas para os problemas que derivavam e derivam do racismo. O rigor, a complexidade e a beleza de sua obra se descortinam para o público nesta coletânea, em que se pode conhecer melhor o seu pensamento negro radical, por suas próprias palavras.

RAFAEL PETRY TRAPP

Referências bibliográficas

CARONE, Iray. "A flama surda de um olhar". In: Maria A. da S. Bento (Org.). *Psicologia social do racismo: Estudos sobre branquitude e branqueamento no Brasil*. Petrópolis: Vozes, 2002. pp. 181-8.

FERREIRA, Hugo. "Treze de maio de 1978, Eduardo de Oliveira e Oliveira". Recanto das Letras, 13 maio 2012. Disponível em: <https://www.recantodasletras.com.br/cronicas/3666366>.

RAFAEL PETRY TRAPP é doutor em história social pela Universidade Federal Fluminense, tendo sido pesquisador visitante na Universidade Columbia, em Nova York, em 2016-7. Lecionou na Universidade do Estado da Bahia, na Universidade Federal do Oeste da Bahia e no Instituto Federal do Tocantins, e atualmente é professor efetivo do curso de história da Universidade Federal de Roraima. É autor de *O elefante negro: Eduardo de Oliveira e Oliveira, raça e o pensamento social no Brasil* (Alameda, 2020).

Posfácio 295

FONTAINE, Pierre-Michel. "A Tribute to Eduardo de Oliveira e Oliveira, Black Sociologist". Center of Afro-American Studies. Los Angeles: UCLA, *Newsletter*, v. 10, 1981. p. 3

GRUPO DE TRABALHO ANDRÉ REBOUÇAS (GTAR). II Semana de Estudos sobre o Negro na Formação Social Brasileira. Niterói: UFF, 1976.

GUIMARÃES, Vera Aparecida Lui; HAYASHI, Maria Cristina P. Innocentini. *Inventário analítico da Coleção Eduardo de Oliveira e Oliveira*. Prefácio de Antonio Candido. São Carlos: Arquivo de História Contemporânea da UFSCar, 1984.

HASENBALG, Carlos. *Discriminação e desigualdades raciais no Brasil*. Rio de Janeiro: Graal, 1979.

LADNER, Joyce A. (Org.). *The Death of White Sociology*. Nova York: Vintage, 1973.

MOVIMENTO NEGRO UNIFICADO (MNU). "Eduardo de Oliveira e Oliveira". *Revista MNU*. São Paulo, n. 3, p. 14, mar./abr. 1981.

NASCIMENTO, Maria Beatriz. "Por uma história do homem negro". In: Alex Ratts (Org.). *Eu sou Atlântica: Sobre a trajetória de vida de Beatriz Nascimento*. São Paulo: Imprensa Oficial/Kuanza, 2007. pp. 93-7.

OLIVEIRA, Eduardo de. "Eduardo de Oliveira e Oliveira" (Verbete). In: Eduardo de Oliveira (Org.). *Quem é quem na negritude brasileira*. São Paulo: Congresso Nacional Afro-Brasileiro; Brasília: Ministério da Justiça, 1998.

OLIVEIRA, Eduardo de Oliveira e. "Uma Quinzena do Negro". In: Emanoel Araújo (Org.). *Para nunca esquecer: Negras memórias, memórias de negros*. Brasília: MinC/Fundação Cultural Palmares, 2001. p. 287.

RATTS, Alex. "Corpos negros educados: Notas acerca do movimento negro de base acadêmica". *Nguzu*, v. 1, n. 1, pp. 28-39, mar./jul. 2011.

RIOS, Flavia. *Elite política negra no Brasil: Relação entre movimento social, partidos políticos e Estado*. São Paulo: FFLCH-USP, 2014. Tese (Doutorado em Sociologia).

TRAPP, Rafael Petry. *O elefante negro: Eduardo de Oliveira e Oliveira, raça e o pensamento social no Brasil*. Niterói: UFF, 2018. Tese (Doutorado em História).

Notas

Prefácio [pp. 9-18]

1. A esse respeito merece nota o artigo de Paulo Fernandes Silveira sobre a perseguição acadêmica e política a Eduardo de Oliveira e Oliveira enquanto este desenvolvia sua tese de doutorado na Universidade de São Paulo. Para mais detalhes, ver "O movimento negro na ditadura militar", blog A Terra É Redonda, 18 out. 2023. Acessado em: <https://aterraeredonda.com.br/movimento-negro-na-ditadura-militar/>.
2. Do ensaio "Gilberto Freyre por ele mesmo", ver pp. 38-46 da presente coletânea.
3. Ver Frantz Fanon, *Por uma revolução africana: Textos políticos*. Rio de Janeiro: Zahar, 2021, pp. 69-84.

O mulato, um obstáculo epistemológico [pp. 21-37]

1. A propósito do livro de Carl N. Degler, *Neither Black nor White: Slavery and Race Relations in Brazil and the United States*. Nova York: Macmillan, 1971.
2. Cf. Florestan Fernandes, prefácio à segunda edição de Roger Bastide e Florestan Fernandes, *Brancos e negros em São Paulo*. São Paulo: Companhia Editora Nacional, 1959.
3. João Dornas Filho, *A influência social do negro brasileiro*. Curitiba: Guaíra, 1943, p. 41.
4. Carl N. Degler, *Neither Black nor White*, op. cit., p. 80. [No documento original de 1650, Dias escreveu: "Sou tratado [pelo mestre de campo] com pouco respeito, e com palavras indizentes à minha pessoa, nem [ele] me conhece por soldado". (N. O.)]
5. Herskovits sugere uma ampla mistura quando considera que nos Estados Unidos apenas 22% dos negros são de pura ascendência afri-

298   *Contraideologia da mestiçagem*

cana. Cf. Pierre L. van den Berghe, "Hypergamy, Hypergenation, and Miscigenation". *Human Relations*, v. 13, n. 1, 1960, p. 86.

6. Carl N. Degler, *Neither Black nor White*, op. cit., p. 224.

7. Ibid., p. 230.

8. Ibid., p. 233.

9. Ibid., p. 275.

10. Ibid., p. 286.

11. David Brion Davis, "The Comparative Approach to History: A Comparison of British America and Latin America". In: Laura Foner e Eugene D. Genovese (Orgs.). *Slavery in the New World: A Reader in Comparative History*. Nova Jersey: Prentice Hall, 1969, p. 73.

12. Carl N. Degler, *Neither Black nor White*, op. cit., p. XII.

13. Ibid.

14. André João Antonil, *Cultura e opulência do Brasil por suas drogas e minas*. São Paulo: Companhia Editora Nacional, 1967, p. 160.

15. Frantz Fanon, *Peau noire, masques blancs*. Paris: Seuil, 1952, pp. 95-6.

16. Carl N. Degler, *Neither Black nor White*, op. cit., p. 274.

17. Saída de emergência para o próprio sistema, mas "prisão" para o mulato, incapacitado para adquirir uma consciência própria.

18. O autor parafraseia e replica passagem de Léopold Sédar Senghor em *Liberté I: Négritude et humanisme* (Paris: Seuil, 1964, p. 7). (N. O.)

19. Roy Nash, *The Conquest of Brazil*. Nova York: Biblo and Tannen, 1968, p. 153. [No original de Nash, a definição de daltonismo racial se referia aos portugueses; Oliveira a estende à cultura luso-brasileira e à influência ibérica na formação histórica das relações raciais no Brasil. Na tradução de Moacyr Vasconcelos: "Os portugueses são mais daltônicos que qualquer outro povo europeu. De fato, é tão acentuado o seu daltonismo que, quando um lusitano olha para um homem de cor, vê apenas o homem" (*A conquista do Brasil*. São Paulo: Companhia Editora Nacional, 1939, p. 208). (N. O.)]

20. "Carta de Joaquim Nabuco a José Veríssimo, Washington, 25 nov. 1908". *Revista do Livro*, ano 2, n. 5, mar. 1957, p. 164.

21. Marvin Harris, *Padrões raciais nas Américas*. Rio de Janeiro: Civilização Brasileira, 1964, p. 108.

22. Carl N. Degler, *Neither Black nor White*, op. cit., p. 225.

23. Gilberto Freyre, *Sobrados e mucambos*, v. 2, pp. 608-9.

24. Eugene D. Genovese, "The Treatment of Slaves in Different Countries". In: Eugene D. Genovese e Laura Foner (Orgs.), *Slavery*

Notas 299

in the New World: A Reader in Comparative History. Hoboken: Prentice Hall, 1969, p. 210.

25. Octavio Ianni, *As metamorfoses do escravo: Apogeu e crise da escravatura no Brasil Meridional.* São Paulo: Difel, 1962, pp. 237-8.

26. Gilberto Freyre, *Vida, forma e cor.* Rio de Janeiro: José Olympio, 1962, p. 330.

27. Carl N. Degler, *Neither Black nor White*, op. cit., p. 277.

28. Florestan Fernandes, *A integração do negro na sociedade de classes.* São Paulo: Dominus, 1965, v. 2, p. 37.

29. Renato Jardim Moreira, em colaboração com José Correia Leite, *Movimentos sociais dos meios negros.* São Paulo: s/d. Mimeografado.

30. Carl N. Degler, *Neither Black nor White*, op. cit., p. 275.

31. Ibid., p. 207. [Grifo de Oliveira. (N. O.)]

32. Marvin Harris, "Referential Ambiguity in Racial Identity". In: Norman E. Whitten e Jr. John F. Szwed (Orgs.). *Afro-American Anthropology: Contemporary Perspectives.* Nova York: Free Press, 1970, p. 85.

33. James Baldwin, "Encounter on the Seine: Black Meets Brown". In: *The Price of the Ticket: Collected Nonfiction 1948-1985.* Nova York: St. Martin's, 1985, pp. 49-50.

34. Frantz Fanon, *Peau noire, masques blancs*, op. cit., p. 112.

Gilberto Freyre por ele mesmo [pp. 38-46]

1. David L. Sills (Org.), *International Encyclopedia of Social Sciences.* Nova York: Macmillan, 1968. [Passagem traduzida pelo organizador para esta edição. (N. O.)]

2. Eugene D. Genovese, "Materialism and Idealism in the History of Negro Slavery in the Americas". *Journal of Social History*, v. 1, n. 4, 1968, p. 388.

3. Ver John Joseph Honigmann, "The Star Pupil Goes to the South Seas". In: *Personality in Culture.* Nova York: Harper & Row, 1967, p. 11.

4. Gilberto Freyre, *Sobrados e mucambos: Decadência do patriarcado rural no Brasil.* São Paulo: Companhia Editora Nacional, 1936, p. 11.

5. James Baldwin, *Nobody Knows My Name: More Notes of a Native Son.* Nova York: Dial Press, 1961, p. 16. [Passagem traduzida pelo organizador para esta edição. (N. O.)]

300   *Contraideologia da mestiçagem*

6. Ascenso Ferreira, "Branquinha". In: *Cana caiana*. Rio de Janeiro: José Olympio, 1939.

7. Gilberto Freyre, *Sobrados e mucambos*, op. cit., p. 11.

8. Antônio Vieira, *Obra completa*. São Paulo: Loyola, 2015, t. II, v. I, p. 383.

9. Freyre diz apenas "neto de preta". Cf. *Sobrados e mucambos*, op. cit., p. 13.

10. Gilberto Freyre, *Sobrados e mucambos*, op. cit., p. 13.

11. Lucien Goldmann, *Ciências humanas e filosofia: O que é sociologia?* São Paulo: Difel, 1976, p. 28.

12. Gilberto Freyre, *Sobrados e mucambos*, op. cit., p. 22. [Grifo de Oliveira. (N. O.)]

13. Ibid., pp. 23-4.

14. Ibid., p. 27.

15. Eugene D. Genovese, "The Treatment of Slaves in Different Countries", op. cit., p. 206.

16. Eugene D. Genovese, "Materialism and Idealism in the History of Negro Slavery in the Americas", op. cit., p. 388. [No original, o sentido é um tanto diverso: "Deslizes para a teleologia e o misticismo abundam em seus escritos, e alguém poderia, se quisesse, colocá-los lado a lado para provar que ele era estranho ou tolo. Quem desperdiçar tempo fazendo isso sairá perdendo, pois o pensamento de Freyre é rico demais para nos concentrarmos em seu lado fraco". (N. O.)]

17. Ibid., p. 372.

Roger Bastide, um aliado [pp. 47-50]

1. Roger Bastide, *As Américas negras: As civilizações africanas no Novo Mundo*. Trad. Eduardo de Oliveira e Oliveira. São Paulo: Difel, 1974, p. 7.

2. Não foi possível definir a conclusão lógica da argumentação do autor neste parágrafo. (N. O.)

3. Roger Bastide, *As Américas negras*, op. cit., p. 27.

4. Ibid., p. 8.

5. Ibid., pp. 84 e 79. [A expressão original de Bastide é "as cores se acotovelam mais do que se fundem verdadeiramente". (N. O.)]

Notas   301

6. Léopold Sédar Senghor, *Liberté I: Négritude et humanisme.* Paris: Seuil, 1964, p. 141. [Passagem traduzida pelo organizador para esta edição. (N. O.)]

Blues para Mr. Charlie [pp. 51-6]

1. Curzio Malaparte, *La pelle.* Roma: Aria d'Italia, 1950.
2. "Se o Congresso da 'Liga dos Comunistas', realizado em Londres em novembro de 1847, foi justamente, com a publicação do 'Manifesto comunista', o acontecimento mais significativo do século xix, a Conferência de Bandung, realizada em 1956, pode ser considerada, sem a menor dúvida, como o seu equivalente no século xx. A análise revela em ambos os casos, uma alienação semelhante. Os proletários — particularmente os operários do século xix — eram homens excluídos da humanidade. Os povos colonizados do século xx, homens de cor, são ainda mais verdadeiramente alienados. Às alienações econômicas somam-se outras: alienação política, alienação social, alienação cultural. O resultado são os sofrimentos físicos, morais, miséria e consciência da desgraça, originada, esta última, de um sentimento de frustração. Em ambos os casos nascem a revolta e a luta, que servem para 'abolir as condições presentes' e 'transformar o mundo' restabelecendo o equilíbrio natural." (Léopold Sédar Senghor, *Um caminho do socialismo.* Rio de Janeiro: Record, 1965.) [A menção ao "espírito que se poderia chamar de Bandung" é uma referência de Oliveira a expressão de James Baldwin (*Nobody Knows My Name.* Nova York: Dial Press, 1961, p. 23) ao comentar a fala de Senghor no i Congresso Internacional de Escritores e Artistas Negros, citado no texto. (N. O.)]
3. James Baldwin, "Princes and Powers". In: *Nobody Knows My Name*, op. cit. [Essas passagens, referentes ao i Congresso Internacional de Escritores e Artistas Negros (Paris, 1956), integram texto que Baldwin elaborou com base nos que ele ouviu e registrou de autores como Fanon e Senghor. O escritor não fez nenhuma conferência pública neste evento. (N. O.)]
4. Ibid., pp. 152-3.

302 Contraideologia da mestiçagem

5. Ibid., p. 144. [Baldwin (*Nobody Knows My Name*, op. cit., p. 15) cita aqui fala de Alioune Diop. (N. O.)]
6. Aimé Césaire. Poeta, ensaísta, teatrólogo antilhano.
7. Léopold Sédar Senghor, *Liberté I: Négritude et humanisme*. Paris: Seuil, 1964, p. 8.
8. Jean-Paul Sartre, "Orphée noir". In: Léopold Sédar Senghor, *Anthologie de la nouvelle poésie nègre et malgache de langue française*. Paris: Presses Universitaires de France, 1948, pp. xiii-xiv.
9. Léopold Sédar Senghor, *Liberté I: Négritude et humanisme*, op. cit., p. 9.

Da não aceitação de um Egito negro [pp. 57-63]

1. Neste parágrafo em especial, mas também no restante do ensaio, diversos fatos históricos citados por Oliveira provêm de Cheikh Anta Diop, *Anteriorité des civilisations négres: Mythe ou verité historique?* (1967). (N. O.)
2. Oliveira adota como referência e/ou citação não creditada sobre a história do Egito antigo o livro *The Negro* (1915), do norte-americano W. E. B. Du Bois — incluindo suas imprecisões e defasagens, que apontamos: a datação mais aceita para a 18ª Dinastia hoje é *c.* 1550-1292 a.C.; com relação ao Médio Império, atualmente se considera que esse período da história egípcia começou em *c.* 2030 a.C. e durou quatro séculos, até 1650 a.C.; a egiptologia atual data o reinado de Aha-Mena entre 3200 e 3000 a.C.; os hicsos dominaram o Egito entre *c.* 1650 e *c.* 1550 a.C.; Aahmes ou Amósis I reinou entre 1570 e 1514 a.C., e o Novo Império durou até o século xi a.C. Mantivemos os nomes egípcios conforme Oliveira os grafou. (N. O.)
3. Aqui Oliveira cita o liberiano-americano Edward Wilmot Blyden conforme *The Negro* (1915), de Du Bois; Blyden diz, a rigor, "seus traços são decididamente do tipo africano *ou* negro". (N. O.)
4. Aqui Oliveira volta a citar *The Negro*, de W. E. B. Du Bois. (N. O.)
5. Neste parágrafo e no seguinte o autor reproduz trechos de Cheikh Anta Diop, *Anteriorité des civilisations nègres*. (N. O.)

Notas 303

Movimentos políticos negros no início do século xx no Brasil e nos Estados Unidos [pp. 64-72]

1. Na versão dessas linhas publicada em "O poder branco" (ver pp. 149--72), Eduardo de Oliveira e Oliveira cita essa passagem como texto literal de Senghor, o que não procede. Fizemos o ajuste necessário para a publicação nesta coletânea. (N. O.)
2. Léopold Sédar Senghor, "Problématique de la négritude". *Présence Africaine*, n. 78, 1971, p. 5.
3. Ibid.
4. Aimé Césaire citado em Léopold Sédar Senghor, "Problématique de la négritude", op. cit., p. 6.
5. Jean-Paul Sartre, "Orphée noir". In: Léopold Sédar Senghor, *Anthologie de la nouvelle poésie nègre et malgache de langue française*. Paris: Presses Universitaires de France, 1948, p. xxix.
6. Referência não encontrada. (N. O.)
7. A reunião que fundou o movimento aconteceu em Fort Erie, também no Canadá. (N. O.)
8. Referência não encontrada. (N. O.)
9. Garvey se mudou para os Estados Unidos aos 29 anos, depois de passagens pela Costa Rica, Panamá e Inglaterra. (N. O.)
10. Marcus Garvey apud John Hope Franklin, "A Half Century of Injustice". In: *An Illustrated History of Black Americans*. Nova York: Time-Life Books, 1970, p. 106. [Ver nota 41 ao texto "O poder branco", pp. 313-4 do presente livro. (N. O.)]
11. Ibid., p. 5.
12. José Correia Leite citado em Renato Jardim Moreira, *Movimentos sociais dos meios negros*. São Paulo: s/d. Mimeografado.
13. Referência à corte constitucional brasileira que, entre 1934 e 1937, se chamou Corte Suprema; atualmente, Supremo Tribunal Federal. (N. O.)

Ideologia racial: Estudo de relações raciais [pp. 75-93]

1. Tomamos "ideologia" como aqueles aspectos psicológicos coletivos capazes de traduzir uma filosofia de vida, uma necessidade de integrar vários elementos de significados numa dada experiência histórica.

2. Ver L. A. Costa Pinto, *O negro no Rio de Janeiro: Relações de raças numa sociedade em mudança* (São Paulo: Companhia Editora Nacional, 1954); Roger Bastide e Florestan Fernandes, *Brancos e negros em São Paulo* (São Paulo: Companhia Editora Nacional, 1959); Thales de Azevedo, *As elites de cor: Um estudo de ascensão social* (São Paulo: Companhia Editora Nacional, 1954); Oracy Nogueira, "Relações raciais no município de Itapetininga" (revista *Anhembi*, 1954-5); Fernando Henrique Cardoso e Octavio Ianni, *Cor e mobilidade em Florianópolis: Aspectos das relações entre negros e brancos numa comunidade do Brasil Meridional* (São Paulo: Companhia Editora Nacional, 1960); Fernando Henrique Cardoso, *Capitalismo e escravidão no Brasil meridional: O negro na sociedade escravocrata do Rio Grande do Sul* (São Paulo: Difel, 1962); João Baptista Borges Pereira, *Cor, profissão e mobilidade: O negro e o rádio de São Paulo* (São Paulo: Pioneira, 1967).

3. Melville Herskovits, *The Myth of the Negro Past* (Nova York: Harper & Brothers, 1941) e "Problems, Method and Theory in Afro-American Studies" (*Phylon*, v. 7, n. 4, pp. 337-54, 1946); Roger Bastide, *Les Amériques noires*. Paris: Payot, 1967. [No início da década de 1940, Frazier e Herskovits realizaram pesquisas sobre a cultura afro-brasileira na Bahia. Herskovits enfatizou a influência africana nos cultos religiosos, enquanto Frazier concluiu que as famílias negras não mantinham características africanas. Os resultados divergentes refletiam visões opostas sobre a herança africana. (N. O.)]

4. Robert K. Merton, "A relação entre a pesquisa empírica e a teoria sociológica". *Sociologia*, São Paulo, v. 26, n. 2, 1964, p. 233.

5. Florestan Fernandes, *A integração do negro na sociedade de classes*. São Paulo, Dominus/Edusp, 1965, v. 2, p. 76.

6. Roger Bastide e Florestan Fernandes, *Brancos e negros em São Paulo*, op. cit., pp. 46 ss.

7. Ibid., pp. 124-5.

8. Ibid., pp. 63-4.

9. Karl Mannheim, *Ideologia e utopia*. Porto Alegre: Globo, 1956, p. 76.

10. Florestan Fernandes, *A integração do negro na sociedade de classes*, op. cit., p. 24.

11. Ibid., p. 76.

12. Ibid., p. 55.

13. Ibid., p. 66.

Notas

14. Como oposição ao "em si" hegeliano. [Em francês no original: ser-para-o-outro. (N. O.)]
15. Léopold Sédar Senghor, *Liberté I: Négritude et humanisme*. Paris: Seuil, 1964, pp. 8-9.
16. David Caute, *Frantz Fanon*. Paris: Seghers, 1970, pp. 34 e 36.
17. Maulana Karenga, *The Drama Review*. Nova York: NYU, 1970.
18. Em francês no original: ser-para-si. (N. O.)
19. Roland Barthes, "Élements de sémiologie". In: *Le Dégré zéro de l'écriture*. Paris: Gonthier, 1970, pp. 162 ss.

Relatório para renovação de bolsa da Fundação de Amparo à Pesquisa do Estado de São Paulo, seguido de Relatório intermediário [pp. 94-129]

1. David Brion Davis, "The Comparative Approach to History: A Comparison of British America and Latin America". In: Laura Foner e Eugene D. Genovese (Orgs.). *Slavery in the New World: A Reader in Comparative History*. Nova Jersey: Prentice Hall, 1969, p. 73.
2. Ibid., p. 257.
3. Maria Stella Martins Bresciani, "Abordagens históricas para estudo e caracterização da natureza de uma sociedade: A sociedade escravista e a sociedade de trabalho livre no Oeste Paulista Velho". Comunicação à XXIV Reunião Anual da SBPC, São Paulo, 1972.
4. Idem.
5. Paula Beiguelman, *Pequenos estudos de ciência política*. São Paulo: Centro Universitário, 1967.
6. Moses I. Finley, "The Idea of Slavery: Critique of David B. Davis". In: Laura Foner e Eugene D. Genovese (Orgs.). *Slavery in the New World: A Reader in Comparative History*. Nova Jersey: Prentice Hall, 1969, p. 260.
7. William Lewis Visser, *Slave Societies in the 18th Century: A Comparative Study of Curacao and Surinam*. Tese de doutorado, Universidade de Wisconsin-Madison, 1968, p. 110.
8. Referência não encontrada. (N. O.)
9. David E. Apter, "Introduction: Ideology and Discontent". In: David E. Apter (Org.). *Ideology and Discontent*. Nova York: Free Press, 1964, pp. 17-8.

10. Léopold Sédar Senghor, *Liberté I: Négritude et humanisme*. Paris: Seuil, 1964, pp. 8-9.

11. Referência não encontrada. (N. O.)

12. *O Menelik* começou a circular em outubro de 1915. (N. O.)

13. Eliseo Verón, "Las ideologías están entre nosotros". In: *Conducta, estructura y comunicación*. Buenos Aires: Jorge Álvarez, 1968, p. 314.

14. Arlindo Veiga dos Santos, "Congresso da Mocidade Negra Brasileira: Mensagem aos negros brasileiros", *O Clarim d'Alvorada*, 9 jun. 1929, p. 1.

15. Aqui Oliveira resume aspectos da definição de negritude por Léopold Sédar Senghor em *Liberté I: Négritude et humanisme* (1964). (N. O.)

16. Pensando-se em termos de "classe por si" (oposta à "classe em si"). O máximo de consciência possível. Exprimem possibilidades no plano do pensamento e da ação *numa estrutura social dada*. (Lucien Goldmann, *Ciências humanas e filosofia: O que é sociologia?* São Paulo: Difel, 1967.)

17. Anthony F. C. Wallace, *Culture and Personality*. 2. ed. Nova York: Random House, 1970. [Grifos de Oliveira. (N. O.)]

18. Ibid., p. 149.

19. Ibid.

20. Ibid., p. 150.

21. Dante Moreira Leite, "O caráter nacional brasileiro: Descrição das características psicológicas do brasileiro através de ideologias e estereótipos". *Boletim da Faculdade de Filosofia, Ciências e Letras da Universidade de São Paulo*, n. 7, 1959, pp. 14-239.

22. Aqui Oliveira condensa formulações de Eliseo Verón, *Conducta, estructura y comunicación*, op. cit, pp. 140-5. (N. O.)

23. Ibid.

24. Lucien Goldmann, *Ciências humanas e filosofia: O que é sociologia?*. São Paulo: Difel, 1967, p. 28.

25. Léopold Sédar Senghor, *Liberté I: Négritude et humanisme*. Paris: Seuil, 1964, pp. 8-9.

26. "O termo 'negritude' não se encontra registrado em dicionários, tal como ocorre com a palavra '*négritude*', utilizada por Sartre e pelos escritores negros de língua francesa [...]. Termo considerado indispensável, insubstituível pelo nosso 'pretidão', devido à sua riqueza de significações, já foi, de resto, incorporado ao vocabulário

Notas

da poesia negra de língua portuguesa." (Nota de tradução a Jean-Paul Sartre, *Reflexões sobre o racismo*. Trad. J. Guinsburg. São Paulo: Difel, 1960).

27. Eliseo Verón, "Ideología y producción de conocimientos sociológicos en América Latina". In: Rosalía Cortes (Org.). *Ciencias sociales: Ideología y realidad nacional*. Buenos Aires: Tiempo Contemporáneo, 1970, p. 194. [A tradução mais precisa da passagem seria "A diferença fundamental entre uma *contraideologia* e uma *ideologia* em oposição real a outra é que etc.". (N. O.)]

28. John Joseph Honigmann, *Personality in Culture*. Nova York: Harper & Row, 1967, pp. 63-4.

29. O questionário mencionado não foi encontrado na documentação da Ueim-UFSCar, tampouco foi possível identificar com precisão a pesquisa a que Oliveira alude. (N. O.)

30. O anexo não consta no documento original presente no arquivo da Ueim-UFSCar. (N. O.)

31. William A. Scott, "Attitude Measurement". In: Gardner Lindzey e Elliot Aronson (Orgs.). *The Handbook of Social Psychology*, v. 2: *Research Methods*. Boston: Addison-Wesley, 1968, p. 204.

32. Referências não encontradas. (N. O.)

História e consciência de raça (capítulo da tese) [pp. 136-48]

1. Jean Genet, *Les Nègres*. Paris: Marc Barbezat-L'Arbalète, 1963, p. 91. [Em tradução livre do francês: "Mas afinal o que é um negro?/ E, em primeiro lugar, de que cor é?". (N. O.)]

2. Jean-Paul Sartre, *Reflexões sobre o racismo*. São Paulo: Difel, 1968, p. 94.

3. Aqui o autor alude à seguinte passagem de *Pele negra, máscaras brancas*: "Ficaríamos muito contentes em saber que teria havido uma correspondência entre determinado filósofo negro e Platão. Mas não vemos como esse fato poderia fazer a menor diferença na situação dos meninos de oito anos que trabalham nos canaviais da Martinica ou de Guadalupe" (trad. Sebastião Nascimento. São Paulo: Ubu, 2020). (N. O.)

4. Cheikh Anta Diop, *Nations nègres et culture: De l'antiquité nègre égyptienne aux problèmes culturels de l'Afrique Noire d'aujourd'hui*. Paris: Présence Africaine, 1954, p. 202.

5. Jean-Paul Sartre, *Reflexões sobre o racismo*, op. cit., p. 94.

6. Georg Wilhelm Friedrich Hegel, *Precis de l'encyclopédie des sciences philosophiques*. Paris: J. Vrin, 1952, p. 68.

7. Georg Wilhelm Friedrich Hegel, *Leçons sur la philosophie de l'histoire*. Paris: J. Vrin, 1998 (1837), p. 80. [Passagem traduzida pelo organizador para esta edição. (N. O.)]

8. Ibid. [Passagem traduzida pelo organizador para esta edição. (N. O.)]

9. Léopold Sédar Senghor, *Liberté I: Négritude et humanisme*. Paris: Seuil, 1964, p. 24. [Em tradução livre do francês: "A emoção é negra e a razão é helênica". (N. O.)]

10. Georg Wilhelm Friedrich Hegel, *Leçons sur la philosophie de l'histoire*, op. cit., p. 156. [Passagem traduzida pelo organizador para esta edição. (N. O.)]

11. Cheikh Anta Diop, *Nations nègres et culture*, op. cit.

12. Ibid., p. 22.

13. Ibid.

14. Ibid.

15. Nos parágrafos seguintes, Eduardo de Oliveira e Oliveira sintetiza os argumentos críticos e os exemplos textuais de Engelbert Mveng em *Les Sources grecques de l'histoire négro-africaine depuis Homère jusqu'à Strabon* (Paris: Présence Africaine, 1972, pp. 17-20), embora não o cite explicitamente. (N. O.)

16. Engelbert Mveng, *Les Sources grecques de l'histoire négro-africaine depuis Homère jusqu'à Strabon*. Paris: Présence Africaine, 1972, p. 209.

17. Substituímos aqui pela tradução para o português de Jaa Torrano (Hesíodo, *Teogonia*. São Paulo: Iluminuras, 2007, p. 155) os versos que Eduardo de Oliveira e Oliveira cita em tradução para o francês (nos quais se fala em *roi des nègres*). (N. O.)

18. Engelbert Mveng, *Les Sources grecques de l'histoire négro-africaine depuis Homère jusqu'à Strabon*, op. cit., p. 15.

19. Substituímos aqui pela tradução para o português de Frederico Lourenço (Homero, *Ilíada*. São Paulo: Penguin-Companhia das Letras, 2013) os versos que Eduardo de Oliveira e Oliveira cita em tradução para o francês. (N. O.)

20. Substituímos aqui pela tradução para o português de Frederico Lourenço (Homero, *Odisseia*. São Paulo: Companhia das Letras, 2023, p. 53) os versos que Eduardo de Oliveira e Oliveira cita em tradução para o francês. (N. O.)

Notas 309

21. Substituímos aqui pela tradução para o português de Mário da Gama Cury (Ésquilo, *Prometeu acorrentado*. Rio de Janeiro: Zahar, 2009, p. 52) os versos que Eduardo de Oliveira e Oliveira cita em tradução para o francês. (N. O.)

22. Tradução nossa a partir da tradução para o francês citada por Eduardo de Oliveira e Oliveira, extraída de Engelbert Mveng, *Les Sources grecques de l'histoire négro-africaine depuis Homère jusqu' à Strabon*, op. cit., p. 20. (N. O.)

23. Idem. (N. O.)

24. Idem. (N. O)

O poder branco [pp. 149-72]

1. João Baptista Borges Pereira, "Estudos antropológicos e sociológicos sobre o negro no Brasil". In: *Anais do I Encontro Internacional de Estudos Brasileiros*. São Paulo, USP, 13-25 set. 1971, pp. 15-27. Temos conhecimento do aparecimento de outras obras desde aquela data, mas assim mesmo irrelevantes em número.

2. Léopold Sédar Senghor, *Liberté I: Négritude et humanisme*. Paris: Seuil, 1964, p. 7.

3. Fernando de Azevedo, *A cultura brasileira: A transmissão da cultura*. 3. ed. São Paulo: Melhoramentos, 1958, p. 84.

4. Antoine de Lévis-Mirepoix, *Le Siècle de Philippe le Bel*. Paris: Le Livre Contemporain, 1961, p. 9.

5. Ephraim Lipson, *The Economic History of England, I: The Middle Ages*. Londres: Adam & Charles Black, 1956, p. 130.

6. As estimativas sobre o contingente negro transportado a essa parte do Atlântico são as mais diversificadas. Podem ser consultados Pierre Verger, *Flux et reflux de la traite des nègres entre le golfe de Bénin et Bahia de Todos os Santos* (Paris: Mouton, 1968); Edison Carneiro, *Ladinos e crioulos: Estudos sobre o negro no Brasil* (Rio de Janeiro: Civilização Brasileira, 1964); Basil Davidson, *The African Slave Trade* (Boston/Toronto: Atlantic/Little Brown, 1961). Senghor estima que 20 milhões de africanos foram deportados ao entreposto de comércio de escravos das Ilhas e das Américas, e que 200 milhões de africanos tenham sido mortos na caça ao homem (*Liberté I: Négritude et humanisme*. Paris: Seuil, 1964, p. 89); e Walter Rodney

sugere que tem sido estimado em 15 milhões o número de africanos chegados ao continente americano e às ilhas do Caribe, adiantando que "dado que uma grande porcentagem morria a bordo dos navios negreiros durante a travessia do Atlântico, o número deve ser bem maior do que 15 milhões" (*West Africa and the Atlantic Slave Trade*. Dar-es-Salaam: East African Publishing House/University College, 1967, p. 4).

7. David Brion Davis, *The Problem of Slavery in Western Culture*. Ithaca: Cornell University Press, 1966, p. 25.

8. Stanley M. Elkins, *Slavery: A Problem in American Institutional and Intellectual Life*. Chicago: University of Chicago Press, 1959.

9. David Brion Davis, *The Problem of Slavery in Western Culture*, op. cit.

10. Frank Tannenbaum, *Slave and Citizen: The Negro in the Americas*. Nova York: Vintage, 1946.

11. Expressão utilizada para designar a condição subalterna e desumanizada dos escravizados na Roma antiga. Pode ser traduzida como "O escravo nem é vil; ele não vale nada". (N. O.)

12. David Brion Davis, *The Problem of Slavery in Western Culture*, op. cit., p. 206, nota 1.

13. David Brion Davis, "The Comparative Approach to History: A Comparison of British America and Latin America". In: Laura Foner e Eugene D. Genovese (Orgs.). *Slavery in the New World: A Reader in Comparative History*. Nova Jersey: Prentice Hall, 1969, p. 257.

14 Referência não encontrada. (N. O.)

15. David Brion Davis, "The Comparative Approach to History: A Comparison of British America and Latin America", op. cit.

16. Em "Abordagens históricas para estudo e caracterização da natureza de uma sociedade: A sociedade escravista e a sociedade de trabalho livre no Oeste Paulista Velho", Maria Stella M. Bresciani discute os estudiosos brasileiros que aceitam a sociedade escravista como um "sistema societário de castas", ou "estamental", dicotomizado em senhores e munícipes, brancos e negros etc. (Comunicação à xxiv Reunião Anual da sbpc, São Paulo, 1972.)

17. Nesse caso temos Luiz Pereira, que diz: "Apesar de contrariar interpretações comumente aceitas, parece-nos inegável que o processo histórico brasileiro se determina, desde o início, como gradativa constituição de uma formação econômico-social capitalista periférica. [...] Assim é que até a abolição, nos ramos-chave da divisão

Notas

311

social do trabalho que entre nós se veio elaborando, e integrados nos capitalismos dos subsistemas dominantes, há que ver no senhor mais um *empresário agrário* que a realização abrasileirada ou tropical do nobre europeu gerindo fatores de produção, um dos quais o *trabalho escravo*" (*Estudos sobre o Brasil contemporâneo*. São Paulo: Pioneira, 1971, p. 20); e A. Gunder Frank, que faz a seguinte caracterização: "É desde o século xvi, a partir da Conquista, que o capitalismo começou a penetrar, a formar, de fato a caracterizar plenamente a sociedade da América Latina em geral [...] um satélite colonial da metrópole capitalista mundial. [...] Diante da evidência dos fatos, [...] que estabelece claramente que a América Latina e o Brasil tinham desde o começo sólidos vínculos comerciais com a metrópole, uma tal questão não merece muito um exame aprofundado". (*Capitalisme et sous-développement en Amérique Latine*. Paris: François Maspero, 1972, pp. 7-8.)

18. A. Norman Klein, "Some Structural Consequences of 'Slavery' and 'Pawnage' in Precolonial Ashanti Social and Economic Structure". In: Eugene D. Genovese. *Économie politique de l'esclavage*. Paris: François Maspero, Paris, 1968, pp. 78-9.

19. Albert Memmi, *Retrato do colonizado precedido de Retrato do colonizador*. Rio de Janeiro: Paz e Terra, 1967.

20. Ibid., p. 94.

21. Karl Mannheim, *Ideologia e utopia*. Porto Alegre: Globo, 1956, p. 76.

22. Organização fundada em São Paulo em meados de 1931. Congregou inicialmente todos os grupos existentes no meio negro. Estima-se que tivesse alcançado 200 mil filiados. O golpe de 1937 encontrou a Frente Negra registrada como partido político, sendo então fechada pelo governo [Vargas]. Renato Jardim Moreira, em colaboração com José Correia Leite, *Movimentos sociais dos meios negros*. São Paulo: s/d. Mimeografado.

23. Florestan Fernandes, *A integração do negro na sociedade de classes*. São Paulo: Dominus, 1965, v. 2, p. 24.

24. Fernando Henrique Cardoso, *Capitalismo e escravidão no Brasil meridional*. São Paulo: Difel, 1962, p. 277.

25. Florestan Fernandes, *A integração do negro na sociedade de classes*, op. cit., p. 76.

26. Eliseo Verón, "Las ideologías están entre nosotros". In: *Conducta, estrutura y comunicación*. Buenos Aires: Jorge Álvarez, 1968, p. 314.

Octavio Ianni faz uma caracterização de contraideologia definindo-a como *ideologia do compromisso*. Ver "A ideologia racial do negro e do mulato". In: Fernando Henrique Cardoso e Octavio Ianni. *Cor e mobilidade social em Florianópolis*. São Paulo: Companhia Editora Nacional, 1960, pp. 225-6.

27. Formulação de Edmund Husserl citada por Jean-Paul Sartre em *O ser e o nada*. (N. O.)

28. Aqui o autor parafraseia Vicente Fatone, *El existencialismo y la libertad creadora: Una crítica al existencialismo de Jean-Paul Sartre*. Buenos Aires: Argos, 1948, pp. 102-5. (N. O.)

29. Vicente Fatone, *El existencialismo y la libertad creadora*, op. cit., p. 102.

30. O ser-no-mundo de Heidegger é a disposição na qual o existente vivencia a experiência do ser. É o espaço onde é provada (experimentada) sua "substância" existencial, é uma abertura (no sentido espacial) para a existência possível. Esse processo de "estar-no-mundo" relaciona-se com a experiência dos "outros" e com a "cotidianidade". [Oliveira reproduz aqui Jean-Paul Sartre, "Orphée noir". In: Léopold Sédar Senghor. *Anthologie de la nouvelle poésie nègre et malgache de langue française*. Paris: Presses Universitaires de France, 1948, p. xxix. (N. O.)]

31. Cf. a epígrafe ao presente texto. (N. O.)

32. Vicente Fatone, *El existencialismo y la libertad creadora*, op. cit., pp. 49-50.

33. Fernando Henrique Cardoso, *Capitalismo e escravidão no Brasil meridional*, op. cit., p. 299.

34. Gilberto Freyre, "Negritude, mística sem lugar no Brasil", *O Estado de S. Paulo*, 30 maio 1971.

35. Em nota de rodapé da edição brasileira de *Reflexões sobre o racismo*, de Sartre, o tradutor nos informa que o termo "negritude" não se encontra registrado em dicionários, tal como ocorre com a palavra *"négritude"* utilizada por Sartre e pelos escritores de língua francesa. Trata-se mais de um conceito, uma ideologia, do que propriamente um vocábulo. Entre nós foi algumas vezes empregado, mas não com o sentido que lhe atribuímos aqui. Os escritores de língua inglesa muitas vezes usam *"négritude"* ou *"blackness"*. O não emprego frequente entre nós e sua não discussão decorrem quiçá da falta de pensadores negros, os quais estariam vinculados à problemática.

36. Léopold Sédar Senghor, "Problématique de la négritude", *Présence Africaine*, n. 78, 1971.

Notas

37. Ibid., p. 5.

38. Tido como um dos grandes eruditos norte-americanos, W. E. B. Du Bois recebeu o título de ph.D. em Filosofia pela Universidade Harvard em 1895. Teve papel de destaque na luta pelos direitos civis. Esteve à frente da NAACP (National Association for the Advancement of Colored People, fundada em 1909), onde foi o editor de *The Crisis*, revista de forte penetração. É autor de, entre outras obras, *The Souls of Black Folk, The Suppression of the African Slave Trade, The Educated Negro and His Mission* etc. Teve grande influência no nacionalismo africano. Transfere-se para Gana, onde naturaliza-se ganense. Dirige a *Encyclopedia Africana*. Morre em Gana em 1963. Roger Bastide (*Les Amériques noires*) coloca a gênese da *négritude* em Booker T. Washington (1856-1915), cuja posição "individualista" é por muitos rejeitada. Para melhor confronto, ver John P. Davis (Org.), *The American Negro Reference Book*. Hoboken: Prentice Hall, 1966.

39. A despeito de ficar conhecido como Movimento de Niágara, a reunião que o fundou aconteceu em Fort Erie, no Canadá. (N. O.)

40. Referência não encontrada. (N. O.)

41. Marcus Garvey apud John Hope Franklin, "A Half Century of Injustice". In: *An Illustrated History of Black Americans*. Nova York: Time-Life Books, 1970, p. 106. Roger Bastide nos dá uma análise do garveyismo que é digna de atenção. Diz ele: "Com o garveyismo, que vai pregar uma nova cruzada, temos a primeira, verdadeira tentativa de 'negritude'. Garvey sonhava com uma grande comunidade unindo os negros da América aos da África, ao mesmo tempo que com uma autonomia econômica dessa nova comunidade, pela criação de uma marinha mercante negra, a Black Star Line, tentava ele enfim cimentar a unidade dessa comunidade fundando, mesmo sendo ele católico de nascença, uma religião negra, com um Deus negro, a African Orthodox Church. Assim, Garvey aceitava algumas das ideias dos brancos, a da não miscigenação e da pureza racial, o que fez com que ele tivesse paradoxalmente o apoio da Ku Klux Klan em sua campanha: a ideia também da tomada de liderança do continente africano pelos negros (os mais evoluídos) dos Estados Unidos fez com que ele tivesse igualmente o apoio dos imperialistas norte-americanos, que viam na teoria de Garvey um meio de tirar a África do colonialismo europeu para a órbita do co-

314   *Contraideologia da mestiçagem*

lonialismo ianque" (Roger Bastide, "Les Chemins de la négritude". In: *Les Amériques noires*, op. cit., cap. x).

42. *O Exemplo*, Porto Alegre, ano 3, n. 147, 3 nov. 1895, p. 2. In: Fernando Henrique Cardoso. *Capitalismo e escravidão no Brasil meridional*, op. cit., p. 304.

43. Em sua pesquisa de mestrado/doutorado em sociologia, Oliveira pretendia fazer uso documental e teórico dos jornais da imprensa negra paulista, principalmente aqueles liderados por José Correia Leite, como *O Clarim d'Alvorada*. Ele era um dos mais importantes interlocutores do sociólogo entre os antigos militantes do movimento negro de São Paulo da década de 1920-30. (N. O.)

44. Renato Jardim Moreira, em colaboração com José Correia Leite, *Movimentos sociais dos meios negros*, op. cit.

45. Para uma melhor abordagem desses dois movimentos, a Harlem Renaissance e a Black Renaissance, ver Langston Hughes, *Renacimiento Negro*. Buenos Aires: Centro Editor de América Latina, 1971; e John Hope Franklin, "A Half-Century of Injustice", op. cit., pp. 92-126.

46. Aqui o autor cita o ensaio "Misère d'une poésie", de Etienne Léro, publicado no número único de *Légitime Défense* (1932), pp. 10-1, e não o manifesto coletivo que abre a publicação. (N. O.)

47. Lilyan Kesteloot, *Anthologie négro-africaine*. Paris: Marabout Université, 1967, p. 76.

48. Léopold Sédar Senghor, "Problématique de la négritude", op. cit., p. 14.

49. Ibid., p. 5.

50. Ibid.

51. Ibid., p. 6.

52. Ibid.

53. "Para o 1 Congresso da Mocidade Negra". *O Clarim d'Alvorada*, São Paulo, ano 6, n. 14, 3 mar. 1929, p. 1.

54. Aimé Césaire, *Discurso sobre o colonialismo*. Porto: Poveira, 1971.

A substantivação da negritude [pp. 181-90]

1. Trecho de um discurso proferido por Du Bois na Universidade Fisk, em 1887. Apud Francis L. Broderick, *W. E. B. Du Bois: Negro Leader in a Time of Crisis*. Stanford: Stanford University Press, 1959, p. 8.

Notas

2. Langston Hughes, "The Negro Artist and the Racial Mountain". *The Nation*, n. 122, 23 jun. 1926, p. 694.
3. Jean Price-Mars, "Glorification des ancêtres". In: *Ainsi Parla L'Oncle*. Nova York: Parapsychology Foundation, 1954, p. 222.
4. Oliveira cita Étienne Léro, "Misére d'une poésie", publicado no mesmo número de *Légitime Défense*. (N. O.)
5. Étienne Léro, "Misére d'une poésie". *Légitime Défense*. Paris, 1932, p. 10.
6. Citado em Lilyan Kesteloot, *Les Écrivains noirs de langue française: Naissance d'une littérature*. Bruxelas: Université Libre de Bruxelles, 1963, pp. 91 e 100.
7. Léopold Sédar Senghor, "Problématique de la négritude", *Présence Africaine*, n. 78, 1971. [Oliveira parafraseia os conceitos abordados por Senghor, sem citá-los literalmente. (N. O.)]
8. Neste parágrafo, o autor volta a parafrasear Léopold Sédar Senghor, "Problématique de la négritude", op. cit., p. 5. (N. O.)
9. Aimé Césaire citado em Léopold Sédar Senghor, "Problématique de la négritude", op. cit., p. 6.
10. Léopold Sédar Senghor, "Problématique de la négritude", op. cit., p. 6.
11. Ibid., pp. 6-7.
12. Stanislas Spero K. Adotevi, *Négritude et négrologues*. Montreuil-sur-Mer: Le Castor Astral, 1998, p. 45.
13. Léopold Sédar Senghor, "L'Esthétique négro-africaine", *Diogène*, out. 1956, p. 12. [Passagem traduzida pelo organizador para esta edição. (N. O.)]
14. Citado em Stanislas Spero K. Adotevi, *Négritude et négrologues*, op. cit., p. 51. [Passagem traduzida pelo organizador para esta edição. (N. O.)]
15. Ibid., p. 61.
16. Ibid., pp. 81-2.
17. Ibid., p. 74.

De uma ciência para e não tanto sobre o negro [pp. 193-207]

1. O título encerra uma preocupação teórica básica. Da adequação ou não da sociologia geral (considerando-se desde sua origem histórica

comtiana até o materialismo dialético mais recente) na abordagem do problema negro; ou este requer uma formulação paralela a essa sociologia, englobando-a, e que pode ser cognominada de "sociologia negra"?

2. Referência aparecida no jornal *O Exemplo* (Porto Alegre, ano 3, n. 147, 3 nov. 1985, p. 2). In: Fernando Henrique Cardoso. *Capitalismo e escravidão no Brasil meridional*. São Paulo: Difel, 1962.

3. Ver *O Clarim d'Alvorada*.

4. Aqui Eduardo de Oliveira e Oliveira parafraseia Joyce A. Ladner, "Introduction". In: Joyce A. Ladner (Org.). *The Death of White Sociology*. Nova York: Vintage, 1973, p. xix. (N. O.)

5. Esta frase provém quase literalmente de Lerone Bennett Jr., *The Challenge of Blackness* (Chicago: Johnson, 1972, pp. 35-6), que também postula os conceitos adotados por Oliveira nos dois próximos parágrafos. (N. O.)

6. Para uma compreensão e discussão do problema raça/classe, ver Octavio Ianni, *Raças e classes sociais no Brasil* (Rio de Janeiro: Civilização Brasileira, 1972, 2 ed.) e Oliver C. Cox, *Cast, Class and Race: A Study in Social Dynamics* (Nova York: Doubleday, 1948).

7. Entre nós, se têm desenvolvido estudos da compreensão de Marx mais de um ponto de vista althusseriano ou mesmo de Poulantzas, e isso, pensamos, em consequência também de nosso etnocentrismo e colonialismo cultural.

8. Dennis Forsythe, "Radical Sociology and Blacks". In: Joyce A. Ladner (Org.). *The Death of White Sociology*. Nova York: Random House, 1973, pp. 226-7. Essa era também a opinião de Franklin Frazier em *Black Bourgeoisie*, e de Amílcar Cabral.

9. Nesta passagem e no bloco de comparações acima, Eduardo de Oliveira e Oliveira cita Albert Murray, "White Norms, Black Deviation". In: Joyce A. Ladner (Org.). *The Death of White Sociology*, op. cit., p. 98. (N. O.)

10. Esta frase e a próxima constituem uma tradução de Andrew Billingsley, "Black Families and White Social Science". In: Joyce A. Ladner (Org.). *The Death of White Sociology*, op. cit., pp. 431 e 437. (N. O.)

11. Nesta frase Eduardo de Oliveira e Oliveira cita Albert Murray, "White Norms, Black Deviation", op. cit., p. 103. (N. O.)

12. Atualmente a campanha de vacinação veiculada pela televisão, campanha essa oficial, do governo, mostra os negros como sendo os germes malignos, que são vencidos pelos vírus brancos.

Notas

13. Nesta frase Eduardo de Oliveira e Oliveira cita Albert Murray, "White Norms, Black Deviation", op. cit., pp. 101 e 106. (N. O.)

14. Daqui até o final do ensaio Oliveira adotará formulações e paráfrases de textos incluídos no já citado *The Death of White Sociology*: E. Franklin Frazier, "The Failure of the Negro lntellectual" (pp. 54, 56-7); Robert Staples, "What Is Black Sociology? Toward a Sociology of Black Liberation" (p. 168); Abd-l Hakimu Ibn Alkalimat (Gerald McWorter), "The Ideology of Black Social Science" (pp. 175-6); Ronald W. Walters, "Toward a Definition of Black Social Science" (p. 190); Joseph Scott, "Black Science and Nation-Building" (pp. 291-2, 294-5); Andrew Billingsley, "Black Families and White Social Science" (p. 447). (N. O.)

15. A tradução de Oliveira não corresponde fielmente ao original em inglês de Abd-l Hakimu Ibn Alkalimat, mas mantivemos as adaptações por entender a pertinência teórica e política delas no contexto de sua produção. (N. O.)

16. Robert Blauner e David Wellmann, "Towards the Decolonization of Social Research". In: Joyce A. Ladner (Org.). *The Death of White Sociology*. Nova York: Vintage, 1973, pp. 314-5.

17. Perguntas formuladas por Joyce A. Ladner na introdução a *The Death of White Sociology*, op. cit., p. xxvi. (N. O.)

18. Roger Bastide, *As Américas negras: As civilizações africanas no Novo Mundo.* Trad. Eduardo de Oliveira e Oliveira. São Paulo: Difel, 1974, p. 8.

19. O documento original não contém os aludidos anúncios. (N. O.)

20. Citado em Nathan Hare, "The Challenge of a Black Scholar". In: Joyce A. Ladner (Org.). *The Death of White Sociology*, op. cit., p. 77.

Quinzena do Negro da usp: Notas de planejamento [pp. 208-15]

1. Joaquim Nabuco, *O abolicionismo*. São Paulo: Instituto Progresso, 1946, p. 6.

2. Nas décadas de 1960-70, o Clube 220 de São Paulo promovia um concurso de misses intitulado Boneca do Café, originalmente no âmbito estadual e mais tarde incluindo candidatas de todo o Brasil, popular entre a classe média paulistana. O certame anual, cujas cerimônias aconteciam no dia 13 de maio, era exclusivo para mulheres com pele "da cor do café". Eduardo de Oliveira e Oliveira cita esse

318   *Contraideologia da mestiçagem*

concurso em "Ideologia racial: Estudo de relações raciais", pp. 75-93 da presente coletânea. Algumas prefeituras e clubes do interior de São Paulo e Minas Gerais também realizavam concursos de beleza com o mesmo nome. (N. O.)

3. Roger Bastide, *As Américas negras: As civilizações africanas no Novo Mundo*. Trad. Eduardo de Oliveira e Oliveira. São Paulo: Difel, 1974, p. 183.

4. Optamos por disponibilizar na íntegra esses apontamentos de Eduardo de Oliveira e Oliveira para a Quinzena do Negro, ainda que isso signifique alguma repetição de conteúdo. (N. O.)

5. Referência com origem na definição de André João Antonil presente no livro *Cultura e opulência do Brasil por suas drogas e minas* (1711). Em 1975, em um evento na Universidade Estadual de Campinas, Oliveira comenta publicamente em termos ácidos a conferência então apresentada pelo economista Antônio Barros de Castro, intitulada "As mãos e os pés do senhor de engenho: Dinâmica do escravismo colonial". Cf. Eduardo de Oliveira e Oliveira, "Comentário". In: Paulo Sérgio Pinheiro (Org.). *Trabalho escravo, economia e sociedade*. Rio de Janeiro: Paz e Terra, 1984, pp. 69-71. Publicação póstuma (N. O.)

6. Karl Marx, "Trabalho assalariado e capital". In: Karl Marx e Friedrich Engels. *Textos*. São Paulo: Edições Sociais, 1982, v. 3, p. 69.

7. Florestan Fernandes, "Prefácio". In: Fernando Henrique Cardoso e Octavio Ianni, *Cor e mobilidade social em Florianópolis*. São Paulo: Companhia Editora Nacional, 1960, p. XII.

Da negritude [pp. 216-28]

1. Arthur de Gobineau, *Essai sur l'inégalité des races humaines*. Paris: Firmin Didot Frères, 1853, v. 2, p. 97.

2. O autor aqui se baseia na taxonomia racial formulada em 1944 pelo antropólogo francês Henri Vallois, que dividiu a espécie humana em 27 raças reunidas em quatro grupos, um dos quais seria a "grande raça negra". Na Oceania, Vallois classificou duas raças, a negrito e a melanésia. (N. O.)

3. S. Cherubini (*La Nubie*. Paris: Coleção L'Univers, 1847, pp. 2-3) apud Cheikh Anta Diop, *The African Origin of Civilization: Myth or Reality*. Nova York: Lawrence Hill and Co., 1974, p. 56.

Notas 319

4. Ibid., pp. 281-2, nota 12.

5. Estas frases foram igualmente extraídas de Cheikh Anta Diop, *The African Origin of Civilization*, op. cit., pp. 1-2 e 76. As duas primeiras citam Diodoro da Sicília. (N. O.)

6. Dumoulin de Laplante (*Histoire generale synchronique*. Paris: Gallimard, 1947, p. 1.) apud Cheikh Anta Diop, *The African Origin of Civilization*, op. cit., pp. 66-7.

7. Cheikh Anta Diop, *The African Origin of Civilization*, op. cit., p. 68.

8. Citação livre de Léopold Sédar Senghor, "Problématique de la négritude", *Présence Africaine*, n. 78, 1971. (N. O.)

9. Engelbert Mveng, *Les Sources grecques de l'histoire négro-africaine depuis Homère jusqu'à Strabon*. Paris: Présence Africaine, 1972, pp. 165-6.

10. Frantz Fanon, *Peau noire, masques blancs*. Paris: Seuil, p. 187. (N. O.)

11. Léopold Sédar Senghor, "Pourquoi une ideologie négro-africaine?". *Présence Africaine*, n. 82, 1972, pp. 32, 26 e 37. A citação que abre o trecho provém de Dominique Zahan, *Religion, spiritualité et pensée africaines*. Payot: Paris, 1970, p. 105.

12. O autor parafraseia Léopold Sédar Senghor, «Problématique de la négritude ». *Présence Africaine*, n. 78, 1971. (N. O.)

13. A reunião pioneira do Movimento de Niágara aconteceu em Port Erie, no Canadá. (N. O.)

14. Neste parágrafo, o autor volta a citar e parafrasear Léopold Sédar Senghor, "Problématique de la négritude", op. cit., p. 5. (N. O.)

15. Citado em Léopold Sédar Senghor, "Problématique de la négritude", op. cit., p. 6.

16. Léopold Sédar Senghor, *Liberté I: Négritude et humanisme*. Paris: Seuil, 1964, p. 12.

17. Léopold Sédar Senghor, "Problématique de la négritude", op. cit., pp. 6-7. [Grifo de Oliveira. (N. O.)]

18. Ibid., p. 5.

19. Verso extraído do livro-poema *Cahier d'un retour au pays natal* (1939), de Aimé Césaire.

20. Gilberto Freyre, "Negritude, mística sem lugar no Brasil", op. cit.

21. E. Franklin Frazier, "The Failure of the Negro Intellectual". In: Joyce A. Ladner (Org.). *The Death of White Sociology*. Nova York: Vintage, 1973, p. 66.

320 *Contraideologia da mestiçagem*

Brasil, abolição, noventa anos... Noves fora? [pp. 229-46]

1. Sérgio Buarque de Holanda apud Maurício Goulart, *A escravidão africana no Brasil: Das origens à extinção do tráfico.* São Paulo: Alfa--Ômega, 1975.
2. Basil Davidson, *The African Slave Trade: Precolonial History 1450-1850.* Boston/Toronto: Atlantic/Little Brown, 1961.
3. Robert W. Fogel e Stanley Engerman, *Time on the Cross: The Economics of American Negro Slavery.* Boston: Little, Brown and Company, 1974.
4. No original de Nash, a definição de daltonismo racial se referia aos portugueses. Na tradução de Moacyr Vasconcelos: "Os portugueses são mais daltônicos que qualquer outro povo europeu. De fato, é tão acentuado o seu daltonismo que, quando um lusitano olha para um homem de cor, vê apenas o homem" (*A conquista do Brasil.* São Paulo: Companhia Editora Nacional, 1939, p. 208). (N. O.)
5. Referência não encontrada. (N. O.)
6. Agostinho Marques Perdigão Malheiro, *A escravidão no Brasil: Ensaio histórico-jurídico-social.* Rio de Janeiro: Tipografia Nacional, 1866.
7. Oliveira não informa, mas o Censo de 1960 contou 10 460 indígenas. Nessa edição do recenseamento nacional, a categoria "índio" incluiu apenas indígenas morando em reservas, postos e fazendas do então Serviço de Proteção aos Índios (equivalente da atual Fundação Nacional dos Povos Indígenas, a Funai), enquanto os indígenas não aldeados ou vivendo em contexto urbano foram considerados "pardos". (N. O.)
8. Marvin Harris, "Referential Ambiguity in Racial Identity". In: Norman E. Whitten, Jr. e John F. Szwed (Orgs.). *Afro-American Anthropology: Contemporary Perspective.* Nova York: The Free Press, 1970, p. 12.
9. Ibid.
10. Ibid.
11. Ibid.
12. Apud Léopold Sédar Senghor, *Pour une relecture africaine de Marx et d'Engels.* Dacar: Les Nouvelles Éditions Africaines, 1976.
13. Conforme reconta Gilberto Freyre, *Sobrados e mucambos: Decadência do patriarcado rural no Brasil.* Rio de Janeiro: José Olympio, 1968.
14. Ibid.

Notas

15. Ver nota 5 do capítulo "Quinzena do Negro da USP: Notas de planejamento", no presente livro. (N. O.)
16. Harold Cruse, "Revolutionary Nationalism and the Afro--American". In: Amiri Baraka e Larry Neal (Orgs.). *Black Fire: An Anthology of Afro-American Writing*. Nova York: Morrow, 1971, p. 75.
17. Ibid.
18. L. A. Costa Pinto, *O negro no Rio de Janeiro*. São Paulo: Companhia Editora Nacional, 1954.
19. E. Franklin Frazier, "The Failure of the Negro Intellectual". In: Joyce A. Ladner (Org.). *The Death of White Sociology*. Nova York: Vintage, 1973, p. 66.
20. Joaquim Nabuco, "O sr. Martinho Campos e os abolicionistas". *Jornal do Commercio*, 27 abr. 1885.

Alternativas do negro na recuperação de sua memória: Crítica da razão bruta [pp. 247-54]

1. Referência ao conhecido adágio de Karl Marx em *Teses sobre Feuerbach* (1845). (N. O.)
2. Eduardo de Oliveira e Oliveira, "Comentário". In: Paulo Sérgio Pinheiro (Org.). *Trabalho escravo, economia e sociedade*. Rio de Janeiro: Paz e Terra, 1984, pp. 69-71. Publicação póstuma. (N. O.)
3. Cheikh Anta Diop, *Nations nègres et culture: De l'antiquité nègre égyptienne aux problèmes culturels de l'Afrique Noire d'aujourd'hui*. Paris: Présence Africaine, 1954, p. 202.
4. Expressão comumente utilizada para designar a condição subalterna e desumanizada dos escravizados na Roma antiga. Pode ser traduzida como "o escravo nem é vil; ele não vale nada". (N. O.)
5. Lucien Goldmann, *Ciências humanas e filosofia: O que é sociologia?*. São Paulo: Difel, 1967, p. 36. Neste trecho, Goldmann se refere ao pensamento lukácsiano. (N. O.)
6. Oliveira cita sem referenciar Paula Beiguelman, *Pequenos estudos de ciência política*. São Paulo: Centro Universitário, 1967. (N. O.)
7. Idem. (N. O.)
8. Antoine de Lévis-Mirepoix, *Le Siècle de Philippe le Bel* (Paris: Le Livre Contemporain, 1961, p. 147). In: David Brion Davis. *El problema de la esclavitud en la cultura ocidental*. Buenos Aires: Paidós, 1968, p. 17.

322   *Contraideologia da mestiçagem*

9. Ephraim Lipson, *The Economic History of England, I: The Middle Ages* (Londres: Adam & Charles Black, 1956, p. 130). In: David Brion Davis. *El problema de la esclavitud en la cultura ocidental*, op. cit., p. 17.

10. "Venceremos" ou "triunfaremos", em inglês, título de uma canção gospel adotado como slogan pelo movimento negro norte-americano nos anos 1940. (N. O.)

Da natureza de um centro para o estudo da história, da vida e da cultura do negro [pp. 255-60]

1. Joaquim Nabuco, *O abolicionismo*. São Paulo: Instituto Progresso, 1946, p. 6.

Etnia e compromisso intelectual [pp. 261-73]

1. Provável paráfrase de Léopold Sédar Senghor, "Problématique de la négritude". *Présence Africaine*, n. 78, 1971, p. 5. (N. O.)

2. Aurélio Buarque de Holanda Ferreira, *Novo Dicionário Aurélio da Língua Portuguesa*. Rio de Janeiro: Nova Fronteira, 1975, p. 955.

3. Perdigão Malheiro, *A escravidão no Brasil: Ensaio histórico, jurídico, social*. Petrópolis: Vozes, 1976, v. 1, p. 98. Grifo nosso.

4. Ibid., p. 37. Grifo nosso.

5. Ibid., p. 31.

6. Fernando de Azevedo, *A cultura brasileira: A transmissão da cultura*. São Paulo: Melhoramentos, 1958, p. 84. Grifos nossos.

7. "Universidade". In: António de Morais Silva. *Grande dicionário da língua portuguesa*. v. 11. Lisboa: Confluência, 1949.

8. Newton Sucupira, "O problema da antecedência da cultura brasileira". *Anuário da Faculdade de Filosofia do Recife*, v. 5, 1960, p. 62.

9. Ibid., p. 64.

10. Dados do Censo Demográfico de 1960.

11. Ibid.

12. Roland Barthes, "À quoi sert un intellectuel?". Entrevista a Bernard-Henri Lévy, *Le Nouvel Observateur*, 10 jan. 1977.

13. Lucien Goldmann, *Ciências humanas e filosofia: O que é sociologia?*. São Paulo: Difel, 1967, p. 36. Neste trecho, Goldmann se refere ao pensamento lukácsiano. (N. O.)

Notas

14. Joyce A. Ladner, "Introduction". In: Joyce A. Ladner (Org.). *The Death of White Sociology*. Nova York: Vintage, 1973, p. xix. O mesmo texto é parafraseado e referido ainda neste parágrafo e no próximo. Nos dois parágrafos seguintes, Oliveira lança mão de dois outros ensaios incluídos na mesma coletânea: Douglas Davidson, "The Furious Passage of the Black Graduate Student" (p. 39) e Nathan Hare, "The Challenge of a Black Scholar" (pp. 67-8). (N. O.)
15. Roger Bastide, *As Américas negras*. Trad. Eduardo de Oliveira e Oliveira. São Paulo: Difel, 1974, p. 8.
16. Léopold Sédar Senghor, *Liberté I: Négritude et humanisme*. Paris: Seuil, 1964, p. 7.
17. Citado em Nathan Hare, "The Challenge of a Black Scholar", op. cit., p. 77.

Posfácio [pp. 275-95]

1. MNU, "Eduardo de Oliveira e Oliveira", *Revista MNU*, n. 3, p. 14, mar.-abr. 1981.
2. Hugo Ferreira, "Treze de maio de 1978, Eduardo de Oliveira e Oliveira". Recanto das Letras, 13 maio 2012. Disponível em: <https://www.recantodasletras.com.br/cronicas/3666366>. Acessado em: 19 out. 2024.
3. Eduardo de Oliveira, "Eduardo de Oliveira e Oliveira". In: Eduardo de Oliveira (Org.). *Quem é quem na negritude brasileira*. São Paulo: Congresso Nacional Afro-Brasileiro; Brasília: Ministério da Justiça, 1998, p. 94.
4. Incluído no presente volume.
5. Cf. V. Guimarães e M. C. Hayashi, *Inventário analítico da Coleção Eduardo de Oliveira e Oliveira*. A Ueim guarda também as coleções documentais de Thereza Santos e Ivair Augusto Alves do Santos, além do acervo da Associação Cultural do Negro, presidida por Eduardo de Oliveira e Oliveira entre 1968 e 1976.
6. Eduardo de Oliveira e Oliveira, "Educação e questão racial (Plano de curso)". São Carlos: Ueim-UFSCar, *c.* 1979, f. 73, p. 2. Coleção Eduardo de Oliveira e Oliveira, Série Folhetos.
7. GTAR, II Semana de Estudos sobre o Negro na Formação Social Brasileira, p. 1.
8. Cf. "Etnia e compromisso intelectual", incluído no presente volume.

9. Eduardo de Oliveira e Oliveira, "Uma Quinzena do Negro". In: Emanoel Araújo (Org.). *Para nunca esquecer: Negras memórias, memórias de negros*. Brasília: Ministério da Cultura/Fundação Cultural Palmares, 2001, p. 287.

10. *O negro, da senzala ao soul*. Direção: Gabriel Priolli Netto, Armando Figueiro e Delfino Araújo. São Paulo: TV Cultura, 1977. Acessado em: <https://www.youtube.com/watch?v=5AVPrXwxh1A>.

11. Ibid.

12. Cf. "Mesa-redonda com universitários afro-brasileiros". São Paulo: Acervo do Centro de Estudos Africanos/USP, p. 2. Transcrição de áudio de fita cassete.

13. Incluída no presente volume.

14. Alex Ratts, "Corpos negros educados: Notas acerca do movimento negro de base acadêmica". *Nguzu*, Londrina, v. 1, pp. 28-39, mar.--jul. 2011.

15. Flavia Rios, *Elite política negra no Brasil: Relação entre movimento social, partidos políticos e Estado*. São Paulo: FFLCH-USP, 2014. Tese (Doutorado em Sociologia), p. 31.

16. Eduardo de Oliveira e Oliveira, "Currículo". São Carlos: Ueim--UFSCar, *c*. 1979, p. 1. Coleção Eduardo de Oliveira e Oliveira, Série Documentos Pessoais.

17. Incluído no presente volume.

18. Eduardo de Oliveira e Oliveira, "Relatório trimestral — Interino — 07/11/1976 a 06/02/1977 — para a Fundação Ford do Brasil". São Carlos: Ueim-UFSCar, fev. 1976, p. 1. Coleção Eduardo de Oliveira e Oliveira, Série Produção Intelectual.

19. Incluído no presente volume.

20. Cf. "História e consciência de raça (plano da tese)", incluído no presente volume.

21. Eduardo de Oliveira e Oliveira, "Sumário da tese". São Carlos: Ueim-UFSCar, *c*. 1978, p. 1. Coleção Eduardo de Oliveira e Oliveira, Série Produção Intelectual. Manuscrito.

22. Cf. Paulo Fernandes Silveira, "Movimento negro na ditadura militar", blog A Terra É Redonda, 18 out. 2023. Acessado em: <https://aterraeredonda.com.br/movimento-negro-na-ditadura-militar/>.

Índice remissivo

I Congresso da Mocidade Negra (1929), 35, 99, 101, 172

I Encontro de Cultura Negra de las Américas, 262

I Encontro Internacional de Estudos Brasileiros, 149

II Festival Mundial de Artes Negras (Lagos, Nigéria, 1976), 245

abolição da escravatura, 18, 176, 230; imigrante como solução para mão de obra no campo, 178; Lei do Ventre Livre (1871), 177; Lei dos Sexagenários (1885), 177; como marco de equiparação coletiva do negro, 79

abolicionismo, 18, 78

acomodação, 41, 43

África: raças negras na, 176

África Atlântica, população dizimada pelos portugueses, 62

África Negra, 138, 140; desconsiderada na história universal, 139

África do Sul, 220

african-personality, 188, 225

afro-americana, civilização, 48

Agatárquides de Cnido, 143

Aguiar, Jaime de, 34, 100, 116

Aha-Mena, 59

Alexandre, 62

Alexis, 147

Alfaiate, O (jornal), 101

Almeida, Iracema de, 87, 275, 285

Althusser, Louis, 89, 107

Alves, Ataulfo, 141

"alvorecer de uma ideologia, O" (Leite), 120

Amaral, Raul Joviano do, 34, 215

ambiguidade cor/classe das relações raciais brasileiras, 14, 26-7, 36, 240-1

Amenemhat I, II, 59-60

Amenhotep I, III, 61

"Américas negras, As" (Bastide), 47-8

Andrade, Mário de, 210, 249

Andrade, Oswald de, 210, 249

Anou (raça negra), 220

Antilhas, 66, 169

Antonil, 28

Apipucos, 227

Apolodoro, 147

Aranha, Manoel Guedes, 42

Argumento (revista), 289

arianismo, 218

Aristocrata, clube, 86-8

Aristófanes, 147

Aristóteles, 154

Armstrong, Louis, 166

Arruda Câmara, Manuel, 43

Ashanti, economia, 157

assimilação, 41

assírios, 61

Associação Cultural do Negro (ACN), 86, 90, 285, 287, 289

Associação Filantrópica Cultural Recreativa do Negro, 85

Atlantic Slave Trade, The (Curtin), 231

"Attitude Measurement" (Scott), 125

Aurignaciana, civilização, 220

Azevedo, Fernando de, 151, 251, 264-5

Azevedo, Thales de, 76

Bachelard, Gaston, 33

326 Contraideologia da mestiçagem

"Back to Africa" (movimento), 67, 165, 182; *ver também* Garvey, Marcus; garveyismo
Bahia, 174
Baile do Calouro Negro, 170
Baixa Núbia, 61
Baldwin, James, 16, 36-7, 51-2
Baran, Paul, 207, 273
bárbaros, 62
Barbosa, Aristides, 11
Barbosa, Rui, 75
Barthes, Roland, 269
Bastide, Roger, 13, 47-50, 76-7, 98, 126, 174, 206, 211, 272, 293
Beiguelman, Paula, 96
Benedict, Ruth, 40
berberes, 58
birracial, sociedade brasileira como, 22, 43, 105
Black Capitalism (movimento), 88
Black is Beautiful, 170
Black Power (movimento), 88, 279
Black Renaissance (movimento), 182-3, 226
Black Sociology *ver* Sociologia Negra
blackness, 188, 225
"Blacks in Antiquity: Ethiopians in the Greco-Roman Experience" (Snowden), 222
Blauner, Robert, 205
Boas, Franz, 38-9, 45
Borges Pereira, João Baptista, 76, 98, 126, 149, 288
Brancos e Negros em São Paulo (Bastide e Fernandes), 174
branqueamento, 23-4, 34, 242, 245-6, 289
branquidade, 34
Brasil e Portugal ou Reflexões sobre o Estado Atual do Brasil (Carneiro), 243
"Brasil Negro" (simpósio), 262
Brown, Sterling, 168, 183

Bruhl, Levy, 190, 223
Buarque de Holanda, Sérgio, 231

Cali, Colômbia, 262
Calogeras, João, 231
Camargo, Adalberto, 85, 87, 120, 287
Campinas, SP, 179
Campos, Orlanda, 275, 284
cana de açúcar, cultura de, 175
Candido, Antonio, 279
Capitalismo e Escravidão no Brasil Meridional (Cardoso), 69
capitalismo, escravismo e, 252-3
Caráter Nacional, 104-5
Cardoso, Fernando Henrique, 12, 69, 76, 98, 126, 166, 286
Carneiro, Heliodoro Jacinto de Araújo, 243
Carone, Iray, 277
Carvalho, Ronald de, 102
Casa da Cultura Afro-Brasileira, 86
Casa grande & senzala (Freyre), 40
Casa Laura Camargo, 86
Castro Alves, Antonio de, 141, 248
censo 1960/79, 122
Centro de Cultura e Arte Negra (CECAN), 285, 287
Centro de Estudos Africanos (USP), 256
Centro de Estudos Afroamericanos (Universidade da Califórnia), 276
Centro de Estudos da História, Vida e Cultura do Negro (proposta), 256-60
Césaire, Aimé, 15-6, 54, 64, 83-4, 167-8, 181, 186, 188, 224-5
Cícero, 154
cidadania *versus* negritude, 55
ciência: consciência e, 251; contaminada pela questão racial/social, 270; para o negro, 193-207, 229, 262, 278, 284, 294; e a questão racial, 193
civilização negra, 226
Clarim d'Alvorada, O, 35, 69-70, 100-1, 116

Índice remissivo

Clark, Keneth, 250
Clube 220, 86, 88
Cocteau, Jean, 51
Coelho Netto, Henrique, 100
Coelho, Ruy, 287
coerção, 43
Collen, Countee, 183
colonialismo cultural, 150; como
degradação social, 97; francês, 181
colorismo, 292
Concurso Boneca do Café, 87
"Confronto" (simpósio), 284
Congresso de Pensadores e Artistas
Negros (Paris, 1956/59), 15-6, 37,
40-1, 52
conotação e denotação, 106
consciência de raça, 130-48, 156, 158
consciência, Sartre sobre, 161
"Conselhos" (Coelho Netto), 100
contraideologia, 12, 77, 101-2, 110,
162, 290; definição, 160; negridade
como, 82, 160
Contrarreforma portuguesa, 266
Cor e mobilidade: o negro no rádio de
São Paulo (Borges Pereira), 76
Coral Crioulo, 12, 285
Costa Pinto, L. A. da, 76, 174, 232,
244
Cox, Oliver, 250
Crisis, The (revista), 188, 226
cristianismo, 62; como suposto
oposto da escravidão, 153
Cruz e Sousa, João da, 100
Cruzeiro, O (revista), 171
Cullen, Countee, 167
cultura: como atributo da elite no
Brasil, 150, 251, 264; autodetermi-
nação e, 84; definição, 225; negra,
228; e personalidade, 103-4, 111-2,
128
Cultura, TV, 282
Cunha, Euclides da, 75
Cunha, Henrique, 11, 34, 215
Curtin, Philip D., 231

Damas, Léon, 84, 167, 181, 183, 185,
187-8, 190, 225
Davidson, Douglas, 250
Davis, David Brion, 153-5
"De uma ciência para e não tanto
sobre o negro" (Oliveira), 262,
284
Death of White Sociology, The, 278
Deerr, Noël, 231
Degler, Carl, 12-3, 21-4, 27-8, 34, 36,
289, 292
Délafosse, Maurice, 54
"democracia racial" , 9, 76, 136, 173-
80, 198, 212, 231, 249-50, 282, 285
Descartes, René, 267
descolonização, 12, 15, 159, 172, 205,
261, 272, 281
Dessalines, Jean-Jacques, 183
Dias, Henrique, 23
"dinheiro branqueia", 238
Diodoro da Sicília, 143, 219
Diop, Alioune, 248
Diop, Cheikh Anta, 16, 138, 141, 220
"Discovery of What It Means to Be
an American, The" (Baldwin), 51
Discriminação e desigualdades raciais
no Brasil (Hasenbalg), 281
discriminação, e exploração de
classes, 164
dominação-subordinação, 98
Dornas Filho, João, 22
Du Bois, W. E. B., 16, 66-7, 140, 164-
5, 182, 188, 224, 226
Durkheim, Émile, 278
Dzidzienyo, Anani, 276

E agora falamos nós (peça teatral),
12, 286
economia, fator racial e, 204, 242
Egito/egípcios, 57-63, 139-40; como
colônia etíope, 220; identidade
negra do, 141, 248; como não
brancos, 58-60, 142; história, 57-62
Einstein, Albert, 247

elite intelectual, 151
Elkins, Stanley, 97, 98, 154
Ellington, Duke, 166
Ellis, Ralph, 250
em-si como o ser opaco, 162
embranquecimento, 211
Engels, Friedrich, 242
Ensaios sobre os Melhoramentos de Portugal e do Brasil (Franco), 32, 242
Escola de Sagres, 266
Escola Haitiana (movimento), 169, 183, 187, 226
Escola Sociológica Paulista, 76
escravidão: africana comparada com americana, 157; no Brasil *ver* escravidão no Brasil; capitalismo e, 96; comparação entre latina e anglo-americana, 21, 23, 27-8, 95, 154, 156, 173, 232, 253; como degradação social, 97; extinta na Europa, 152, 175; como problema de natureza política e econômica, 230; como processo colonizador, 158; sequência "escravidão na Antiguidade-servidão-capitalismo", 156; tráfico entre África e Brasil, 175; *ver também*, tráfico negreiro
escravidão no Brasil, 14, 23, 155, 175, 177-8, 193, 209, 233-5, 250: autolegislação dos proprietários, 232; *ver também* abolição da escravatura
escravidão negra, 27, 48, 95, 97, 152, 154, 218, 251-2; como criação capitalista, 96, 156; como "Gestalt", 97, 155; início da, 175; e a "invenção da América", 152
escravismo moderno: como essencialmente capitalista, 252
Esfinge de Gizé, 60
Esopo, 143, 147
Ésquilo, 143, 145

Estado de São Paulo, O, 165, 216
Estado Novo: esvaziamento dos movimentos raciais, 82, 110
Estados Unidos: comparação com o Brasil na questão racial, 11-2, 22-4; comparação com o Brasil nos movimentos sociais e políticos, 64-72; cultura negra, 228; influência sobre a questão racial no Brasil, 181, 188; influência sobre a questão racial na França, 182, 188; movimento negro nos, 88; movimentos sociais e políticos (1900-50), 64-72
Estrabão, 143
Etiópia/etíopes, 67, 143, 147194; como berço primitivo da civilização, 219-22; como sinônimo de África Negra, 144
"Etnia e Compromisso Intelectual" (Oliveira), 281
eugenia, 217, 227
Exemplo, O (jornal), 69

Faculdade de Filosofia, Letras e Ciências Humanas (USP), 128, 250
Fanon, Frantz, 16, 29, 37, 138, 196-7, 223, 285
Fapesp (Fundação de Amparo à Pesquisa de São Paulo), 287
Felipe, o Belo, 152, 252
Fernandes, Florestan, 12-3, 23, 50, 76-7, 90, 98, 120, 126, 174, 215, 280, 286-7
Ferreira da Silva, Adhemar, 87
Ferreira, Ascenso, 41
Ferreira, Hugo, 276
Ferreira, Vicente, 34, 35
Filho nativo (Wright), 16
Filosofia e Opiniões de Marcus Garvey (Garvey), 67, 165
Finley, M. I., 97
Fisk, Universidade negra nos Estados Unidos, 182
Fontaine, Pierre-Michel, 276

Índice remissivo

França: colonialismo e, 181; influência norte-americana na questão racial, 182, 188
Franco, Francisco Soares, 32, 242
Frank, André Gunder, 96
Frazier, Franklin, 12, 48, 77, 228, 246, 250
Frente Negra Brasileira, 35, 71, 81-2, 99, 178, 285, 288-9
Frente Negra Socialista, 72
Freyre, Gilberto, 14, 24, 28, 31-2, 34, 38-46, 75, 154-5, 163, 213, 216, 218, 227, 287, 292; luso-tropicalismo de, 31
Frobenius, Léo, 54
Fundação Ford, 288

Galileu, 267
Garvey, Marcus, 16, 66-7, 69, 165, 182, 188, 226
Garvey's Universal Negro Improvement Association, 67, 165
garveyismo, 68-9, 166, 169, 188, 226
Genet, Jean, 137
Genovese, Eugene, 39, 45
Gide, Andre, 52
Gobineau, Arthur de, 190, 217
Goldmann, Lucien, 44, 89, 107
Gomes, Carlos, 141, 248
Gonçalves e Silva, Petronilha Beatriz, 279
Gonzalez, Lélia, 10
Goulart, Maurício, 231
Grécia antiga, 61, 143-4
greco-romana, cultura, 54, 58, 139
Grêmio Recreativo Coimbra, 86
Grupo Cultural Congada, 278
Grupo de Profissionais Liberais e Universitários Negros (GTPLUN), 285, 287
Grupo de Trabalhos André Rebouças (GTAR), 279
Grupo Teatral do Negro, 54-6
Guerreiro Ramos, Alberto, 10
Guiana Francesa, 66

Haiti, 66
Hare, Nathan, 250
Harlem, Nova York, 68, 166
Harlem Renaissance (movimento), 68, 166
Harris, Marvin, 31, 36, 238, 241
Hasenbalg, Carlos, 280-1
Hatshepsut, rinha egípcia, 61
Hegel, Georg Wilhelm, 139-40, 163
Heidegger, Martin, 65, 162
Hélade (Grécia antiga), 143
Henrique VII da Inglaterra, 152, 253
Henrique, príncipe de Portugal, 152
Heródoto, 57, 61, 140, 143, 145, 147
Herskovits, Melville, 12, 48, 77
Hesíodo, 144
hicsos, povo, 60
"História e Consciência de Raça" (Oliveira), 290
History of Sugar (Deerr), 231
Homero, 143-4, 219, 222
homofobia, 16, 292
Honigmann, John, 112
hotentotes, povo, 61
Hughes, Langston, 16, 66, 167, 168, 183
humanismo: negritude e, 223

Ianni, Octavio, 12, 33, 76, 98, 126, 286, 292
IBGE, 122
identidade racial, 36, 227, 235, 253, 292; pesquisa sobre, 238-41
ideologia, 101, 112; da liberdade, 26; racial, 76-7, 94-129, 242
IFAN (Institut Fondamental d'Afrique Noire), 257
Ilíada (Homero), 145, 219
imprensa: negra, reformulação em 1929, 101; notícias sobre os negros na, 100; racismo na, 179
"Imprensa Negra de São Paulo" (mostra), 211, 214
integração, 49

integração do negro na sociedade de classes, A (Fernandes), 120, 280
Io (deusa), 145
Itália, 194

Jamaica, 67
Jesus, Carolina de, 141
Johnson, James Weldon, 16, 66, 167-8
Jornal da Tarde, 88
Jornal do Estudante Negro, 185
Jornal do MNU, 276

Kafra, monarca egípcio, 59
Kenyatta, Jomo, 182
Kuczynski, 231
"kushitas", 148

Legião Negra de São Paulo, 71
Légitime Défense (revista da Martinica), 167, 184, 186, 188, 226
Lei do Ventre Livre (1871), 177
Lei dos Sexagenários (1885), 177
Leite, José Correia, 11, 34-5, 100, 116, 166, 215, 285
Léro, Étienne, 185
Les Sources Grecques de l'Histoire Negro-Africaine depuis Homere jusqu'à Strabon (Mveng), 222
Lettre aux Americains (Cocteau), 51
liberdade, ideologia da, 26
Lima Barreto, Afonso Henriques de, 34
língua portuguesa, 266
linha cor/classe, ambígua no Brasil, 26-7, 35
Locke, Alain, 167, 188, 226
Louverture, Toussaint, 169, 183
Lucrécio, Francisco, 11, 34
Lukács, György, 89, 107, 270
Luxor, templo, 61

Machado de Assis, Joaquim Maria, 30, 34, 141, 248

Machado, Carlos, 88
"Manifesto à Gente Negra Brasileira" (Santos), 81, 159
Mannheim, Karl, 89, 107
Marruecos, Diego, 292
Marshall, Frank, 168
Martinica, 66; literatura negra na, 184
Martins, José de Souza, 240-1, 292
Marx, Karl, 89, 107, 135, 196-7, 213, 240-1, 291
marxismo, 197, 213, 241, 243-4, 280
Massangu, K., 12
McKay, Claude, 167-8, 183, 216
Melanésia, 142
melanina, 142
"Melodia do Crepúsculo" (Ricardo), 100
Memmi, Albert, 158
Memnon, colosso de, 61
Memnon, rei etíope, 144
Menandro, 147
Menelik, O (jornal), 101
Menelike, herói africano, 69, 166
"Mensagem aos Negros Brasileiros" (*O Clarim d'Alvorada*), 101
mestiçagem, 242; como ideologia, 10, 14-5, 18
Métraux, Alfred, 174
Mindlin, José, 279
"minha nega", expressão, 22
miscigenação, 27, 32; como exploração e degradação da mulher negra, 31; em Gilberto Freyre, 24, 227
miscigenismo, 218
"Misére d'une poésie" (Léro), 185
mistura racial, 23, 24, 25
Mitchell, Michael, 12, 276, 279
Moraes, Evaristo de, 70
Moreira Leite, Dante, 105
Moura, Clóvis, 10, 13, 210, 275, 284
movimento abolicionista *ver* abolicionismo
Movimento da Negritude, 68, 167-8, 181, 186

Índice remissivo

Movimento de Niágara, 66-7, 164, 169, 187, 224, 226

Movimento Negro Unificado (MNU), 276, 282-3

movimentos negros: e a contradição entre substrato legal e realidade social, 82, 102, 110, 160; nos Estados Unidos, 88; início dos, 178

movimentos sociais e políticos no Brasil (1900-50): comparação com o Estados Unidos, 64-72

mulato: papel atribuído ao, 23; como "raça", 217; social versus racial, 32; uso do termo, 217; como válvula de escape ou armadilha, 28, 31

"mulato, um obstáculo epistemológico, O" (Oliveira), 277, 289, 292

Museu de Arqueologia e Etnologia (USP), 211, 214

Museu de Arte de São Paulo (Masp), 282

Museu do Índio, 255

Museu do Ipiranga, 255

Mutemua, rainha egípcia, 61

Mveng, Engelbert, 143, 222

Nabuco, Joaquim, 30, 75, 209, 246, 255

não branco, definições, 238-40

não cooperação da inteligência ibérica na criação da ciência, A (Sant'Anna Dionísio), 267

Nascimento, Abdias do, 10

Nascimento, Beatriz, 210, 275, 280, 284

Nash, Roy, 30, 231

Nefert, 59

Nefertari, 59

Nefertite, 61

negridade, 81-2, 84, 99, 101-4, 109, 111, 159, 161-2; como contraideologia, 160; definição, 81; e negritude, 168

negritude, 15, 34, 54, 56, 64-72, 81-2, 84, 99, 103-4, 109, 111, 130, 159-60, 163-4, 166-8, 172, 181, 183, 186, 188, 190, 216-28, 254, 276, 288; analogia com latinidade, 65, 168, 187, 225; cidadania versus, 55; criação do termo, 224; definição, 64-5, 68, 83, 168-9, 221, 224-5; humanismo e, 223; como mito, 217; como negatividade, 216; e negridade, 168; psicologia da, 204; para Sartre, 162; como o ser-no-mundo do negro, 162, 186, 221; surgimento e uso do termo, 186

"Negritude, mística sem lugar no Brasil" (entrevista de Gilberto Freyre), 217

Négritude et humanisme (Senghor), 152

Négritude (movimento francófilo na África), 169, 226

Negro World (jornal), 69

negro brasileiro: sem acesso ao crescimento econômico e social na São Paulo pós-1930, 80; busca de uma definição por, 78; como cidadão, 99; consciência de escravo do, 78; consciência de liberto do, 79; discriminação e o binômio cozinha/cama, 22; exploração e exclusão do, 199; falta de recursos econômicos, sociais e culturais, 83; identidade racial do, 238; ideologia do, 77; sem ideologia racial, 77; índices de alfabetização (1930), 268; como intelectual, 271; inteligência do, 265; memória negada, 248; como não detentor de cultura, 151; notícias na imprensa sobre, 86-8, 100; objetificação do, 79, 97-8, 140, 157, 162, 179, 196, 263-4; persistência das barreiras sociais, 81; na política de São Paulo, 85; e a recuperação da memória, 247-54; relação com Portugal, 266; representatividade do, 78; sentimento de inferioridade do, 79; "no seu lugar", 79; como socialmente branco quando bem sucedido em áreas eruditas, 141; subdesenvolvimento e, 243; submisso às expectativas de comportamento dos brancos, 79; como sujeito, 47, 79, 189, 196, 212, 248, 271, 282, 284; testes psicológicos em, 125, 126; como visto no Mundo Antigo, 138; *ver também* negros; população negra no Brasil

Negro na Bahia, O (Pierson), 174

"Negro na Filmografia Brasileira, O" (mostra), 214

Negro no Rio de Janeiro, O (Costa Pinto), 174

Negro Ranaissance (movimento), 68, 166-9, 187, 226

negro, da senzala ao soul, O (documentário), 282, 284

negro-africana, civilização: renascimento através da arte, 168

negros: cientistas, 271; desemprego associado aos, 199, 201; distribuição nas Américas, 253; integração e assimilação dos, 202-3; introdução do termo, 35; como meros instrumentos de produção, 158; vistos como patologia, 198-9

Nem preto nem branco: Escravidão e relações raciais no Brasil e nos Estados Unidos (Degler), 13, 21-2, 289

Niagara Falls, Canadá, 164

Niágara, Canadá, 66, 67, 224

Nimrod, 61

Nina Rodrigues, Raimundo, 75

Ninguém conhece meu nome (Baldwin), 51

Nkrumah, Kwame, 182

Nogueira, Oracy, 12, 76

Nossa Senhora do Rosário, associação, 258

Nouvelle Ronde, La (revista haitiana), 184

Nova York, 68, 166

Nunes Pereira, José Maria, 280

O'Gorman, Edmundo, 152

Odisséia (Homero), 145

Oliveira Viana, Francisco José, 75, 218

Oliveira, Eduardo de, 276

Oliveira, Eduardo de Oliveira e, 210

Oliveira, Evandro de, 277

ONU, 210

opressão, 53, 55, 137

Orfeu Negro (Sartre), 55

Pan Negro (movimento), 69

Paris, 167; movimento negro em, 226; negritude e, 221

Partido Integralista Brasileiro, 72

Partido Nacional Socialista, 71

Peçanha, Nilo, 249

Pedro I, 230

Pelé, 87; filha registrada como branca, 171, 179

Perdigão Malheiro, Agostinho, 75, 233, 263

Pereira Júnior, Augusto, 87

Pereira, Luiz, 96

personalidade básica, 105

Pierson, Donald, 12, 174

Pinacoteca do Estado de São Paulo, 211, 214

Píndaro, 147

Pinto, Rafael, 283

Platão, 154

Pleistoceno, 220

Poder Branco, O (Oliveira), 288

Poder Negro nos Estados Unidos, 36

população negra no Brasil: censo (1872), 234-5; censo (1960), 235; estimativas, 233-5, 245

Índice remissivo

Porter, Dorothy, 279
Porto Alegre, 69
Portugal: colonialismo e, 181; Contrarreforma portuguesa, 266; exploração da África por, 62; relação com o negro brasileiro, 266
Poulantzas, Nicos, 89, 107
Prazeres, Heitor dos, 141
Primeira República, 80
Prince-Mars, Jean, 184
problema do negro: como de natureza política, 272
Prometeu Acorrentado (Ésquilo), 145
protestos raciais, nos Estados Unidos e no Brasil, 24
Psammétique, 62
Psicodiagnóstico de Rorschach, 105
Psicologia Social do Racismo: estudos sobre branquitude e branqueamento no Brasil (Bento; Carone, org.), 277
Ptolomeus, 62
Pulitzer, prêmio, 13, 14
Punt, região do Egito, 61

quarto de Giovanni, O (Baldwin), 16, 52
questão racial: problema de classe e, 240-1, 264
quilombos, 23
"quilombos na historiografia brasileira, Os" (Nascimento), 284
Quinzena do Negro (USP, 1977), 209-15, 280, 282, 284, 293

Ra Nehesi, 60
raça: consciência de, 130-48, 156, 158; como fator econômico, 204, 242; relações raciais, 292
raças negras: distribuição no mundo, 218
racismo: em anúncio publicitário, 124, 165, 207; no Brasil, desigualdade e limitação de oportunidade, 26; discriminação sexual e, 179; ideologia da mestiçagem e,

14; na imprensa, 179; preconceito, discriminação e, 203-4; virulência nos Estados Unidos, 26, 35
Rahotep, 59
Ramos, Arthur, 75, 287
Ramsés II, 59, 61
Ratts, Alex, 284
recenseamento, ausência da questão racial no, 122, 179, 269
relação senhor/escravo, 98, 177; como equivalente à dependência capital-trabalho, 157
relações raciais, 292
Renascença Negra ver Black Renaissance
Renascimento, 266
representantes negros na política de São Paulo, 85
Revolução de 1930, 70
Revolução de 1932, 71-2
Revolução Industrial, 177
Revue des Griots, La (revista haitiana), 184
Revue Indigène, La (revista haitiana), 184
Ribeiro, Theodosina, 85, 87, 120, 287
Ricardo, Cassiano, 100
Rio de Janeiro, 70, 174
Rios, Flávia, 285
Robeson, Paul, 166
Romero, Sílvio, 75
Romualdo, Jonas de Araújo, 210
Rougemont, Denis de, 54
Roumain, Jacques, 169
Rua, A (jornal), 101

Sacco e Vanzetti, caso, 70
Sant'Anna Dionísio, José Augusto, 267
Santana, Guaraná, 71
Santos, Arlindo Veiga dos, 34, 70, 81, 159, 285
Santos, Plínio dos, 102
Santos, Raul dos, 87, 88

Santos, Thereza, 12, 285

São Carlos, SP, 278

São Paulo, 12, 34, 64, 70, 78, 84, 86, 160, 165, 169, 172, 174-5, 188, 207; candidatos negros inscritos ao vestibular, 85; industrialização, crescimento e oportunidades depois de 1930, 80; influência dos movimentos negros norte-americanos em, 227; representantes negros na política de, 85

Sartre, Jean-Paul, 29, 55, 65, 83-4, 99, 110, 136-7, 150, 186; sobre a consciência, 161; sobre a negritude, 162

Schmuller, Gustav, 44

Scott, William A., 125

Scottsboro, caso, 70

segregação, histórica, 131, 133

Semanas de Estudo (GTAR), 293

semiologia, 106; ideologia e, 89

Sêneca, 154

Senghor, Léopold, 15-6, 50, 65, 69, 84, 140, 152, 163, 167, 181, 187-8, 190, 222, 224-5

Sentinela, A (jornal), 101

ser-no-mundo do negro, 162, 186, 221

ser-para-o-outro, 83, 99, 110

ser-para-si, 84, 99, 103, 110, 162

Shopping News, 86, 87

Silveira, Aníbal, 126

Simonsen, Mário Henrique, 231, 268

sistema capitalista, 95

Skidmore, Thomas, 12, 276

Slave and Citizen: the Negro in the Americas (Tannenbaum), 154

Smith, Bessie, 166

Snowden Jr., Frank M., 222

Sobrados e mucambos (Freyre), 40, 44

Sociedade Brasileira para o Progresso da Ciência (SBPC), 193, 229, 282; 29ª reunião, 262

sociedade multirracial equalitária, 131

sociologia negra, 9-18, 270, 281, 292, 294

sociologia, e a questão racial, 194, 196-207

Sources grecques de l'histoire negro--africaine depuis Homère jusqu'a Strabon, Les (Mveng), 143

Stokenberg, Heinz, 242

Stolcke, Verena, 289

Strabon, 222

subdesenvolvimento, negro brasileiro e o, 243

Sucupira, Newton, 266

Tahutmes III, 61

Tannembaum, Frank, 97, 154

Taunay, Afonso de, 231

Teogonia (Hesíodo), 144

Tijolo (sambista), 88

Timbuktu, 67

Times, 245

tolerância versus igualdade, 23

Toomer, Jean, 168

Towa, Martin, 190

tráfico negreiro,175, 218; entre a Europa e a África, 153; estimativas, 231; números, 153

Trapp, Rafael Petry, 17

Turner, J. Michael, 276

Unesco, 75; estudo sobre a questão racial no Brasil, 173

União Filantrópica Cultural Recreativa do Negro Brasileiro, 86

União Negra Brasileira, 72

Unicamp, 129, 289

Universidade de Berlim, 182

Universidade de São Paulo (USP), 128, 211, 214

Universidade Federal de São Carlos (UFSCar), 17, 277, 279

Universidade Federal Fluminense (UFF), 279

Universidade Fisk, 182

Índice remissivo

Universidade Harvard, 182
Universidade Howard, 250
Usertesen I, III, 60

Vargas, Getúlio, 265; ditadura de, 178
Veja (revista), 88
Veríssimo, José, 30
Veron, Eliseo, 110
vestibular em São Paulo, candidatos negros inscritos ao, 85
Viana, Maria Célia, 210
Vieira, padre Antonio, 42

Viotti da Costa, Emília, 98, 126, 230
Voz da Raça, A (jornal), 71-2

Wallace, Anthony, 104, 112
Waters, Ethel, 166
William, Henry Sylvester, 182
Wright, Richard, 16, 66

Xauter, O (jornal), 101
Xenofonte, 143

Young, Andrew, 210

ESTA OBRA FOI COMPOSTA POR MARI TABOADA EM DANTE PRO E IMPRESSA EM OFSETE PELA LIS GRÁFICA SOBRE PAPEL PÓLEN NATURAL DA SUZANO S.A. PARA A EDITORA SCHWARCZ EM MARÇO DE 2025.

A marca FSC® é a garantia de que a madeira utilizada na fabricação do papel deste livro provém de florestas que foram gerenciadas de maneira ambientalmente correta, socialmente justa e economicamente viável, além de outras fontes de origem controlada.